Prolog:
VALIE EXPORT
speech waves

VALIE EXPORT:
speech waves (1)
2008
C-Print

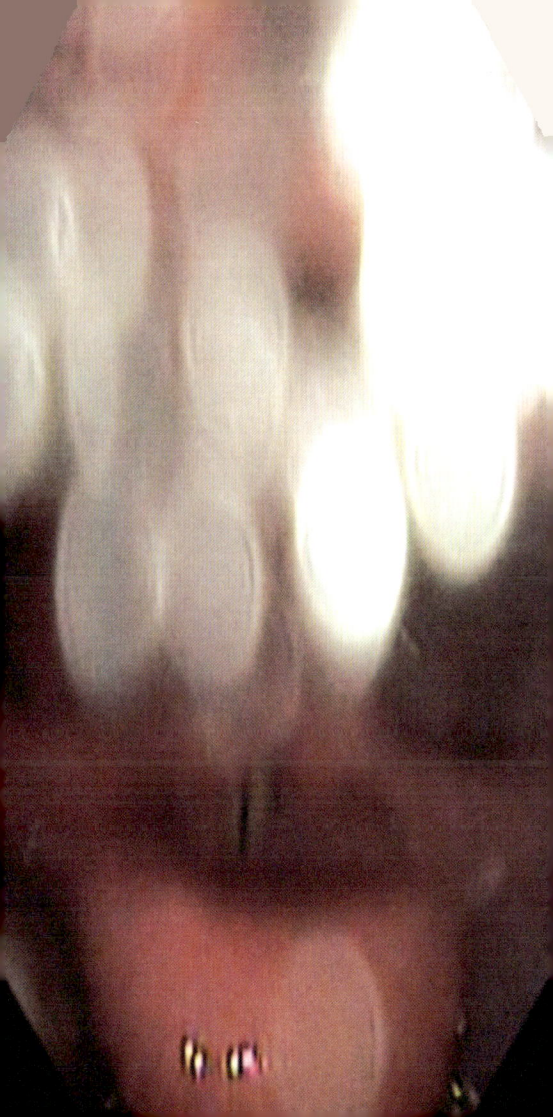

VALIE EXPORT:
speech waves (3)
2008
C-Print

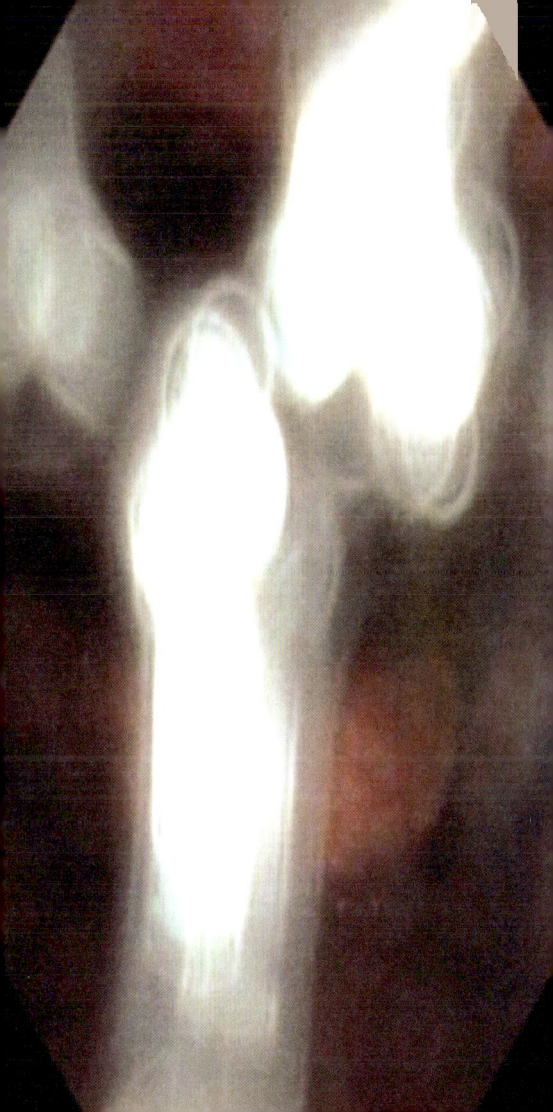

VALIE EXPORT:
speech waves (4)
2008
C-Print

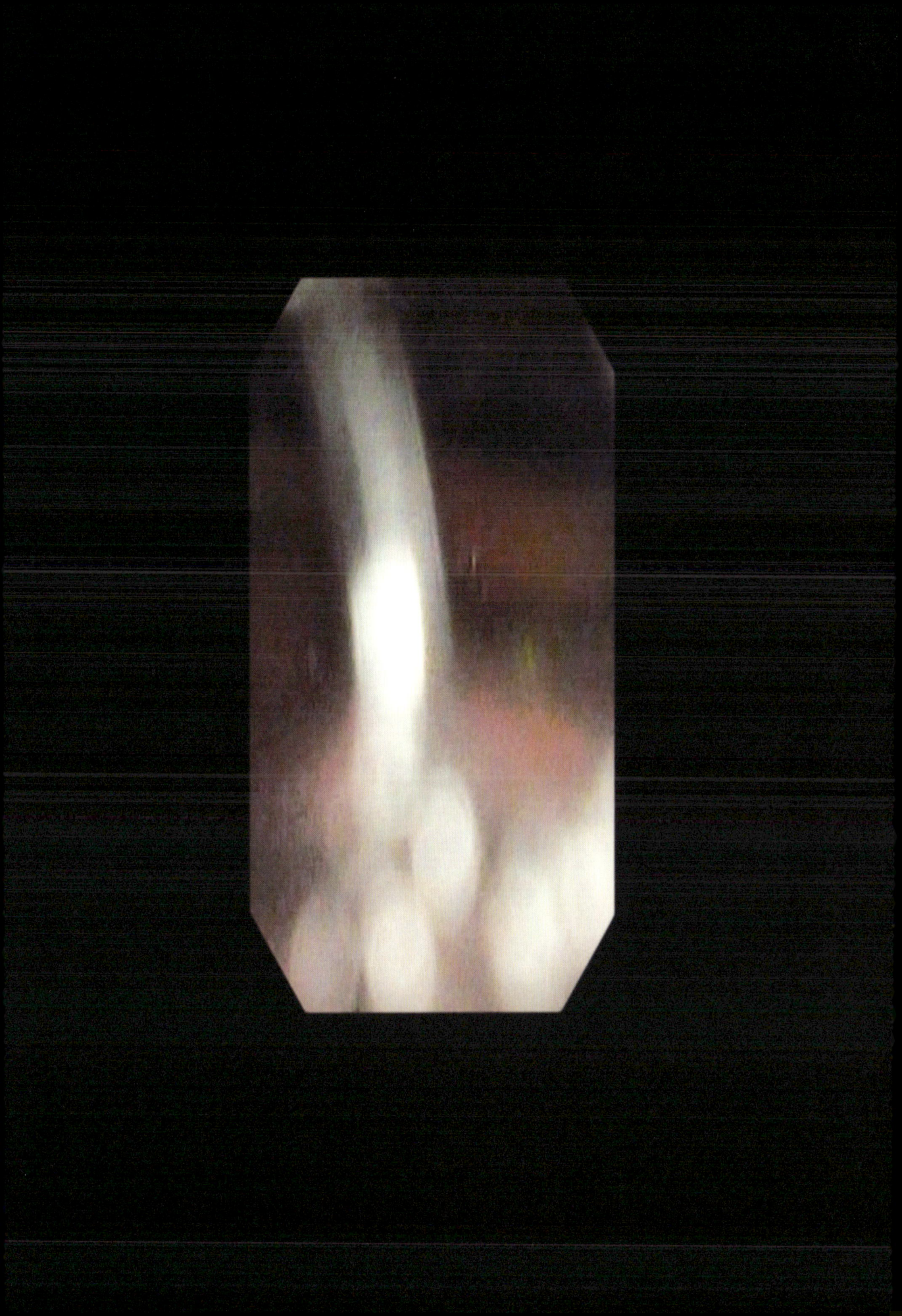

VALIE EXPORT:
speech waves (1) (3) (4)

Videostills (digital bearbeitet) aus
›I turn over the pictures of my voice in my head‹, 2008

La Biennale di Venezia, 52. Esposizione Internazionale d' Arte /
52nd International Art Exhibition. Pensa con i sensi – sensi con la mente.
L'arte al presente / Think with the Senses – Feel with the Mind.
Art in the Present Tense
Arsenale, Venezia, 2007

Insa Härtel, Olaf Knellessen, Helge Mooshammer (Hg.)

Zwischen Architektur und Psychoanalyse

Sexualitäl,
Phantasmen,
Körper

 PARK BOOKS

Inhalt

[1] Walter Pamminger: Double Tags – epistemische Gesten

Meine Gestaltung greift tiefer als ein bloß ästhetisierendes Layout, besonders dort, wo sie eine gängige wissenschaftliche Praxis in explorative Darstellungen transformiert, die ich *Epistemographien* nenne. Beiträge in wissenschaftlichen Anthologien werden gern mit *keywords* bzw. *tags* versehen. Das habe ich auch hier angeregt, und ich habe überdies die *tags* zu einer doppelseitigen Karte arrangiert. Die Begriffe wurden horizontal zwischen den Polen »Architektur« und »Psychoanalyse« aufgeteilt und vertikal zwischen den Polen »Allgemeines« und »Konkretes« situiert. Damit wurden die unterschiedlichen Themen des Buchs als »Landkarte« formuliert (die, zugegeben, um subjektive dezisionistische Setzungen nicht herumkommen kann).

Jeder Textbeitrag bildet auf dieser Karte mit den *topoi* seiner sechs *keywords* eine spezifische thematische Konstellation aus, die – in Form eines »Oneliners« zu einem »Graffiti« verbunden – ihn einleitend visualisiert: eine Art

Insa Härtel, Olaf Knellessen, Helge Mooshammer

persönlicher grafischer Signatur. Darin wird der, je nachdem, *weit ausholende* oder *konzentrierte Gestus* eines Texts evident. Die ins Bewusstsein gehobenen Gesten fungieren wie eine Handbewegung, als informell-dynamisches Moment, gleichzeitig visualisieren sie die jeweilige epistemische Bewegung der Autorinnen und Autoren im Themenfeld des Buchs. Alle miteinander verknäueln sie sich zu einem *Gewebe*, an dem alle Beiträger – ohne vom *Faden* der jeweils anderen zu wissen – *gestrickt* haben. Völlig divergierende Bereiche, jene des wissenschaftlichen Publizierens und der verfemten Kultur urbaner Mauerzeichen, die sich ansonsten lediglich in der nämlichen Bezeichnung – *tag* – überschneiden, überschneiden sich hier in elaborierter Weise auf den *Seitenwänden* eines Buchs. Dabei geht das *Design* aus sich heraus und wird – in den *Epistemographien* – zur analytischen Praxis.

Insa Härtel, Olaf Knellessen, Helge Mooshammer (Hg.)

Vorbemerkung

So naheliegend die Berührungspunkte zwischen Architektur und Psychoanalyse sind, so auffallend ist es, wie wenig dieses Thema in der deutschsprachigen Literatur behandelt wurde. Seit Alexander Mitscherlichs Buch *Die Unwirtlichkeit unserer Städte. Thesen zur Stadt der Zukunft* wurde diese Frage von psychoanalytischer Seite nur vereinzelt weiter verfolgt, und auch auf Seiten der Architektur(theorie) sind solche Brückenschläge eher sporadisch.

Das vorliegende Buch will daher den Austausch zwischen den beiden Disziplinen ausbauen und vertiefen. Dabei hat uns das Symposium zum Thema Architektur und Psychoanalyse, das das Psychoanalytische Seminar Zürich zusammen mit der Zeitschrift *Hochparterre* im November 2009 unter dem Titel *Transparenz und Intimität* veranstaltet hat, ermutigt, dieses Thema in einem nun ausdrücklich erweiterten Rahmen weiterzuverfolgen. Unter anderem wurden auch Autor/inn/en aus dem angelsächsischen Raum einbezogen, wo die Diskussion deutlich breiter geführt wird. Zudem werden die Texte durch Beiträge aus dem architektonisch-künstlerischen Spektrum ergänzt. Um die Bedeutung des Themas auch in seiner Form zum Ausdruck zu bringen, haben wir das Buch von Walter Pamminger [1] aus Wien gestalten lassen. An dieser Stelle vielen Dank an ihn, die Autor/innen und Künstler/innen, die Übersetzerin und an den Verlag.

Architektur

Innenarchitektur

Archäologie

Krypta

Stadt

Auftragsverhältnis

(Arbeit am) Widerstand

Umbau

Zitat

Faltungen

Konstruktion

Projektion

Gerüst

Dezentrierung

Zeichnung

Technik

Übergänge

Grenzen

räumen

Körper

Sichtbarkeit

Spuren

Stoff

Medien

Leere

Raum

Himmelfahrt   Phantasmaklimax   Todesatem

Cruising

Inzestuöser Wunsch

Psychoanalytisches Setting

Interpretation   Management

Phobisches Objekt

Identifikation

Wissen

Ontologische Katastrophe

Obsession

Mutter

Ich-Spaltung

Befriedigung

Blick

Woman

Subtext

Verrückt

Widerstand

Angst

Symbolische Ordnung

Trieb

Symbolisierung

Wünsche

Phantasma

Einverleibung

Subjekt

Psychoanalyse

Zwischen Architektur und Psychoanalyse

Einführung
Olaf Knellessen

Innenarchitektur

Archäologie

Krypta

Stadt

Auftragsverhältnis

(Arbeit am) Widerstand

Umbau

Zitat

Faltungen

Konstruktion

Projektion

Gerüst

Dezentrierung

Zeichnung

Technik

Übergänge

Grenzen

räumen

Körper

Sichtbarkeit

Spuren

Stoff

Medien

Leere

Raum

Himmelfahrt   Phantasmaklimax   Todesatem

                                        Cruising

              Inzestuöser Wunsch

                                              Psychoanalytisches Setting

Interpretation   Management

        Phobisches Objekt

                                              Identifikation

Wissen   Ontologische Katastrophe

        Obsession

                                        Mutter

                            Ich-Spaltung

              Befriedigung

Blick

                                              Woman

    Subtext

                      Verrückt

Widerstand

                                        Angst

              Symbolische Ordnung

  Trieb

                                        Symbolisierung

        Wünsche

                            Phantasma

    Einverleibung

                      Subjekt

[1] Sigmund Freud: ›Über die Psychogenese eines Falles
von weiblicher Homosexualität‹ (1920a). In: *Studien-*
ausgabe, Bd. VII. Frankfurt a. M. 1973, S. 255 – 281, hier:
S. 259 / 260. Siehe auch den Beitrag von K.-J. Pazzini.

Die Situation, schreibt Freud in *Über die Psychogenese eines Falles von weiblicher Homo-*
sexualität, welche die Analyse erfordert, sieht in ihrer idealen Ausprägung so aus,
»dass jemand, der sonst sein eigener Herr ist, an einem inneren Konflikt leidet, den
er allein nicht zu Ende bringen kann, dass er dann zum Analytiker kommt, es ihm
klagt und ihn um seine Hilfeleistung bittet. Der Arzt arbeitet dann Hand in Hand
mit dem einen Teil der krankhaft entwickelten Persönlichkeit gegen den anderen
Partner des Konflikts. Andere Situationen als diese sind für die Analyse mehr
oder minder ungünstig, fügen zu den inneren Schwierigkeiten des Falles neue
hinzu. Situationen wie die des Bauherrn, der bei einem Architekten eine Villa nach
seinem Geschmack und Bedürfnis bestellt, [...] sind mit den Bedingungen der Psychoanalyse im Grunde nicht vereinbar:« [1]

 Wenn die Psychoanalyse einem solchen Auftragsverhältnis nicht dienen
kann, wie kann es dann die Architektur, müsste man weiter mit Freud fragen. Der
Architekt Christian Kerez zumindest sieht auf herausfordernde Weise seine Aufgabe gar nicht darin, dass er von vornherein machen würde, was sie – die Benutzer/
innen und Auftraggeber/innen – auf den ersten Blick möchten. »Ich finde, dass
ein Haus immer auch eine Herausforderung für die Benutzung und für die Bewohnung sein sollte. Das macht ja das Leben, das Bespielen von Räumen überhaupt
erst interessant«. [2]

 Ein solches Auftragsverhältnis, so eine Überzeugung des vorliegenden
Bandes, kann es auch kaum zwischen den beiden hier interessierenden Disziplinen, Architektur und Psychoanalyse, geben, in welche Richtung auch immer.
Psychoanalyse kann – das ließe sich dem Freud-Zitat auch entnehmen – keine
Strategien liefern, wie mit Bauherren am besten umzugehen sei, sie kann aber
auch keine von der Psychologie her fundierten Ratschläge, gar Anweisungen, geben, wie richtiges und menschengerechtes Bauen aussehen müsste. Auch wenn
sie des Öfteren glaubt, eine solche Interpretationshoheit gegenüber anderen Bereichen der Kultur in Anspruch nehmen zu können, ist ihr Verhältnis zu diesen
Bereichen zwar ein exzentrisches, aber beileibe kein äußerliches.

 Und ebenso ›unbeauftragt‹ nimmt die Psychoanalyse umgekehrt die Architektur immer schon für sich in Anspruch. So geht **Jane Rendell** in ihrem Beitrag
von den architektonischen Strukturen aus, die in der Psychoanalyse bereits existieren. »Diese umfassen eine topografische Lesart der psychischen Prozesse und
ihrer Darstellung in Zeichnungen, die räumliche Strukturierung des psychischen

[2] Christian Kerez: ›Der Körper als Versteck‹, S. 130.   [3] Jane Rendell: ›Die Architektur der Psychoanalyse‹, S. 36.

Lebens selbst durch die ›Abschirmungen‹, Schichtungen und Spuren der Erinnerung als auch das architektonische Setting.« [3] So sind die verschiedensten Zeugnisse grafischer Darstellung ein klarer Hinweis für sie, dass sich Freud nicht nur auf das Schreiben, sondern auch auf das Zeichnen stützt, um seine Modelle des psychischen Apparats darzustellen und weiterzuentwickeln, indem er sie als Räume darstellt, die er ändert, umbaut und immer wieder aus anderen Perspektiven, mit anderen Schnitten präsentiert. Ein weiterer Aspekt architektonischer Strukturen in der Psychoanalyse sind die tektonischen Schichtungen von Freuds Erinnerungssystemen und -konzepten, in welche sowohl die bewussten – die Deckerinnerungen – wie auch die unbewussten Erinnerungen eingelassen sind. Gerade die Konzeption der unbewussten Erinnerung weist darauf hin, dass es bei Freuds Konzeptualisierung von Geschichte nicht um Kontinuität geht, sondern um Unterbrüche und ständige Wiederholungen. Sie bestimmen auch das Handeln des Subjekts. Schließlich weist Rendell darauf hin, dass mit dem *Setting* ein ganz zentraler Aspekt des psychoanalytischen Denkens an einer räumlich-architektonischen Vorstellung ausgerichtet ist, die nicht nur den persönlichen Präferenzen Freuds entspricht, sondern vor allem eine Manifestation des Psychischen ermöglichen soll. Als dritter Raum – neben dem intrapsychischen und dem intersubjektiven – soll es zum Homolog für das analytische Objekt werden, indem es ziemlich quer steht zu allen üblichen Verwendungen eines solchen Raumes als Wohnoder Behandlungszimmer, als Büro oder Studierzimmer oder Rückzugsraum, als Liebesstätte oder Todesbett.

Psychoanalyse, das zeigt Rendell, arbeitet eigentlich immer schon mit architektonischen Mitteln und ist insofern selbst schon von vornherein viel mehr Architektur, als sie es eigentlich weiß. Wie sehr dies bis in die Begrifflichkeit der Psychoanalyse und in ihr Verständnis der unbewussten Mechanismen der Fall sein kann, zeigt **Eva Laquièze-Waniek** in ihrer Arbeit zur Krypta. Diese ist der Hohlraum, »der sich unter einem Kirchenschiff, direkt unter dem Altar, befindet und der sich in seinen eigenen Fundamenten auf die natürlichen Gegebenheiten des Ortes einlässt und diese überformt«. Aufgrund seiner das ›Allerheiligste‹ *tragenden* Funktion war nur Eingeweihten Zugang gewährt. »Diese für die Krypta also wesentliche, erschwerte Zugangsmöglichkeit und ihre quasi ›Unsichtbarkeit‹ hängen mit ihrer ideologischen Bedeutung zusammen, da sie trotz ihrer tektonischen Stabilität ein durchaus prekärer und gewissermaßen instabiler Ort bleibt, inso-

[4]   Eva Laquièze-Waniek: ›Krypta – Von Höfen und
Höhlungen der Einverleibung und Identifikation‹, S. 57.

[5]   Karl-Josef Pazzini: ›Herr im eigenen Haus‹, S. 92.

fern dieser die Identifikation der Bewohner als religiöse Lebensgemeinschaft zu garantieren hat.« [4]

Laquièze-Waniek schildert, wie das Gebilde der Krypta Eingang in das psychoanalytische Denken gefunden hat, wie psychischer Raum zum Versteck von unbewussten Konflikten werden kann, wie seine ›Mauern‹ etwas einschließen, das unerträglich gewesen und geworden ist und gleichwohl ganz wesentlich zur Identität des Subjekts gehört, das darauf aufbaut. Die Analyse, die sie mit Hilfe von Torok und Abraham dann unternimmt, verschiebt die Wände und die Fundamente dieser Struktur und zeigt auf, wie nicht nur unerträgliche Erfahrungen, sondern auch kaum zu ertragende Wünsche einem solchen Einschluss zugrunde liegen können. Allerdings wird dabei auch klar, dass sich das Gebäude nicht von diesen Verbindungen zum Begehren des Anderen, die es unterhöhlen, befreien kann, sondern dass sie sein wie auch immer prekäres Fundament sind. Nicht zuletzt wird hier eines gezeigt: wie sehr die Textur des Körpers auch Architektur ist und Architektur immer auch Text, wie beide Bereiche, Architektur und Psychoanalyse voneinander unterhöhlt sind und aufeinander aufbauen.

Es ist diese prinzipielle Unabgeschlossenheit der Situation zum Anderen hin, deren Schicksal und deren Metamorphosen **Karl-Josef Pazzini** sich in seinem Text widmet. Sie ist der Überfluss, der aus der Not des Dezentriertseins entsteht, dem der Körper durch all seine Versuche, abzuschließen und zu verschließen, hindurch ausgesetzt bleibt, der ihn zum körperlosen, wandelbaren, überall einsetzbaren Organ oder zum ›organlosen‹, ständig durchflossenen, ständig ausgesetzten Körper machen kann. In ihrem Überschuss ist diese Unabgeschlossenheit auch Frischluft, die in Bewegung setzt und aus der Bewegung resultiert, die Atem ist und gibt, sich um die Leere herum ›bauen‹ kann und dann auch schon gar nicht mehr gebaut werden muss, sondern flüchtig, nomadenhaft bleiben kann. Dieser Prozess zur Bewältigung der Unabgeschlossenheit geht bis in die dunklen Ecken, in denen man nicht Herr im eigenen Haus ist, weil Leben als Austauschprozess sich »auch in gewisser Weise vom biologischen Tod des Individuums ablöst, symbolisch und imaginär weiterlebt und Reales kultiviert, im Trauerprozess gerade vom einzelnen Individuum abgelöst werden muss.« [5]

Bauen, so könnte man mit Pazzini vielleicht sagen, ist psychoanalytisch betrachtet immer weiter gehender Umbau, in dem auch das ›Gerüst‹ als vermeintlich äußerliches Hilfsmittel in die Veränderung eingeht und in dem auch das schon

[6] Ebd., S. 96.　　　　[7] Gerald Geilert: ›Trackeds 1.0‹, Text zu BridA, S. 77.

erwähnte Setting zwar Grenzen setzt und damit auch Intimität schafft, sie aber gleichzeitig ständig öffnen und ausweiten muss. Der Analytiker kann sich nicht auf den Bau eines gemütlichen Heims einrichten.

Architektur kann eine strukturelle Ähnlichkeit zur Psychoanalyse aufweisen. Sie ist darauf angewiesen, »immer wieder neu Öffentlichkeit für nicht Formulierbares zu schaffen, den Stoffwechselprozess zwischen Individuum und Gesellschaft zu beleben, Ausgeschlossenes übersetzt wieder einzuspeisen. Sie kann aber ebenso wenig wie Psychoanalyse diesen Prozess beherrschbar machen, obwohl es in den Fingern jucken mag, indem man etwa so baut, dass die Einwohner doch glücklich seien.« [6]

Den Bewegungen, die Räume und Gebäude, die Architekturen verbinden und durchziehen, die sie trennen und verschieben, geht die slowenische Künstlergruppe **BridA** nach, zu der Tom Kerševan, Sendi Mango und Jurij Pavlica gehören. Es geht um Bewegungen, die kreuz und quer durchs Bild laufen, die chaotisch, ungeordnet und etwas wild, gleichzeitig lebhaft wirken. Sie scheinen schon von vornherein im Gegensatz zu den Gebäuden an den Straßen und Plätzen zu stehen, auf denen sie sich tummeln. Diese wirken starr und statisch, und es ist kein Zufall, dass sie zumindest an zwei Orten, die da ins Bild gesetzt sind, auch Machtzentren sind, Orte, an denen sich wie beim *Checkpoint Charlie* Macht ›verdichtet‹.

Die Striche und Linien auf den Bildern sind in der Tat Bewegungslinien, sind die Spuren – Trackeds – der Menschen und der Fahrzeuge, die sich auf diesen Plätzen und Straßen bewegen. Wobei das Moment der Bewegung noch dadurch unterstrichen wird, dass sie von der Software, die BridA für diese Installationen verwendet hat, welche nicht nur als Bilder, sondern vor allem als Filme präsentiert werden, dann nicht mehr aufgezeichnet werden, wenn Menschen oder Fahrzeuge anhalten. Es geht also nicht um Identität oder Identifizierung, wie man es von Überwachungskameras her kennt, es geht ganz zentral eben um Bewegung als das, was diese sonst potentiell starren und kahlen Plätze durchzieht, durchschießt, was sie miteinander verbindet und trennt, was vor allem ersehnt und erwünscht wird angesichts der einer sonst drohenden Ödnis. Die Bewegungen sind Rhythmus, sie sind Takt und Musik, und so ist es nicht zufällig, dass sie auf den Filmen mit Geräuschen und mit einer »Symphonie aus tiefen, brummenden bis zu kurzen, hellen, hohen Tönen« begleitet werden. [7]

[8] Helge Mooshammer: ›Einschluss, Ausschluss, Trugschluss. Undurchsichtige Konstruktionen von Wissen
im Raum‹, S. 102.

[9] Ebd., S. 115.

Sichtbarkeit wird in den Bildern und Filmen von BridA nicht als Blick durchs Fenster, nicht als individueller, künstlerischer Schnappschuss oder als entworfenes Bild umgesetzt, sondern als Produkt digitaler Messungen und Prozesse. Auch in dieser fast automatisierten Bildgenerierung wird Performanz betont und einer Repräsentation von Macht und auch Persönlichkeit – in Kunst und Architektur – entgegengesetzt.

Helge Mooshammer greift in *Einschluss, Ausschluss, Trugschluss. Undurchsichtige Konstruktionen von Wissen im Raum* die Spannung von Sichtbarkeit zwischen Repräsentation und Performanz auf. Raum ist als grundlegende Kategorie der menschlichen Existenz auch zentrales Thema der Architektur, die diesen Raum als ›Repräsentation‹ einer Gemeinschaft versteht und ihres Zusammenlebens. Die in der Architektur auch heute noch vielfach hochgehaltene Maxime der Moderne postuliert daraus für einen gesunden Ablauf eine Forderung nach Räumen, die ehrlich konstruiert, mit authentischen Materialien gebaut sein und zudem Transparenz zeigen und beweisen sollen.

Als Sichtbarkeit ermögliche Transparenz ein Wissen über die Vorgänge, Ordnungen und Verhältnisse im (öffentlichen) Raum. Diese Gleichsetzung von Sichtbarkeit und Wissen ist tief in die Wissensgeschichte der Moderne eingeschrieben. »[I]m Verlauf des späten 19. Jahrhunderts [entsteht] eine Vorstellung von kontrolliertem Genuss im öffentlichen Raum, einer visuell orientierten Kombination von Voyeurismus und Überwachung. Befriedigung wird weniger über das Ermöglichen von ungeplanten Aktivitäten gedacht als über das Verhindern von Zwischenfällen: Verunreinigungen, Störungen, Konflikte und Ausfälle sollten vermieden werden, um – analog der kapitalistischen Produktion – das Ideal von ungebrochenen Abläufen zu gestatten«. [8] Stadtplanung und Architektur sind dann in Gefahr – worauf auch Flower MacCannell hinweisen wird – Bewohner und Betroffene immer mehr voneinander zu separieren.

Kann es dann in der Schaffung von Wissen über uns selbst und unser Zusammenleben nur um eine Ausweitung von Sichtbarkeit, von Transparenz gehen; oder bringt Sichtbarmachung auch eine Veränderung des Gegenstands, eine Verschiebung der Grenzen seiner Bedeutung mit sich? Wie sehr das Wissen vom Unbewussten durchkreuzt und geprägt wird, wie sehr das Sichtbare vom Unsichtbaren bestimmt und somit Phantom sein kann, ist ständiges Thema der Psychoanalyse. Dabei geht es weniger um Sichtbar- oder Bewusstmachung, sondern um Anerkennung dieses Unsichtbaren und seiner nicht nachlassenden, nicht zu beendenden triebhaften Wirkung. Gerade dieses Triebhafte wird in der Form des *Cruising* von Mooshammer als *performative* der repräsentativen Architektur entgegengestellt.

Am *Cruising* kann man gerade nicht nur sehen, wie sehr eine durchaus körperliche Subjektivität die Räume in Anspruch nehmen, besetzen und umarbeiten und so dem Unerwarteten und Unheimlichen Platz geben kann. »Es ist dieses über unsere Vorstellung hinausgehende Vermögen unserer körperlicher Subjektivität, Räume zu transformieren, das ich als die grundlegende Herausforderung an gebaute Architekturen sehe«: [9] Bauarten von Sexualität, Körper, Phantasmen, von Psychoanalyse und Architektur.

Das *Shotgun House* der slowenischen Künstlerin **Marjetica Potrč** nimmt nicht nur Bezug auf das Revival eben des Shotgun-House als Architektur-Stil von New Orleans, das nach der Katastrophe der Überschwemmungen als Folge des Wirbelsturms Katrina aufgekommen ist. Das Shotgun-House macht sich auch lustig über die repräsentative Seite der Architektur. Die Front als ›Schokoladenseite‹ ist überfüllt mit verschiedensten Elementen architektonischen Glanzes, von der Freitreppe bis zum Portikus, über die Balustrade zu Pilastern und Kapitellen, ja sogar die Einwohner/innen der Stadt dürfen als Karyatiden auftreten. So dass man nur noch konstatieren kann, dass Architektur in diesem in der Tat bunten Sammelsurium zu einer Art Säulenheiligen für sich wird, die zudem über sich zu lächeln vermag. Ihre Größe findet sich in der Puppenstube wieder und scheint sich dabei wohlzufühlen.

Auf der anderen Seite hat sich das Shotgun-House nämlich bestens auf die verschiedenen Gefahren und Übel eingerichtet, die ihm drohen können. Als Baracke zum Überleben ist es mit einem Regenwassertank ausgerüstet, steht auf Stelzen, lässt sich wahrscheinlich fast so leicht dislozieren wie ein Container und ist sogar mit Sonnenkollektoren ausgerüstet, so dass alle anderen Verbindungen nicht mehr so wichtig scheinen. So strahlt es aus seinem Inneren *mit wohliger Wärme in die Welt*.

Bei Marjetica Potrč wird Architektur so – wie man auf ihren Zeichnungen sehen kann – verspielt und passt sich – beinahe schon ›organisch‹ – den Bedürfnissen der Natur und vor allem der Menschen an, scheint geradezu aus ihren Armen und Beinen, aus ihrem Inneren herauszuwachsen, zu wuchern und die

[10] Christian Kerez: ›Der Körper als Versteck‹, S. 130.
[11] Freud 1920a (wie Anm. 1).
[12] Kerez, a. a. O., S. 123.

[13] Ebd., S. 126.
[14] Rudolf Heinz: ›Rolltreppen-Phobik. Zum Verhältnis Technik / Architektur und Psychopathologie‹, S. 144.

Welt zu überziehen. Damit wird sie zuversichtlich und heiter, ist weniger streng und geviertteilt, orientiert sich nicht so sehr an Regeln, die eingehalten werden müssen, erzählt vielmehr Geschichten davon, wie es auch *sein* könnte.

Wenn Pazzini anmerkte, dass es die Architekten in den Fingern jucken mag, so bauen zu wollen, »dass die Einwohner doch glücklich seien«, dann scheint dies für **Christian Kerez** keine große Gefahr darzustellen. In dem mit ihm geführten Interview sagt er ohne große Umschweife: »Ich mache keine Dienstleistungsarchitektur, ich mache keine Architektur für die Bewohner, sondern ich würde sogar sagen, ein Stück weit gegen die Bewohner«. [10] Ein ›Gegen‹, das vielleicht ähnlich jener von Freud beschriebenen Aufgabe des Analytikers ist, mit einem Teil »gegen den anderen Partner des Konflikts« [11] zu arbeiten. Von daher ist es nicht erstaunlich, dass Kerez Architektur als Arbeit an Widerständen versteht. An den Widerständen nicht zuletzt auch mit Bauherren, mit den äußeren Gegebenheiten des Geländes und natürlich auch mit Behörden und Gesetzen. Arbeit an den Widerständen ist immer auch Arbeit an den Ordnungen, die diese ›Widerständigkeit‹ darstellen, durchaus auch in Form von Wänden und Gebäuden.

Insofern ist *Neu*bau für Kerez vor allem *Um*bau, der für ihn auch als solcher eine zentrale Rolle spielt: »Ich denke, dass die interessantesten Wohnungen der Gegenwartsarchitektur nicht von Architekten gebaut worden sind, sondern aus Umbauten entstanden sind. Beispielsweise gibt es in England eine Organisation, den *National Trust*, die Leuchttürme, Bunker, Bahnhofstationen und alles Mögliche in Ferienhäuser umgewandelt hat, und das sind unglaublich spannende Räume, wo Badezimmer, Schlafräume oder Wohnzimmer wieder ganz neu gedacht, anders erfahren werden können als im herkömmlichen Wohnungsbau.« [12] Diese Perspektive des immer neuen Umbauens kommt auch in dem schon fast poetischen Bild vom Körper als Versteck zum Ausdruck. Womit Kerez zunächst einmal die starke physische Präsenz meint, die ihn an der Architektur fasziniere. Der Körper ist wie auch das Gebäude Versteck für etwas anderes, das nicht gleichzusetzen ist mit dem, was er nach außen repräsentiert, das in seinem Außen nicht aufgeht. Deshalb hat Kerez »bei vielen Projekten probiert, dieses Äußere aufzubrechen, um so das Innere außen sichtbar werden oder Teile des Inneren nach Außen treten zu lassen.« [13]

Rudolf Heinz öffnet dieses Verhältnis von Innen und Außen – »die letzthinnige Indifferenz von Innen und Außen« [14] – dann recht vollständig. Bei ihm sind die einstürzenden Neubauten immer schon da, in den Mauern, die überall ge-

[15] Ebd., S. 146.
[16] Ebd., S. 149.

[17] Sabeth Buchmann: ›Voice on-and-off. Zu Praxis und Diskurs der Performance in VALIE EXPORTS Werk‹. In: *VALIE EXPORT. Zeit und Gegenzeit*. Hg. v. Agnes Husslein-Arco, Angelika Nollert und Stella Rolling. Köln 2010.

gen sie hochgezogen werden, in den Symptomen, die den Gebrauch der Dinge und der Sachen verhindern und uns die Unglaublichkeit der Realität – wie es Umberto Eco ausgedrückt hat – so vorführen, dass es dann anscheinend nur noch darum gehen kann, sie zur Pathologie zu erklären und loszuwerden oder einzusperren. Heinz führt diese Unglaublichkeit in seiner Fahrt auf der Rolltreppe vor, die von der Erde in den Himmel und zurück bis in die Hölle fährt. Mit einem (genüsslichen) Lachen bittet er uns auf die Rolltreppe und macht sie zur Bühne eben einer Himmelfahrt und ihres Absturzes, bevor er das Ungetüm dann öffnet und seine Innereien zeigt, »das kurzfristig stillgestellte ›Todesleben der Maschinen‹« [15], die er in ihrem immer wieder einstürzenden Aufbau, in ihrer auf der Stelle tretenden Bewegung, der freilich die Erotik des Stehblues fehlt, als Versuch versteht, inzestuöse, narzisstische Wünsche ins Leben zu bringen und dem Tod zu entkommen, indem man sich ihm anheim gibt.

Und er lässt uns nicht entkommen, sondern macht bis zum Letzten deutlich, dass es nicht – nicht mal therapeutisch gesehen – vordringlich ist, »was der Rolltreppen-Phobiker, letztlich, im Durchschnittsvergleich, unbilligerweise, mit seinem ›phobischen Objekt‹ – es für sich verhexend, unbrauchbar machend, quasi aushungernd – anstellt«. Vielmehr ist dann akut, »was im Grunde, jenseits seiner, der zur Verwendung einladenden schönen kontinenten, Rationalität, es, innengeöffnet, denn sei« [16], nämlich der auf die Spitze getriebene und *wiehernde* Todestrieb.

Und wenn Heinz uns empfiehlt, vor der nächsten, wohlgemut konsumfreudigen Begehung der Rolltreppe das Kreuz zu schlagen, dann macht er auch darin mit der Verbindung ernst, die die Psychoanalyse in ihrem Intersubjektivismus aufbricht in Richtung auf eine Psychoanalyse der *Sachen*. Ihnen ist Unbewusstes immer schon innewohnend und eingearbeitet. Nicht äußerlich phantasmatisch ›dazu ergänzt‹, sondern es steckt in ihnen drin. Damit – genau damit – macht er die Tür der Psychoanalyse auf hin zu den Dingen und damit auch hin zur Architektur und ihren Gebäuden als Körper, die – wie die Rolltreppe – eben genau unter solchen Wunsch-Bedingungen gebaut werden und gebaut worden sind.

Glottis ist eine DVD-Installation von **VALIE EXPORT**, »die 2007 auf der 52. Biennale in Venedig zusammen mit der Performance *The voice as performance, act and body* innerhalb der Installation *THE PAIN OF UTOPIA. DER SCHMERZ DER UTOPIE* gezeigt wurde«. [17] Mit Hilfe eines Laryngoskops wurde die Stimmritze aufgezeich-

[18] VALIE EXPORT, Ausschnitt aus dem gesprochenen Text bei der Performance: *the voice as perfromance, act and body*, 2007; THE PAIN OF UTOPIA, DER SCHMERZ DER UTOPIE; La Biennale di Venezia, 52. Esposizione Internazionale d'Arte / 52nd International Art Exhibition. Pensa con i sensi – sensi con la mente. L'arte al presente / Think with the Senses – Feel with the Mind. Art in the Present Tense; Arsenale, Venezia 2007; Performerin: VALIE EXPORT, teilweise zitiert auf *www.valieexport.at* unter *www.valieexport.at/de/werke/werke/?tx_ttnews%5Btt_news%5D=2018&tx_ttnews%5BbackPid%5D=4&cHash=59972 1988d*

net, die dann auf Monitoren zu sehen war. Auch hier – wie bei der Rolltreppe von Rudolf Heinz – wurde der Körper aufgemacht und das Innen medial nach außen getragen. Damit den Gang der Stimme wiederholend und wiedergebend. Der mediale Eingriff des Laryngoskops macht die Äußerung der Stimme zur Anstrengung, macht sie schmerzvoll und wiederholt so auch, wie die Stimme sich als Schmerz aus der Ritze herausstößt. »Die widerspenstige Stimme, die gespaltene Stimme [...] Sie spricht den ›gespaltenen Körper‹«.[18] Die Stimme stößt sich nach außen, flüchtet sich nach außen und nimmt den Schmerz mit. Dieser wird in ihr bleiben, auch wenn sie ihn verlassen will. Die Stimme kommt nicht nur aus dem Schmerz, sie kommt nicht nur aus der Ritze, sie kommt auch aus dem ›Nichts‹, aus dem Unsichtbaren. Sie ist das, was nicht zu sehen, aber zu hören und noch nicht Sprache ist. Sie scheint Körper zu sein, löst sich vom Körper, verrät ihn auch, senkt sich in den Körper des anderen, in dem sie dann wohnen kann.

»Mein Körper ist die gespaltene Stimme
meine Stimme ist der gespaltene Körper.«[19]

In ihrer Flucht wird sie zur Verbindung, die flüchtig bleibt, unfassbar und immer zu fassen scheint. Sie ist aus Körper und wird zu Körper, die Stimme, sie ist auch Lust, sie sucht die Lust und kann aus ihrem Nichts beinah alles werden und nicht alles:

»Die widerspenstige Stimme, die gespaltene Stimme
Die Stimme ist Suture
Die Stimme ist Naht
Die Stimme ist Schnitt
Die Stimme ist Riss
Die Stimme ist meine Identität
sie ist nicht Körper oder Geist
sie ist nicht Sprache oder Bild
sie ist Zeichen
sie ist Zeichen der Bilder
sie ist ein Zeichen der Sinnlichkeit«[20]

[19] Ebd.
[20] Ebd.
[21] Doina Petrescu: ›Eine *verrückte* Theorie. Von Schleiern und einer Leidenschaft für Faltungen‹, S. 158.

[22] Ebd., S. 162.
[23] Ebd.

Die Stimme ist flüchtig und weitet sich aus, sie baut den Körper und verflüchtigt sich in ihm, sie verschiebt sich und ihn, so dass er dort ist, wo er immer schon war und gehört wird, sie verschiebt sich ständig und baut sich immer wieder neu als Körper.

Doina Petrescu interessieren in ihrer *Mad Theory* delirante / delirierende Konstruktionen, masturbatorische Praktiken und animierte Formen als gemeinsame Produktionsmechanismen von *Faltungen* und psychischen Symptomen. Es geht in Anlehnung an die Studien des französischen Psychiaters Gaëtan Gatian de Clérambault um ein gemeinsames Konstruktionsprinzip, mit Hilfe dessen aus demselben Material ganz verschiedene Formen entstehen können. Clérambault hatte sich über Jahrzehnte »mit den komplexen Beziehungen zwischen der Konstruktion des gefalteten Raums und den psychischen Mechanismen« [21] auseinandergesetzt. *Verrückte Theorie* meint da unter anderem die Tatsache, dass die Produktion der Form und vor allem der Formen in ihrer Verschiedenartigkeit von einem Automatismus generiert wird, der eben nicht dem vernünftigen oder leidenschaftlichen Denken des / der jeweiligen Autors / Autorin – der Architekt/inn/en oder Patient/inn/en – entspringt, sondern umgekehrt diese ergreift und ihnen so auch einen besonderen Genuss, eine *jouissance* schenkt.

Der Aspekt des Verrückten, der Aspekt des Automatismus, des Triebhaften kommt auch in der Beschreibung der Fertigkeit des Faltens – hier durch die ›Araberin‹ – zum Ausdruck. Es heißt da: »Das Wissen der arabischen Frau über die Draperie ist ein Wissen über die Formschaffung: ein Wissen, welches in der Fertigkeit liegt, Form zu konstruieren, ohne zu sehen, ohne die Form oder sich selbst zu sehen, ohne Kontrolle oder narzisstische Identifikation, ohne Verschmelzen von ›sehen‹ und ›wissen‹, von *voir* und *savoir*.« [22] Es ist also ein Tun ohne herkömmliches Wissen. »Was bedeutet in diesem Fall also ›zu wissen‹? Es handelt sich nicht um eine einfache ›Enthüllung‹, sondern um eine Handlung, welche räumlich, körperlich, sinnlich ist und auf einer repetitiven, immer wieder angewendeten Technik beruht.« [23]

Darin unterscheiden sich die Faltungen von den *Coupures*, von denen Lacan spricht. Die Faltung ist kein Schnitt. Sie ist auch keine Repräsentation, sondern Präsentation, ist Gegenwart des Genießens, ist das, was ist. Die Leidenschaft der Frauen – von der Petrescu erzählt –, die Seide gestohlen und damit auf öffentlichen Plätzen masturbiert haben, »inszeniert erotische Dynamik ohne symbolische

[24] Ebd., S. 169.
[25] Ebd., S. 170.

[26] Insa Härtel: ›Hülle, Fülle, Leere‹, S. 191 (Hervorhebung von O. K.).
[27] Ebd., S. 192.

Gewinne, ohne andere Bedeutung als jene der unmittelbaren Wirkung des Stoffes und seiner Bewegung«. [24] Oder auch: »Seide hat ein Rauschen, ein Zirpen, das mich kommen lässt.« [25] – Einer Wiederholung ohne Sinngewinnung, einer *jouissance* sind wiederum ebenso Patient/inn/en oder Architekt/inn/en (z. B. im Falle ›automatisch‹ computergenerierter Formen) unterworfen.

Wenn Rudolf Heinz uns das Innenleben der Sachen öffnet und ihre Innereien vor Augen führt, zeigt **Insa Härtel** zunächst, wie sehr der Raum, gerade wenn er leer, transparent und unschuldig zu sein vorgibt, immer schon durchzogen und bevölkert ist. So wie die Transparenz auf einen ›Blick‹ bezogen ist, der die Ordnungen erkennt und setzt, hat die Leere dann ihr Gegenstück im panoptischen Blick der Überwachung und der Entzifferungsekstase.

Andererseits ist der *Blick des Anderen* auch die Garantie eines sozialen Bandes. Das illustriert Härtel schmunzelnd mit einem von Žižek geschilderten Schauspiel, in dem ein Freund nachts in einem hellerleuchteten Büro einen ranghöheren Manager sah, der selbstvergessen mit seiner Sekretärin Sex hatte. Als der Freund in diesem Büro anrief und flüsterte: »Gott beobachtet dich!«, erlitt der Manager beinah einen Herzanfall. *»Was mit der Sekretärin ist, wissen wir nicht.«* [26] Härtels beiläufige Anfügung zur Sekretärin, der Verweis auf das, was nicht gewusst wird, was nicht existiert, trifft – wie zu sehen sein wird – die Sache ins Herz.

Härtel geht es »nicht um Formen der Gegenüberstellung, sondern um ein spezifisches Zusammenspiel von Leere und phantasmatischer Aufladung.« [27] Dabei möchte sie den Begriff der Leere auch aus den bisherigen Begriffsverklammerungen lösen und nicht zuletzt als *Leerstelle* begreifen: als eine Art ›entleerter‹ Freiraum in den Phantasmen selbst. – Mit dem kleinen Fritz, einer Falldarstellung Melanie Kleins, führt sie die Fülle seines Innenlebens vor, das nicht zu trennen ist vom Bau der Organe und den inneren Bahnen, die diese verbinden. Der kleine Fritz ist nicht nur voll, er ist so übervoll, dass »körperlich-räumliche Erforschungsversuche potentiell ›erstickt‹ [28] werden.

Am Ort des Mundes wird potentiell eine Entleerung vollzogen. Mit Klein gedacht, ist dieser Ort »Loch bzw. Eingang, austauschbare Essensbeförderung- und Befruchtungsstation, sadistisches Instrument. Doch hat er bekanntlich noch eine weitere Funktion, die sich der Symbolisierung anschließt«, und dies nicht ohne Brüche: »Sprechen [...] ist Hungern«, heißt es mit Deleuze/Guattari. Was heißen kann: »Der vom ›mütterlichen‹ Objekt ›erfüllte‹ Mund wird im fiktiv erfolg-

[28] Ebd., S. 195.
[29] Ebd., S. 196.

[30] Juliet Flower MacCannell: ›Raum schaffen: *Woman* und die künftige Stadt‹, S. 207.

reich-absorbierenden Fall partiell entleert, durch Signifikanten ergriffen und in Beschlag genommen.« [29] Angesichts dieser – niemals restlosen – Entleerungs-attacke endet Härtels Beitrag mit der Aussicht auf eine andere Symbolisierung als die der Einschreibung des ›phallischen Signifikanten‹ in den Mutterkörper. Und damit sind wir wieder bei der nun gar nicht mehr so beiläufigen Anfügung, dass wir nicht wissen, was mit der Sekretärin ist.

Woman steht im Zentrum des Textes von **Juliet Flower MacCannell**. Weshalb – so die Diagnose – werden im modernen Städtebau die Menschen voneinander ge-trennt, wenn wir durch die Globalisierung in eine beispiellose Nähe mit ›Fremden‹ rücken? Weil diese Stadt immer noch auf Angst baut. Die Stadt ist ein Körper der Angst. Deshalb sollen sich die Menschen durch die so verstandene Stadt hindurch-bewegen, ohne Spuren zu hinterlassen, ohne Chance auf Zufallsbegegnungen, die das Leben verändern können. In diesem Sinn sind die Städte und ihre Planung Phantasien, die dazu dienen, die geschehenen Katastrophen abzuwehren. Sie kommen der Notwendigkeit, neue Räume für eine viable und nicht ausschließende Gesellschaft zu schaffen, nicht nach.

Die Situation Jerusalems ist, wie MacCannell zeigt, besonders problema-tisch und markant. Auch weil mehrere Religionen – die jüdische wie die islamische Anspruch auf diese ›Ur- oder Geburtsstätte‹ erheben, scheint eine Lösung un-möglich. Im Sinne einer phantasmatisch – um es mit Insa Härtel zu sagen – am Mutterkörper festhaltenden Struktur ist eine anders als phallische ›symbolische Ordnung‹ nicht denkbar. »Der Fall von Jerusalem ist, psychologisch ausgedrückt, völlig einzigartig, aber gerade sein extremer Fall verdeutlicht, wie zwingend das phallisch gewordene Symbolische zu neuen Herausforderungen bereit sein muss.« [30]

Dieser Unbeweglichkeit setzt MacCannell die Performances von Sophie Calle entgegen. Sie versetzt keine Berge, aber verschiebt Grenzen, wie in der Arbeit *Eruv*, auf die die Autorin eingeht. *Suite Venetienne* ist dann *Woman*. Hier verfolgt Calle einen ihr fremden Mann als jemanden, der die Stadt benutzt, durchschreitet und durchkreuzt. Sie verfolgt ihn nicht als Privatperson und auch nicht aus per-sönlichen Gefühlen für ihn. Gleichwohl gerät sie in Aufregung und in Erregung. Es ist kein Zufall, dass dies nicht in Paris oder in New York passiert. Es ist Venedig, dem sie sich hingibt: Venedig als Stadt, die andere Kanäle zur Steuerung des Begeh rens hat, in der die patriarchale Ordnung immer wieder verschwindet und ertrinkt.

Sophie Calle begibt sich in die klassische Situation, dem Mann zu folgen, unterläuft diese aber gleichzeitig, indem sie darin auch ihren Ort findet als Nicht-Ort, in welchem sie dann auch erkannt wird jenseits ihrer Maskerade der Weiblichkeit: in ihrer *Nicht-Existenz*, die sie ihrem anscheinend ›tödlichen‹ *weiblichen Genießen* näher bringt. MacCannell zeigt, wie es Sophie Calle gelingt, in ihrer Benutzung der und Hingabe an die Stadt eine symbolische Ordnung zu etablieren, die die Anerkennung von zum Beispiel *Woman* möglich macht – und rückbezieht dies auf Jerusalem, auf die Stadt.

Und mit dem Rückbezug dieser künstlerischen Arbeiten auf das Anliegen dieses Buches endet diese Einführung: Dieses möchte, so gesagt, *Eruv* als architektonisches Modell einer sich wiederholenden Verschiebung von Grenzlinien sowie die Bewegungen von *Woman* mit der Konstruktion des psychischen Raums als unabschließbaren in der Psychoanalyse in Berührung bringen, der darauf ausgelegt ist, sich immer wieder auf das Andere, auf das Unbewusste hin zu öffnen, der Schönen das Fenster aufzumachen – wie es Raymond Borens mal gesagt hat.

Es wäre also Anliegen des Buches, das Fenster aufzumachen, die Grenzen und ›Zäune‹ zwischen den beiden Disziplinen zu verschieben, sie gegenseitig zu unterhöhlen, sie zu durchschießen und durcheinanderzubringen.

Die Architektur der Psychoanalyse
Jane Rendell

Innenarchitektur

Archäologie

Krypta

Stadt

Auftragsverhältnis

(Arbeit am) Widerstand

Umbau

Zitat

Konstruktion

Faltungen

Projektion

Gerüst

Zeichnung

Dezentrierung

Technik

Übergänge

Grenzen

räumen

Körper

Sichtbarkeit

Spuren

Stoff

Medien

Leere

Raum

Himmelfahrt   Phantasmaklimax   Todesatem

                                                    Cruising

                    Inzestuöser Wunsch

                                                              Psychoanalytisches Setting

Interpretation   **Management**

          Phobisches Objekt

                                                                    Identifikation

Wissen   Ontologische Katastrophe

                    Obsession

                                                                         Mutter

                                              Ich-Spaltung

                         Befriedigung

Blick

                                                                    Woman

          Subtext

                                   Verrückt

Widerstand

                                                              Angst

               Symbolische Ordnung

     Trieb

                                                         Symbolisierung

                    Wünsche

                                         Phantasma

     Einverleibung

                              Subjekt

[1]   Ich beziehe mich hier vor allem auf Freuds Werk und seine Weiterentwicklung durch zwei zeitgenössische französische Psychoanalytiker, André Green und Jean Laplanche. Ähnliche Forschung zum Werk von Jacques Lacan wurde durch Lorens Holm betrieben (siehe Lorens Holm: *Brunelleschi, Lacan, Le Corbusier: Architecture, Space and the Construction of Subjectivity.* London 2009).

Ein Großteil der neueren Lehre in diesem interdisziplinären Gebiet hat sich hauptsächlich mit dem Nutzen von Psychoanalyse als theoretischem Werkzeug für die Interpretation von Architektur auseinandergesetzt. Mein eigenes Anliegen ist es, mir – gleichsam im umgekehrten Sinne – zu den architektonischen Strukturen, die in der Psychoanalyse bereits existieren, Gedanken zu machen. Ich hoffe, dabei einige Punkte herausarbeiten zu können, in denen der architektonische Raum in der psychoanalytischen Theorie erkennbar ist. Diese umfassen eine topografische Lesart der psychischen Prozesse und ihrer Darstellung in Zeichnungen, die räumliche Strukturierung des psychischen Lebens selbst durch die »Abschirmungen«, Schichtungen und Spuren der Erinnerung als auch das architektonische Setting, in welchem die Begegnung des Analytikers / der Analytikerin und des Analysanden / der Analysandin stattfindet. Mich interessiert, inwiefern die Verwendung der Architektur in der psychoanalytischen Theorie zu neuen Ansätzen für das Verständnis der Beziehung zwischen Subjekten, Objekten und Räumen in der Architekturforschung und -praxis beitragen kann, besonders hinsichtlich der materiellen und psychischen Erwägungen zu den Gebäuden und den Personen, welche sie entwerfen, bewohnen und interpretieren. [1]

Freuds zwei topische Modelle

Sigmund Freud hat schon in seinen frühesten Forschungen Diagramme verwendet, um seine Auffassung der verschiedenen Komponenten und Prozesse des psychischen Apparates zu vermitteln und um die topische Beschaffenheit der psychischen Entitäten sowie ihre über Gebiete, Grenzen und Ränder hinweg stattfindenden Bewegungen hervorzuheben. Diese Beschreibungen seines Konzepts der Struktur und der Prozesse des psychischen Apparates beruhen auf zwei Topiken, beides triadische Modelle. Die erste Topik enthält die Instanzen des Bewussten (Bw), des Vorbewussten (Vbw) und des Unbewussten (Ubw) und wird in der »Traumdeutung« am klarsten artikuliert. In der zweiten Topik, die Freud in »Jenseits des Lustprinzips« (1920) und in »Das Ich und das Es« (1923) skizziert, sind das Ich, das Es und das Über-Ich mit einbezogen.

Der Übergang von der ersten zur zweiten Topik beruht wesentlich auf Freuds Konzeptualisierung des Verdrängungsvorgangs und der Beschaffenheit

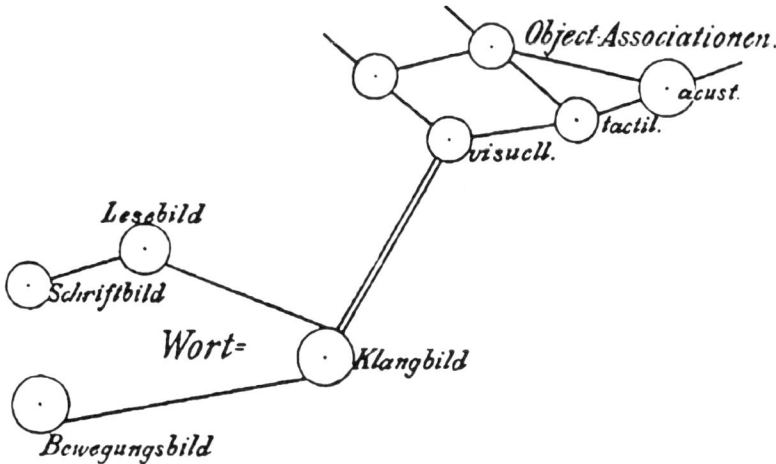

Abb. 1 aus Sigmund Freud: *Das Unbewusste*, im Anhang C
Wort und Ding (1915), SA Bd. III. Frankfurt a. M. 1975, S. 172

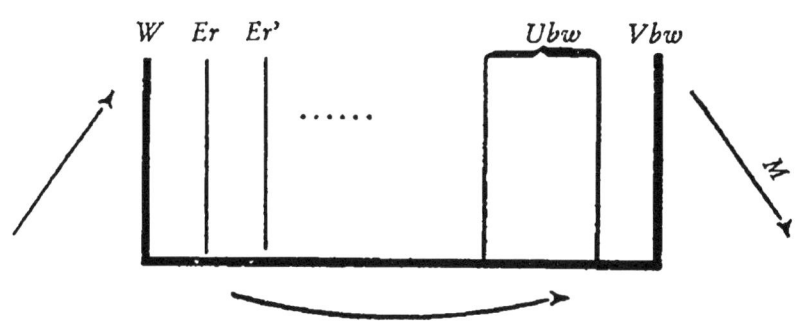

Abb. 2: aus Sigmund Freud: *Die Traumdeutung* (1900 a),
GW II/III. Frankfurt a. M. 1999, S. 544

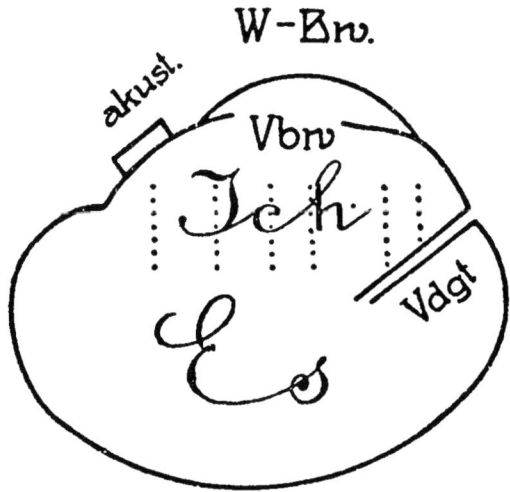

Abb. 3: aus Sigmund Freud: *Das Ich und das Es* (1923 b),
GW XIII. Frankfurt a. M. 1999, S. 162

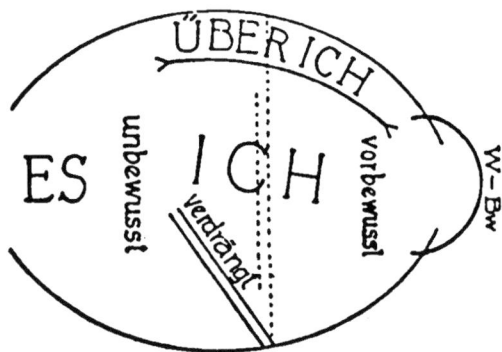

Abb. 4: aus Sigmund Freud: *Neue Folge der Vorlesungen
zur Einführung in die Psychoanalyse* (1933 a), GW XV.
Frankfurt a. M. 1999, S. 85

[2] Sigmund Freud: ›Das Unbewußte‹ (1915). GW X, S. 264–303, hier S. 279.

[3] Für eine Darstellung der Originalzeichnung siehe Sigmund Freud: ›Zur Auffassung der Aphasien‹ (Wien 1891). Sigmund Freud: *Zur Auffassung der Aphasien. Eine kritische Studie.* Neuausgabe, hg. v. Paul Vogel. Frankfurt a. M. 1992, S. 121, Fig. 8.
Ein Auszug des Textes von 1891 mit derselben, hier aber neu beschrifteten Zeichnung ist neu als »Anhang C: Wort

und Ding« in: ›Das Unbewußte‹ erschienen (Freud 1915, *Studienausgabe,* Bd. III, S. 172).

[4] Sigmund Freud: *Briefe an Wilhelm Fließ 1887–1904.* Hg. v. Jeffrey Moussaieff Masson. Frankfurt a. M. 1999, S. 99 (Manuskript G: Melancholie 1894).

[5] Ebd. (Manuskript M: Architektur der Hysterie 1897), S. 263.

[6] Siehe die Figuren 1–3 in Sigmund Freud: *Die Traumdeutung* (1900). GW II/III, S. 542, 543 und 546.

des »Grenzverkehrs« zwischen bewusst und unbewusst. Die beiden Konzepte sind natürlich nicht unabhängig voneinander: Freud benutzt den Begriff Verdrängung, um einen »Vorgang« zu beschreiben, »der sich an Vorstellungen an der Grenze der Systeme *Ubw* und *Vbw (Bw)* vollzieht«. [2] Eines der frühesten Diagramme Freuds ist das »Psychologische[s] Schema der Wortvorstellung«, [3] das ursprünglich 1891 in seiner Arbeit über Aphasie erschien. Das Bewusste und das Unbewusste erscheinen hier als zwei Komplexe, als »Wort-« und »Objekt-Assoziationen«. [Abb. 1] Zwei Hauptäste eines Baumes illustrieren die Trennung zwischen bewusst und unbewusst; in einer späteren Zeichnung, dem »Sexualschema« (1884) [4] werden die beiden Gebiete durch eine teilweise gestrichelte Linie unterschieden; ein unbenanntes Gebiet liegt innerhalb der Grenze und ein anderes, mit »Außenwelt« überschrieben, außerhalb davon. Die Grenzlinie markiert zugleich einen Kanal des Austausches zwischen dem sogenannten »Sexualobjekt« und dem »Spinalcentrum«. Zwei weitere Linien schneiden das Gebiet innerhalb der Grenzlinie: eine senkrechte, die »Ichgrenze«, gekreuzt von einer horizontalen – der »somat-psych Grenze«.

In einem nächsten Diagramm, der »Architektur der Hysterie« (1897), [5] wird die Beziehung zwischen der inneren und der äußeren Welt abermals anders abgebildet. Der Blickwinkel des Zeichners hat sich geändert, und statt wie in einem Grundriss oder einem Schnitt, in dem alle Elemente im gleichen Maßstab gezeichnet sind, scheinen sich die verschiedenen Zonen in dieser Zeichnung – I, II, III und IV – wie in einer Perspektive zu entfernen. Die Zonen sind durch zwei Schichten triangulierter Linien verbunden – einer gestrichelten und einer durchgezogenen –, die sich beide verkleinern, während sie sich vom Betrachtenden wegbewegen.

Weitere drei Jahre später entwirft Freud in der »Traumdeutung« eine Darstellung des Kommunikationsflusses zwischen Innen und Außen: Die Sequenz von schematischen Diagrammen mit senkrechten Streifen ähnelt hier einem architektonischen Querschnitt durch eine Materie. In der endgültigen Fassung steht die Wahrnehmung (W) am einen Ende des Diagramms und das Vorbewusste (Vbw) am anderen. Zwischen ihnen findet eine Bewegung über eine Serie von Erinnerungsspuren statt; das Unbewusste wird als gepunkteter, unter dem vertikalen Streifen schwingender Bogen abgebildet. [6] [Abb. 2] Später im Text wird Freud zu seiner topischen Illustration des Nervensystems und der Psyche, in welcher das Unbewusste, das Vorbewusste und das Bewusste an verschiedenen Stellen verortet sind, eine dynamische hinzufügen und dabei darauf hinweisen, dass eine besondere

[7] Ebd., S. 615.

[8] Ebd., S. 616.

[9] Sigmund Freud: *Vorlesungen zur Einführung in die Psychoanalyse* (1916–1917) (Vorlesung XIX, ›Widerstand und Verdrängung‹). GW XI, S. 305.

Diana Fuss und später auch Charles Rice haben die Anwendung von Freuds architektonischer Metapher eines Hauses aufgegriffen, um die Beziehung zwischen Ich,

Über-Ich und Es zu beschreiben. Rice führt das interessante Argument an, dass dabei die »durch Freuds Patienten erfahrene häusliche Situation verdoppelt werde«. (Siehe Diana Fuss: *The Sense of an Interior: Four Rooms and the Writers that Shaped Them.* London 2004, S. 6; Charles Rice: *The Emergence of the Interior: Architecture, Modernity, Domesticity.* London 2007, S. 30–40.)

»Instanz« auf diese Struktur Einfluss haben kann. [7] Er vergleicht die Funktion des psychischen Systems mit der Art und Weise, in welcher sich die Lichtstrahlen in einem Fernrohr brechen, damit beim Übergang in ein neues Medium ein Bild entstehen kann. [8]

Auch in seinen »Vorlesungen zur Einführung in die Psychoanalyse« (1917) greift er auf räumliche – oder architektonische – Metaphern zurück, um die Anordnung psychischer Strukturen und Prozesse zu erklären, beispielsweise, wenn er die Funktion der Zensur an der Schwelle zweier Zimmer – dem Bewussten und dem Unbewussten – positioniert, wo »ein Wächter seines Amtes« waltet:

> »Wir setzen also das System des Unbewußten einem großen Vorraum gleich, in dem sich die seelischen Regungen wie Einzelwesen tummeln. An diesen Vorraum schließe sich ein zweiter, engerer, eine Art Salon, in welchem auch das Bewußtsein verweilt. Aber an der Schwelle zwischen beiden Räumlichkeiten walte ein Wächter seines Amtes, der die einzelnen Seelenregungen mustert, zensuriert und sie nicht in den Salon einläßt, wenn sie sein Mißfallen erregen.« [9]

In seinem Aufsatz »Das Unbewußte« aus dem Jahre 1915 gelangt Freud schließlich zu dem Konzept der jeweiligen Rolle der topischen und dynamischen Modelle der Psyche. [10] Am Anfang des Teils IV »Topik und Dynamik der Verdrängung« benutzt er den Begriff *Verdrängung*, um einen »Vorgang [...], der sich an Vorstellungen an der Grenze der Systeme *Ubw* und *Vbw (Bw)* vollzieht«, zu beschreiben. [11] In »Das Ich und das Es« (1923) schildert er die Aktivitäten an dieser Grenze und führt das Ich ein, ein »Grenzwesen«, welches versucht, »zwischen der Welt und dem Es [zu] vermitteln [...]«. [12] »Das Ich und das Es« enthält ein Diagramm, in welchem die Gebiete des Bewussten, Vorbewussten und Unbewussten im Raum in Bezug auf die drei neuen Entitäten Ich, Über-Ich und Es neu angeordnet sind. [Abb. 3] Freud platziert das Ich unter das Vorbewusste und über das klecksförmige Es. Das »Wahrnehmung-Bewußtsein« liegt außerhalb der Grenze des Kleckses, am oberen Rand des Diagramms und neben dem Vorbewussten. Links vom Wahrnehmungsbewusstsein befindet sich eine mit »akust.« überschriebene Box und rechts davon – unter dem Ich und das Vorbewusste umgehend – eine Verbindung mit direktem Zugang zum Es. [13]

Zehn Jahre später, im 1933 erschienenen »Die Zerlegung der psychischen Persönlichkeit«, legt er diese zwei triadischen Strukturen zu einer einzigen sozioräumlichen Analogie zusammen: »die drei Qualitäten der Bewußtheit« – das Be-

[10] Sigmund Freud: ›Das Unbewußte‹ (1915 e). GW X, S. 264–303, hier S. 279.
[11] Ebd., S. 279.
[12] Sigmund Freud: ›Das Ich und das Es‹ (1923). GW XIII, S. 237–289, hier S. 286.
[13] Ebd., S. 252.
[14] Sigmund Freud: *Neue Folge der Vorlesungen zur Einführung in die Psychoanalyse* (1933 [1932]),

(Vorlesung XXXI, ›Die Zerlegung der psychischen Persönlichkeit‹). GW XV, S. 79.
[15] Ebd., S. 85.
[16] Dies war das Ziel in meiner Sammlung von Essays und Text-Arbeiten: Jane Rendell: *Site-Writing: The Architecture of Art Criticism.* London 2010.

wusste, Vorbewusste, Unbewusste – und »die drei Provinzen des seelischen Apparats« – das Ich, Über-Ich und Es – und verwendet dafür eine kulturgeografische Metapher:

> »Ich imaginiere ein Land mit mannigfaltiger Bodengestaltung, Hügelland, Ebene und Seenketten, mit gemischter Bevölkerung – es wohnen darin Deutsche, Magyaren und Slowaken, die auch verschiedene Tätigkeiten betreiben«. [14]

Dieser Aufsatz enthält schließlich ein letztes Diagramm, eine überarbeitete Version des Diagramms aus »Das Ich und das Es«. [Abb. 4] Diesmal ist das Über-Ich darin mit eingeschlossen – über dem Ich, in der früheren Position von »akust.« –, während das Unbewusste jetzt zwischen dem Ich und dem Es liegt. In dieser neuen Fassung ist die Grenze, welche das Gebiet umschließt, neben dem Es zwar offen, aber der Durchgang zur Verdrängung ist versperrt. [15] Summa summarum sind diese verschiedenen Diagramme ein klarer Hinweis darauf, dass sich Freud sowohl auf das Zeichnen wie auch auf das Schreiben stützt, um seine sich stets wandelnden Konzepte der psychischen Modelle – insbesondere des topischen – zu veranschaulichen; allerdings werden in den Zeichnungen auch die Grenzen solcher Bedeutungssysteme offensichtlich, vor allem, was den intrapsychischen und intersubjektiven Raum betrifft. In einem Diagramm werden die Linien als Abgrenzung zwischen zweidimensionalen Entitäten gelesen; in der architektonischen Zeichnung – einem Grundriss oder einem Schnitt – können die Linien auch Grenzen anzeigen, die als Oberflächen oder Schnittstellen vorhanden sind.

Es ist demnach durchaus möglich, psychoanalytische Diagramme wie architektonische Zeichnungen – das heißt Grundrisse und Schnitte – zu lesen und dabei besonders auf die räumliche Struktur – auf die Grenzen, Oberflächen und Passagen psychischen Lebens – zu achten. Die Anwendung einer solchen Methode rückt das psychoanalytische Verständnis für die komplexe Räumlichkeit der Subjektivität in die Nähe der architektonischen Praxis und erlaubt folglich neue Betrachtungsweisen der Schnittstelle zwischen Innerlichkeit und Äußerlichkeit in der Architektur. Und auch der Architekturkritiker / die Architekturkritikerin hat damit die Möglichkeit, sich über die Fülle an verschiedenen Positionen des Subjekts – privat wie öffentlich – und Distanzen – Nähe wie Ferne – Gedanken zu machen und wie diese für die Architekturkritik, -geschichte und -theorie angeeignet werden können. [16]

[17] Jean Laplanche: ›Kurze Abhandlung über das Unbewußte‹. In: *Psyche, Zeitschrift für Psychoanalyse und ihre Anwendungen*, 53 (12). Übers. v. U. Hock. Berlin, Stuttgart 1999, S. 1213–1246, hier S. 1225.
[18] Sigmund Freud: *Zur Psychopathologie des Alltagslebens* (1901). GW IV, S. 52.
[19] Jean Laplanche: ›Deutung zwischen Determinismus und Hermeneutik. Eine neue Fragestellung‹. In: *Die unvollendete kopernikanische Revolution in der Psycho-*

analyse. Übers. v. P. Passett. Frankfurt a. M. 1996, S. 142–176, hier S. 158–159.
[20] Ebd., S. 155.
[21] Ebd., S. 153.
[22] Freuds Erörterungen zu den drei verschiedenen Arten von Material, die in der Analyse präsentiert werden – Erinnerungsfragmente in Träumen, Vorstellungen und Handlungen –, werden von Laplanche zu Erinnerungen und Erinnerungsfragmenten umformuliert, innerhalb welcher

Deckerinnerung: Szenen und Spuren

Freuds Auffassung der Beziehung zwischen der äußeren Welt und der inneren Psyche lässt sich vor allem aus der Entwicklung seines Konzeptes der Funktionsweise des Gedächtnisses herleiten, das heißt daraus, auf welche Art und Weise äußere Ereignisse im Subjekt wahrgenommen oder inskribiert, übersetzt und / oder verdrängt werden, um später erinnert zu werden oder wieder aufzutauchen. Ähnlich wie bei der Verwendung von Zeichnungen und Diagrammen, um die räumliche Anordnung des psychischen Apparates zu veranschaulichen, welche ständig gezeichnet und von Neuem gezeichnet, geschrieben und von Neuem geschrieben wird, geht es Freud in seinem Konzept des Erinnerungssystems des *Bw/Vbw* und *Ubw* – wie auch Laplanche und Pontalis betonen – mehr um die Spuren als um die Ereignisse selbst, mögen diese noch so traumatisch sein:

>»Nicht an den (von Natur aus unzugänglichen) Kindheitserlebnissen vollzieht sich die Arbeit der Entstellung und Umordnung im Gedächtnis, sondern an ihrer ersten Niederlegung. [...] Das Ergebnis der sekundären Überarbeitung, für das sich Freud hier interessiert, ist die bewusste Erinnerung: nämlich die ›Deckerinnerung‹«. [17]

In der »Psychopathologie des Alltagslebens« (1901) unterscheidet Freud zwischen zwei Arten von Deckerinnerungen: der »*rückgreifende[n]* oder *rückläufige[n]*« Verschiebung, in welcher die Deckerinnerung aus der Kindheit Ereignisse im späteren Leben ersetzt, und der »*vorgreifende[n]* oder *vorgeschobene[n]*« Deckerinnerung, wo die spätere Erinnerung eine frühere deckt. Er fügt eine dritte Möglichkeit hinzu, »*gleichzeitige* oder *anstoßende*« Deckerinnerungen, bei welchen »die Deckerinnerung nicht nur durch ihren Inhalt, sondern auch durch Kontiguität in der Zeit mit dem von ihr gedeckten Eindruck verknüpft ist.« [18]

Für Laplanche ist Freuds Faszination an dem Begriff Spur – *Gedächtnisspuren* oder *Erinnerungsspuren* – zum einen ein Hinweis auf sein Bestreben, das Unbewusste zu bewahren; zum anderen darauf, dass er der Spur, die als Folge der Verdrängung durch das Gedächtnis hinterlassen wird, mehr Bedeutung verleiht als dem »ins Gedächtnis speichern«. [19] Gemäß Laplanche umfasst Freuds Theorie der Erinnerung sowohl die bewusste Erinnerung – beispielsweise die Deckerinnerung –, welche der Geschichte zugeordnet werden kann, wie auch die unbewusste Erinnerung, die sich an die Archäologie anlehnt. Wiewohl, so Laplanche, in der Archäologie jede Neukonstruktion eine Zerstörung voraussetzt, wohingegen in

[23] Jean Laplanche 1996 (wie Anm. 19), S. 160.
[24] Sigmund Freud, zusammen mit Josef Breuer: ›Studien über Hysterie‹ (1895). GW I, S. 75–312, hier S. 86. Vgl. Laplanche 1996 (wie Anm. 19), S. 158 ff.
[25] Jean Laplanche: ›Die unvollendete kopernikanische Revolution‹, in: *Die unvollendete kopernikanische Revolution in der Psychoanalyse*. Übers. v. U. Hock. Frankfurt a. M. 1996, S. 7–44, hier S. 19. [Vgl. *»Vorläufige Mitteilung« der »Studien über Hysterie«*. GW I, S. 85.]

der Psychoanalyse das Gegenteil zutrifft: Alles bleibt in der »Hyperarchäologie« des menschlichen Subjekts erhalten. [20]

Laplanche betont, dass Freud nicht die Wiederherstellung einer geschichtlichen Kontinuität anstrebte; es ging ihm vielmehr darum, eine Geschichte des Unbewussten zu schaffen. Neu an dieser Geschichte der Diskontinuität, des Begrabenwerdens und des Wiederauferstehens ist, dass die Wendepunkte oder Momente der Wandlung innerlich, nicht äußerlich, sind und in Begriffen wie geschichtliche »Szenen« – und nicht als geschichtliche »Ereignisse« – beschrieben werden. [21] Eine solche Interpretation der Beziehung zwischen Psychoanalyse und Geschichte könnte die Verfasser der Architekturgeschichte dazu anregen, vermehrt konzeptuell über ihre zeitlichen Strukturen – die materiellen wie die psychischen – zu reflektieren und dabei die unterschiedlichen Rhythmen im Auge zu behalten – vom wiederholenden zum ereignisbezogenen –, durch welche die Vergangenheit wieder auftaucht, manchmal voraussehbar, oft aber unangekündigt.

Gemäß Laplanches Lesart von Freuds Schriften sind die Hauptszenen aus der Kindheit in Erinnerungen und Traum-Erinnerungen bewusst präsent, »verstreut, oft fragmentiert oder wiederholt«, [22] und ihre verdrängten Aspekte unzugänglich im Unbewussten verortet. Die Hauptform der Reminiszenz ist die Szene: eine Art von Erinnerung, die von ihren Ursprüngen und Zugängen abgeschnitten ist – isoliert und fixiert, reduziert auf eine Spur. [23] Breuer und Freud verbinden die symptomatischen Wiederholungen der Hysteriker/innen, von denen angenommen wurde, dass sie »größtenteils an Reminiszenzen« litten, [24] mit der Erinnerung an psychische Traumata, die Breuer als ›gewaltsames Eindringen‹ eines »Fremdkörpers« beschreibt. Laplanche scheint sich an diesen Sprachgebrauch anzulehnen, wenn er das Unbewusste als »[i]nnere[n] Fremdkörper‹, ›Reminiszenz‹, das [...] Unbewußte als Fremdes in mir und sogar vom Fremden in mich hineingetan« [25] beschreibt.

Architekturhistoriker/innen werden den Begriff der Spur zu schätzen wissen, denn seine Anwendung – vor allem in Bezug auf den Innenraum – hat sich als äußerst fruchtbar erwiesen, wenn es darum ging, die Art und Weise zu beschreiben, wie spätere Bewohner/innen eines Gebäudes die Relikte der früheren erkennen, insbesondere, wenn letztere nicht mehr physisch anwesend sind und ihre Spuren im architektonischen Material selbst zu suchen sind. Walter Benjamins berühmter Satz »Leben heißt Spuren hinterlassen« liefert der Architekturhistorikerin

[26] Beatriz Colomina: *Privacy and Publicity. Modern Architecture as Mass Media.* Cambridge, Mass. 1994.
[27] Sigmund Freud 1901 (wie Anm. 18), S. 295.
[28] Ebd., S. 297.
[29] Sigmund Freud 1900 (wie Anm. 6), S. 404.
[30] Ebd.
[31] Strachey weist darauf hin, dass Freud dieses Argument im Jahre 1914 beigefügt hat (ebd., S. 404). Zu postulieren, dass der verdrängte unbewusste Wunsch, dessen Wiederkehr das *déjà vu* durch Verschiebung zu umgehen sucht, seinen Ursprung im Traum hat, bedeutet allerdings nicht dasselbe wie anzunehmen, dass es möglich sei, während des Träumens selbst ein *déjà vu* zu erleben. Strachey bemerkt hierzu, dass die Deutung des *déjà vu*, die Freud in seinen Ergänzungen 1909 und 1914 zu der *Traumdeutung* (1900) vorlegt, sich stark von der ersten Deutung aus dem

Beatriz Colomina den theoretischen Hintergrund für ihre Nachforschungen darüber, wie die Spuren der Personen, die Adolf Loos' Müller-Villa bewohnten, in den »Szenen« des Hauses im Fotoarchiv gleichsam präsent waren. [26] Auch für den Entwerfer / die Entwerferin hat der Begriff der Szene einen ähnlichen Reiz, weil er an die *mise en scène* erinnert, das heißt an eine bestimmte Komposition von Menschen und Objekten im Raum, welche – werden sie im Augenblick einer gewissen Anordnung festgehalten – Erinnerungen an vergangene Handlungen evozieren und zu neuen anregen kann.

Déjà vu: Das Geheimnis und das Verdecken

Das *déjà vu* ist – recht ähnlich wie die Deckerinnerung – eine Ersatzerinnerung, die im Dienste der Verdrängung steht und etwas Geheimes verdecken soll. Freud verwendet den Begriff des *déjà vu* zum ersten Mal im Jahre 1907, in einem Anhang zur »Psychopathologie des Alltagslebens« (1901), wo er es den »unbewußten Phantasien« zuordnet. [27] Er beschreibt hier die Erfahrung einer 37-jährigen Patientin, die sich daran erinnert, wie sie im Alter von zwölfeinhalb Jahren anlässlich eines Besuchs bei Schulfreundinnen auf dem Land, deren einziger Bruder schwer krank ist, das Gefühl hat, sie sei schon einmal da gewesen. Freud erkennt, dass dieser Besuch bei seiner Analysandin die Erinnerung an die kürzlich durchgemachte schwere Erkrankung ihres eigenen einzigen Bruders wachruft. Diese Erinnerung war aber gleichzeitig mit einer verdrängten Erwartung verbunden, ihr Bruder möge sterben, damit sie das einzige Kind wäre. Freud verstand ihr Gefühl des Sicherinnerns als ›Übertragung‹ auf die »Lokalitäten, Garten und Haus«, um zu verhindern, dass dieser unbewusste und verdrängte Wunsch wiederkehre. [28]

In der *Traumdeutung* (1900) hatte Freud geschrieben: »Es gibt Träume von Landschaften oder Örtlichkeiten, bei denen im Traume noch die Sicherheit betont wird: Da war ich schon einmal«, [29] und unterstreicht: »Diese Örtlichkeit ist dann immer das Genitale der Mutter; in der Tat kann man von keiner anderen mit solcher Sicherheit behaupten, dass man ›dort schon einmal war‹«. [30] 1914 ergänzt Freud diese Passage und beschreibt das Gefühl im Traum, »schon einmal« dort gewesen zu sein, als eine bestimmte Art des *déjà vu*: »Dieses ›Déjà vu‹ hat aber im Traum eine besondere Bedeutung«. [31]

Jahre 1907 – die er 1917 noch einmal bestätigt – unterscheidet (s. Freud 1901 [wie Anm. 18], S. 298).

[32] Sigmund Freud: ›Über fausse reconnaissance (»déjà raconté«) während der psychoanalytischen Arbeit‹ (1914). GW X, S. 116–123, hier S. 118/119; ders. (1912–1913): *Totem und Tabu.* GW IX, S. 119. Der referenzierte Aufsatz stammt von Joseph Grasset: ›La sensation du »déjà vu«‹. In: *Journal de Psychologie Normale et Pathologique* v. 1 1904, S. 17–27.

Drei Jahre später, 1917, bezieht sich Freud in der ›Psychopathologie des Alltagslebens‹ auf Grasset (s. Freud 1901 [wie Anm. 18], S. 297).

[33] Sigmund Freud 1914 (wie Anm. 32), S. 119.

[34] Ebd.

[35] Sigmund Freud: ›Brief an Romain Rolland (zum 29. 1. 1936): »Eine Erinnerungsstörung auf der Akropolis«‹ (1936). GW XVI, S. 250–257.

Im selben Jahr postuliert er in seinem Aufsatz »Über fausse reconnaissance (›déjà raconté‹) während der psychoanalytischen Arbeit« eine Analogie zwischen der *fausse reconnaissance* und dem *déjà vu* und vergleicht diese beiden Phänomene mit dem *déjà raconté*, bei welchem der Analysand/die Analysandin während der psychoanalytischen Behandlung irrtümlicherweise glaubt, dass er/sie dem Analytiker/der Analytikerin etwas Bestimmtes bereits erzählt habe. Er bezeichnet jetzt das Gefühl des *déjà vu* als »eine *unbewußte* Wahrnehmung«, welche »erst jetzt unter dem Einfluß eines neuen und ähnlichen Eindruckes das Bewußtsein erreiche«, und verweist dabei erstmals auf den Beitrag Joseph Grassets in seinem Aufsatz aus dem Jahre 1904. Zudem kommentiert er die Ansichten anderer ›Autoritäten‹, bei denen das *déjà vu* eine Erinnerung »an vergessenes Geträumtes« ist. **[32]** Das Gemeinsame an solchen Auffassungen sei, dass es sich beim *déjà vu* um die »Belebung eines unbewußten Eindruckes« handeln würde. **[33]** Freud kehrt zu seinen früheren Überlegungen zu der *déjà vu*-Erfahrung seiner 37-jährigen Analysandin zurück und unterstreicht nunmehr die aktivierende Rolle dieser Erfahrung, welche, so argumentiert er, »wirklich geeignet war, die Erinnerung an ein früheres Erlebnis der Analysierten zu wecken«. Jetzt hebt er hervor, warum die Wahrnehmung der Analogie zwischen ihrem verdrängten Wunsch, ihr eigener Bruder möge sterben, und dem sterbenden Bruder im Haus, in dem sie zu Besuch war, nicht bewusst werden durfte und die Empfindung dieser Analogie sich durch das »Phänomen des Schon-ein-mal-erlebt-Habens« »ersetzte«. Damit wurde die Identität des gemeinsamen Elementes auf den geografischen Ort verlagert – auf das Haus selbst. **[34]**

Jahre später widmet sich Freud den verwandten Phänomenen der ›Derealisation‹ und ›Depersonalisation‹. **[35]** In »Eine Erinnerungsstörung auf der Akropolis« von 1936 beschreibt Freud einen Besuch auf der Akropolis in Begleitung seines Bruders. Er erwähnt die merkwürdig bedrückte Stimmung, welche beide in Triest beschleicht, wo sie zum ersten Mal die Möglichkeit eines solchen Besuches ins Auge fassen, und analysiert anschließend seine eigene Reaktion, als sie sich dann wirklich auf der Akropolis befinden: seine Überraschung, dass sie *tatsächlich existierte.* In einer Folge von sorgfältigen Überlegungen deckt Freud nach und nach auf, was dahinter zu stehen scheint: Was er als Kind empfunden hatte, war weniger Unglauben darüber, dass es die Akropolis wirklich gab, sondern vielmehr Unglauben, dass er sie je besuchen würde. Er erkennt, dass das Gefühl des Bedrücktseins, welches er und sein Bruder empfanden, in Wirklichkeit ein Schuldgefühl war;

[36] Ebd., S. 255.
[37] Ebd., S. 255.
[38] Freud 1901 (wie Anm. 18), S. 295.
[39] Sigmund Freud: ›Das Unheimliche‹ (1909). GW XII, S. 229–268; ders.: ›Aus der Geschichte einer infantilen Neurose‹ (1918). GW XII, S. 27–157. Nicholas Royle weist auf das Befremdende dieser Auslassung hin (Nicholas Royle: ›Déjà Vu‹. In: *Post-Theory: New Directions in Criticism*. Hg. v. Martin McQuillan. Edinburgh 1999, S. 3–20, hier S. 11).
[40] Freud 1901 (wie Anm. 18), S. 294f.
[41] Freud bemerkt, dass »[d]as deutsche Wort ›unheimlich‹ […] offenbar der Gegensatz zu heimlich, heimisch, vertraut« sei (Freud 1919 [wie Anm. 40], S. 231). Ferner stellt er fest: »Es mag zutreffen, dass das Unheimliche das Heimliche-Heimische ist […]« (ebd., S. 259).

[42] Ebd., S. 258f.
[43] Diese Untersuchung führt Freud von den Definitionen des adjektivischen »*heimlich*« mit der Bedeutung »zum Hause gehörig, nicht fremd, vertraut, zahm, traut und traulich, anheimelnd« zu Situationen, in denen es im gegensätzlichen Sinn sowohl als Adjektiv wie als Adverb angewendet wird, um auf Dinge oder Handlungen hinzuweisen, welche »versteckt«, »fremden Augen entzogen[]«, »verborgen gehalten«, »hinterlistig«, und »geheim« sind (ebd., S. 232–236).
[44] Ebd., S. 231.
[45] Ebd., S. 236.
[46] Die Anmerkung Stracheys nach dem Wort »Körper« im obenstehenden Zitat aus ›Das Unheimliche‹ von Freud – siehe Endnote xlii – verweist den Leser auf eine Stelle,

Schuld, dass sie das Verbotene tun würden, nämlich, ihren Vater zu überbieten und die Akropolis zu besuchen, was dieser selbst nie getan hatte (die Akropolis war eine Destination, die damals den kulturbeflissenen Reisenden der Ober- und Mittelschicht vorbehalten war).

Freud fährt fort, die Phänomene der Entfremdung als eine Art Abwehr zu deuten – als ein Bedürfnis, etwas vom Ich fernzuhalten. [36] Er verbindet diese Entfremdungsgefühle, bei denen wir »bemüht sind […] etwas von uns auszuschließen«, mit dem, was er ihre »positiven Gegenstücke« nennt – *fausse reconnaissance*, *déjà vu*, *déjà raconté* –, welche er als »Täuschungen« bezeichnet, »in denen wir etwas als zu unserem Ich gehörig annehmen wollen«. [37] Diese Beschreibung des *déjà vu* als Täuschung will nicht ganz zu seinen früheren Schriften passen, wo er 1907 dezidiert erklärt hat, es sei falsch, die Gefühle des *déjà vu* als Täuschungen zu verstehen. »Ich meine, man tut unrecht, die Empfindung des schon einmal Erlebthabens als eine Illusion zu bezeichnen. Es wird vielmehr in solchen Momenten wirklich an etwas gerührt, was man bereits einmal erlebt hat, nur kann dies letztere nicht bewußt erinnert werden, weil es niemals bewußt war«. [38] Warum er seine Meinung hinsichtlich des illusorischen Wesens des *déjà vu* ändert – das konstruiert wurde, um die Wiederkehr von im Unbewussten verdrängten Erinnerungen zu verhindern –, wird Freud zu unserem Leidwesen nie zu erklären versuchen.

Das Unheimliche

Diese architektonischen Strukturen oder Faltungen – einschließlich der Lücken, der Versehen, der Wiederholungen und Wiederkehrungen – sind die befremdlichsten Aspekte von Freuds eigener Arbeit über das *déjà vu*. Es fällt besonders auf, dass Freud diesen Begriff in seinem 1919 erschienenen Essay »Das Unheimliche« [39] nicht verwendet, obwohl er das *déjà vu* in seinem 1907 verfassten Anhang zur »Psychopathologie des Alltagslebens« mit Bezug auf »die Kategorie des Wunderbaren und Unheimlichen« beschreibt, als »jene eigentümliche Empfindung, die man in manchen Momenten und Situationen verspürt, als ob man genau das nämliche schon einmal erlebt hätte, sich in derselben Lage schon einmal befunden hätte«. [40]

die Freud 1914 in den bereits bestehenden Text der *Traumdeutung* eingeschoben hat: »Dieses déjà vu hat aber im Traum eine besondere Bedeutung«. Siehe Stracheys Fußnoten: Freud, ›Das Unheimliche‹. SA 17, S. 268, Fußnote 1 und Freud, ›Die Traumdeutung‹. SA 2, S. 390, Fußnote 1; siehe ebd., S. 259.

[47] Siehe Winnicotts Abhandlung über die Übergangs- und die subjektiven Objekte (Donald W. Winnicott: ›Übergangsobjekte und Übergangsphänomene. Eine Studie über den ersten, nicht zum Selbst gehörenden Besitz‹. In ders.: *Von der Kinderheilkunde zur Psychoanalyse*. Übers. v. G. Theusner-Stampa. Gießen 2008, S. 257–283; Donald W. Winnicott, ›The Use of an Object‹. In: *International Journal of Psychoanalysis*, v. 50 1969, S. 711–717). Besondere Beachtung ver-

dient hier folgende Bemerkung Winnicotts: »Die Übergangsobjekte repräsentieren die frühen Stadien des Gebrauchs einer Illusion« (Winnicott 2008, S. 269). Winnicott setzt sich auch mit der kulturellen Erfahrung auseinander, die er im »potentiellen Raum« zwischen »dem Individuum und der Umgebung (ursprünglich dem Objekt)« verortet. Gemäß Winnicott ist dies der Ort, an dem der Säugling die »intensivsten Erfahrungen« macht: »Im potentiellen Raum zwischen dem subjektiven Objekt und objektiv wahrgenommenen Objekt, zwischen den Ausdehnungen des Ich und des Nicht-Ich«. Siehe Donald W. Winnicott, ›The Location of Cultural Experience‹. In: *The International Journal of Psychoanalysis*, v. 48 1967 S. 368–372, S. 371, Zitate übers. v. Patricia Kunstenaar.

Freuds Hauptargument in »Das Unheimliche« ist, dass die Wiederkehr des Verdrängten – das *Heimische* –, [41] welches als *das Unheimliche* wiederkehrt, in der Erinnerung an den Körper der Mutter liegt:

>»Es kommt oft vor, dass neurotische Männer erklären, das weibliche Genitale sei ihnen etwas Unheimliches. Dieses Unheimliche ist aber der Eingang zur alten Heimat des Menschenkindes, zur Örtlichkeit, in der jeder einmal und zuerst geweilt hat. ›Liebe ist Heimweh‹, behauptet ein Scherzwort, und wenn der Träumer von einer Örtlichkeit oder Landschaft noch im Traume denkt: Das ist mir bekannt, da war ich schon einmal, so darf die Deutung dafür das Genitale oder den Leib der Mutter einsetzen. Das Unheimliche ist also auch in diesem Falle das ehemals Heimische, Altvertraute. Die Vorsilbe ›un‹ an diesem Worte ist aber die Marke der Verdrängung.« [42]

In einer sorgfältigen Untersuchung der Etymologie des Begriffes *heimlich* [43] und der Diskussion von Beispielen des Unheimlichen in der Literatur, insbesondere der Beziehung zwischen dem Belebten und dem Leblosen, dem Lebendigen und dem Toten in E. T. A. Hoffmanns Geschichte *Der Sandmann* (1817), offenbart uns Freud, wie das Unheimliche *der Gegensatz zum Vertrauten* ist und »eben darum schrecklich [ist], weil es *nicht* bekannt und vertraut ist«. [44] Aber er legt Wert darauf, zu betonen, dass nicht alles Unbekannte und Unvertraute unheimlich sei, vielmehr, wie bei F. W. J. Schelling, ist alles *unheimlich*, »was ein Geheimnis, im Verborgenen bleiben sollte und hervorgetreten ist«. [45] Es mutet eigenartig an, dass er dieses Phänomen in den Anhängen zur »Traumdeutung« aus den Jahren 1909 und 1914, wo er die Erinnerung an den mütterlichen Körper in sehr ähnlichen Begriffen erörtert, zwar mit jenem des *déjà vu* in Verbindung bringt, diesen Begriff aber trotzdem in seinem erweiterten etymologischen Bericht über das Unheimliche nicht wieder verwendet. [46]

    Déjà vu kann als räumliches Element gedacht werden, man kann sich darüber Gedanken machen, wie Freuds Schreiben über das *déjà vu* ein Prozess war, der – unbeabsichtigt – durch die ihm selbst innewohnenden Aspekte der Verdrängung und der unerwarteten Wiederkehr gestaltet wurde. Es gibt aber auch weitere Möglichkeiten, den architektonischen Raum mit dem *déjà vu* und dem Unheimlichen in Verbindung zu bringen. Christopher Bollas, ein Psychoanalytiker, der einzelne Aspekte von D. W. Winnicotts Werk weiterentwickelt hat, insbesondere sein Konzept des Übergangsobjekts und der haltenden mütterlichen Umwelt, [47]

[48] Christopher Bollas: *Der Schatten des Objekts. Das ungedachte Bekannte. Zur Psychoanalyse der frühen Entwicklung.* Übers. v. Chr. Trunk. Stuttgart 1997, darin: ›Das Verwandlungsobjekt‹, S. 25 – 41, hier S. 26.
[49] Ebd., S. 27.
[50] Ebd., S. 28. In einem früheren Aufsatz ›The Aesthetic Moment and the Search for Transformation‹ untersucht Bollas auch das Konzept einer »mütterlichen Ästhetik« und ihre Verbindung mit späteren ästhetischen Erfahrungen (in: *The Annual of Psychoanalysis*, v. 6 1978, S. 385 – 394).
[51] Bollas 1997 (wie Anm. 48), S. 28.
[52] Ebd., S. 44.
[53] Ebd., S. 16.
[54] Elizabeth Wright: *Speaking Desires can be Dangerous: The Poetics of the Unconscious.* Cambridge 1999, S. 19, Zitate übers. v. Patricia Kunstenaar.
[55] Anthony Vidler: *unHEIMlich: Über das Unbehagen in der modernen Architektur.* Hamburg 2002.
[56] Ich untersuche dieses Thema in einem neuen Projekt, May Mo(u)rn. Siehe z. B. Jane Rendell: ›May Mo(u)rn: A Site-Writing‹. In: *Essays in honour of Frederic Jameson.* Hg. v. Nadir Lahiji. London 2011. Siehe auch zwei text-image (Text-Bild-)Arbeiten: Jane Rendell: ›May Morn‹. In: *The Re-Enchantment: Place and its Meanings.* Hg. v. Gareth Edwards 2010 (diese Publikation wurde durch das Arts Council of England finanziell unterstützt) und Jane

argumentiert, dass die Mutter selbst wegen ihrer ständigen Veränderung der Umwelt des Kindes, um seinen Bedürfnissen gerecht werden zu können, als eine Form der Verwandlung – ein »Verwandlungsobjekt« – erlebt wird [48] und wie später, mit der Entstehung des »Übergangsobjektes«, der Verwandlungsprozess von der Mutter-Umwelt auf unzählige subjektive Objekte verschoben wird. [49]

Bollas setzt diesen ersten schöpferischen Akt einer ästhetischen Erfahrung gleich und beschreibt den »ästhetischen Augenblick« als den Moment, in welchem ein Individuum einen »tiefen subjektiven Rapport mit dem Objekt« empfindet. [50] Dieses Gefühl der Verschmelzung ist gemäß Bollas unheimlich, weil es »empfunden wird, wie wenn man an etwas erinnert würde, das man nie kognitiv erfasst, aber immer existenziell gewusst« hat. [51] In einer späteren Fassung desselben Konzepts formuliert er sein Argument um und beschreibt dabei die Erfahrung des *déjà vu* als ein »nicht-begriffliches Vergegenwärtigen, das sich in einem Gefühl des Unheimlichen mitteilt.« [52]

> »Aus diesem Grunde habe ich die Mutter der ersten Zeit ein ›Verwandlungsobjekt‹ genannt. Die Suche des Erwachsenen nach Verwandlung ist in mancher Hinsicht eine Erinnerung an diese frühe Beziehung. Es gibt noch andere Formen der Erinnerung an diesen frühen Lebensabschnitt, zum Beispiel die ästhetische Erfahrung, in der man sich auf unheimlich anmutende Art und Weise von einem Objekt umfangen fühlt.« [53]

Die Literaturkritikerin Elizabeth Wright bemerkt, dass das Unheimliche in der »postmodernen Ästhetik« zu einem wichtigen Begriff geworden ist: eine Herausforderung »an die Darstellbarkeit«, die uns nötigt, die Welt nicht als »gebrauchsfertig«, sondern in einem ständigen Prozess der »Konstruktion, Zerstörung und Rekonstruktion« zu sehen. [54] Anthony Vidler hat in der Architektur das Unheimliche als eine Kategorie untersucht, die zur Erforschung von bestimmten Gebäuden angewendet werden könnte – wie beispielsweise dem Spukhaus – sowie zur Erforschung von historischen Perioden – wie etwa die Entfremdung in der Moderne. [55] Aber auch in der Architekturpraxis selbst können *déjà vu*-Erfahrungen vorkommen: Dass das Unheimliche unerwünschte und häufig verdrängte Reaktionen in uns auslöst, ist hier ein Hinweis auf das Unbewusste der Architektur selbst. [56]

Rendell: ›May Mourn‹. In: *Beyond Utopia*. Hg. v. Sophie Warren, Jonathan Mosely. Los Angeles 2011.

[57] Sigmund Freud: ›Zur Einleitung der Behandlung‹ (1913). GW VIII, S. 454–478, hier S. 458; 467.

[58] Ebd., S. 467.

[59] Ebd.

[60] Donald W. Winnicott: ›Metapsychologische und klinische Aspekte der Regression im Rahmen der Psychoanalyse‹. In: *Von der Kinderheilkunde zur Psychoanalyse*. Übers. v. G. Theusner-Stampa. Gießen 2008, S. 159–178, hier S. 167.

[61] Ebd., S. 169.

[62] Luciana Nissin Momigliano: ›The Analytic Setting: A Theme with Variations‹. In: *Continuity and Change in Psychoanalysis: Letters from Milan*. London und New York 1992, S. 33–61, S. 33–34, Zitate übers. v. Patricia Kunstenaar. Momigliano weist darauf hin, dass der Begriff »Setting« in Italien im Sinne von Winnicott angewendet wird als »sicheres und konstantes Bezugssystem, innerhalb welchem sich der psychoanalytische Prozess entwickelt«, wohingegen im angelsächsischen Sprachgebrauch gegenwärtig der Begriff »Rahmen« *(frame)* verwendet wird.

[63] José Bleger: ›Die Psychoanalyse des psychoanalytischen Rahmens‹. In: *Forum der Psychoanalyse* Nr. 3, 1993, S. 268–280, hier S. 268.

Das Setting

Der psychoanalytische Raum des Settings, des Rahmens für die Begegnung von Analytiker/in und Analysand/in und die zwischen ihnen stattfindenden Prozesse der Übertragung und Gegenübertragung, ist das architektonische Paradebeispiel eines psychoanalytischen Raums und folglich auch ein passender Ort für den Abschluss meines Essays. In der psychoanalytischen Theorie werden die Begriffe *Rahmen* oder *Setting* angewendet, um die wichtigsten Behandlungsbedingungen zu beschreiben, welche, gemäß Freud, »Bestimmungen über *Zeit* und *Geld*« sowie »ein gewisses Zeremoniell«, welche die physische Position des Analysanden/der Analysandin (auf der Couch liegend und sprechend) und des Analytikers/der Analytikerin (hinter der Couch sitzend und zuhörend) festlegen. [57] Hinter Freuds *Regeln* der räumlichen Positionen des analytischen Settings steht einerseits ein persönliches Motiv – er wünschte nicht, über lange Zeit angestarrt zu werden –, andererseits aber auch ein berufliches Anliegen – zu verhindern, dass der Patient/die Patientin »Stoff zu Deutungen« erhält. [58]

> »Ich beharre aber auf dieser Maßregel, welche die Absicht und den Erfolg hat, die unmerkliche Vermengung der Übertragung mit den Einfällen des Patienten zu verhüten, die Übertragung zu isolieren und sie zur Zeit als Widerstand scharf umschrieben hervortreten zu lassen«. [59]

In einer Diskussion von Freuds Methode unterscheidet Winnicott die Technik als solche vom »Rahmen, dem Milieu, in dem diese Arbeit durchgeführt wird«. [60] Winnicott ist der Ansicht, der Rahmen ermögliche die Reproduktion »der Techniken der frühen und frühesten Bemutterung« in der Psychoanalyse. [61] Die italienische Psychoanalytikerin Luciana Nissin Momigliano beschreibt, wie Winnicott das ›Setting‹ als »die Summe aller Einzelheiten des ›Managements‹« definiert, »welche mehr oder weniger von den meisten Psychoanalytikern akzeptiert werden«; [62] der argentinische Psychoanalytiker José Bleger hingegen repositioniert Winnicotts Begriff des Settings, um die Gesamtheit der »psychoanalytischen Situation« fassen zu können – sowohl den Prozess – das heißt das, was untersucht, analysiert und gedeutet wird – wie den »Nicht-Prozess« oder Rahmen – das heißt eine Institution, welche, so argumentiert er, eine Reihe von Konstanten oder Grenzen für die darin auftretenden »Verhalten« bietet. [63] Weitere Analytiker haben etwas andere räumliche Begriffe für die Beschreibung des Settings benützt;

[64] Der französische Begriff ist »*baquet*« (s. Jean Laplanche: ›Von der Übertragung und ihrer Provokation durch den Analytiker‹. In: *Die unvollendete kopernikanische Revolution in der Psychoanalyse*. Übers. v. U. Hock. Frankfurt a. M. 1996, S. 177–201, hier S. 191).

[65] Der französische Begriff ist »*écrin*« (s. André Green: *Key Ideas for a Contemporary Psychoanalysis: Misrecognition and Recognition of the Unconscious*. London 2005, S. 33, Fußnote., Zitat übers. v. Patricia Kunstenaar).

[66] André Green: ›The Analyst, Symbolization and Absence in the Analytic Setting (On Changes in Analytic Practice and Analytic Experience)‹. In: ›*In Memory of D. W. Winnicott*‹, *International Journal of Psycho-Analysis*, v. 56 (1975), S. 1–22, hier S. 13.

[67] André Green: ›Potential Space in Psychoanalysis: The Object in the Setting‹. In: *Between Reality and Fantasy; Transitional Objects and Phenomena*. Hg. v. Simon A. Grolnick; Leonard Barkin. New York und London 1988, S. 169–189, hier S. 180.

[68] Ebd., Zitat übers. v. Patricia Kunstenaar.

[69] Ebd.

[70] André Green: ›Das Intrapsychische und das Inter-subjektive in der Psychoanalyse‹. In: *Die vernetzte Seele. Die intersubjektive Wende in der Psychoanalyse*. Hg. v. Martin Altmeyer; Helmut Thomä. Stuttgart 2006, S. 229.

[71] ›The Greening of Psychoanalysis: André Green in Dialogue with Gregorio Kohon‹. In: *The Dead Mother: The Work of André Green*. Hg. v. Gregorio Kohon. London 1999 (published in association with the Institute of Psycho-Analysis), S. 10–58, hier S. 29, Zitat übers. v. Patricia Kunstenaar.

Laplanche nennt es ein *baquet* – ein doppelwandiger Trog [64] –, und für Green ist es ein *écrin* oder eine Hülle oder Schatulle, welche das »Juwel des psychoanalytischen Prozesses« enthält. [65] Green, der in seinem Werk sowohl auf die Konzepte Freuds wie auch jene Winnicotts zurückgreift, versteht das analytische Setting als »Homolog« des von ihm sogenannten analytischen Dritten, des »analytischen Objekts«, welches »genau mit Winnicotts Definition des Übergangsobjekts« übereinstimmt [66] und durch die analytische Verbindung zwischen Analytiker/in und Analysand/in gestaltet wird. [67]

> »Das analytische Objekt ist weder innerlich (für den Analysanden oder den Analytiker) noch äußerlich (für den einen wie den anderen), sondern es ist zwischen beiden situiert. Folglich stimmt es genau mit Winnicotts Definition des Übergangsobjekts überein sowie mit dessen Verortung im intermediären Gebiet des potentiellen Raums, des Raums des ›Überlappens‹, welches durch das analytische Setting demarkiert wird.« [68]

Green betrachtet das Setting als dritten Raum, als Homolog des analytischen Objekts, welches zwischen Analytiker und Analysand entsteht [69]:

> »Als ich das Modell der sogenannten ›Doppelgrenze‹ vorstellte […] [wurden] zwei Felder definiert, einmal das innen liegende, aus den zwischen den seelischen Instanzen resultierende Feld des Intrapsychischen, zum anderen das zwischen innen und außen liegende, aus der Beziehung zum Anderen hervorgegangene Feld des Intersubjektiven … Insofern ist das Objekt an zwei Orten vertreten: Einerseits gehört es zum mentalen Innenraum, und zwar auf der Ebene des Bewussten und des Unbewussten, andererseits zum Außenraum, als Objekt, als Anderer, als ein anderes Subjekt.« [70]

Green vergleicht den abgeschlossenen Raum des Behandlungszimmers mit Winnicotts Konzept eines intermediären Raums und hält dabei fest, dass er eine »eigene Beschaffenheit« habe und sich demnach sowohl vom äußeren wie vom inneren Raum unterscheide. [71] In einem Kommentar zum Werk von Green betont Michael Parsons, dass er das analytische Setting nicht als statisches Tableau betrachte, sondern als Raum der Auseinandersetzung, nicht nur als »Repräsentation der psychischen Struktur«, sondern als »Ausdruck davon«. [72] Parsons erklärt, dass für Green gerade »die Art und Weise, in welcher sich die psychische Struktur durch die Struktur des Settings zeigen und nicht zeigen kann, die psychoanalytische Situation zu einer solchen macht« [73]. Green versteht das Setting als

[72] Michael Parsons: ›Psychic Reality, Negation, and the Analytic Setting‹. In: Gregorio Kohon 1999 (wie Anm. 71) S. 59–75, hier S. 74, Zitate übers. v. Patricia Kunstenaar.
[73] Parsons 1999 (wie Anm. 72), S. 74, Zitat übers. v. Patricia Kunstenaar.
[74] ›The Greening of Psychoanalysis‹ (wie Anm. 71), S. 53, Zitat übers. v. Patricia Kunstenaar.
[75] Für eine detaillierte Beschreibung von Freuds Behandlungszimmer siehe Diana Fuss und Joel Sanders: ›Berggasse 19: Inside Freuds Office‹. In: *Stud: Architectures of Masculinity*. Hg. v. Joel Sanders. New York 1996, S. 112–139. Für eine erweiterte Diskussion über den Rahmen oder die Szene der Psychoanalyse in der Beziehung zur gegenwärtigen Kunstpraxis siehe Mignon Nixon: ›On the Couch‹. In: *October*, v. 113 Summer 2005, S. 39–76.
[76] S. Sigmund Freud 1891 (wie Anm. 3), S. 121, Fig. 8.
[77] S. Sigmund Freud: *Psychoanalyse und Libidotheorie*. GW XIII, S. 211–233.
[78] Christopher Bollas: ›»Freudian Intersubjectivity«‹. Commentary on a Paper by Julie Gerhardt and Annie Sweetnam‹. In: *Psychoanalytic Dialogues*, v. 11 2001, S. 93–105, hier S. 93.
[79] Sigmund Freud 1913 (wie Anm. 57), S. 468.
[80] Christopher Bollas: *Die unendliche Frage. Zur Bedeutung des freien Assoziierens*. Übers. v. E. Vorspohl. Frankfurt a. M. 2011, S. 15.
[81] Ebd., S. 42.
[82] Bollas 2001 (wie Anm. 78), S. 98.

räumliche Konstruktion, als eine »generalisierte trianguläre Struktur mit einer variablen Dritten«. [74] Das psychoanalytische Setting – beispielsweise als strukturierendes Element – ist wahrscheinlich der deutlichste Indikator für die Beziehung der Psychoanalyse zur Architektur. Dass das Setting in den neuesten architekturtheoretischen Arbeiten zu einem modernen Faszinosum geworden ist, [75] mag einerseits an seinem zentralen Stellenwert im Leben einer Kultur-Ikone wie Freud liegen, andererseits aber wohl auch an der Tatsache, dass dieser Raum in der Psychoanalyse am offenkundigsten architektonisch ist. Das Setting existiert als physische und materielle architektonische Form – ein Zimmer in einem Gebäude, ›visuell‹, ›taktil‹ und ›akustisch‹ [76] – und erlaubt uns damit nicht nur über die ganze Bandbreite von architektonischen Räumen in der professionellen Praxis der Psychoanalyse zu reflektieren – vom privaten häuslichen Interieur bis zum Spital –, sondern auch über mögliche Analogien zwischen den Prozessen der Analyse, das heißt Übertragung und Gegenübertragung, welche innerhalb des Settings statt finden können einerseits und jenen, die im architektonischen Entwurf und der architektonischen Praxis zum Tragen kommen andererseits.

Bollas hat festgestellt, dass Freud in der klarsten Darstellung seiner Methode, der »›Psychoanalyse‹ und ›Libidotheorie‹«, [77] postuliert, Psychoanalyse finde statt, wenn zwei Funktionen verbunden sind – die freie Assoziation des Analysanden/der Analysandin und die gleichschwebende Aufmerksamkeit des Psychoanalytikers/der Psychoanalytikerin. [78] In »Zur Einleitung der Behandlung« erklärt Freud, wie der Prozess der Assoziation sich von einer gewöhnlichen Konversation unterscheidet, weil er »störende[n] Einfälle« und »Nebengedanken« einbezieht statt sie auszuschließen. [79] Bollas definiert die freie Assoziation als ein Geschehen, das stattfindet, wenn wir denken, ohne uns dabei auf etwas Spezifisches zu konzentrieren; wo die manifesten Gedanken für das bewusste Denken zwar disparat scheinen, aber in einer verborgenen und unbewussten Logik dennoch zusammenhängen. [80] Um die freischwebende Aufmerksamkeit zu erreichen, so Bollas, muss auch der Analytiker/die Analytikerin sich seiner/ihrer unbewussten mentalen Aktivität fügen; er/sie muss darauf verzichten, über Material zu reflektieren, bewusst Vorstellungen zu konstruieren oder sich aktiv zu erinnern. [81] Bollas vergleicht die Beziehung zwischen der freien Assoziation und der freischwebenden Aufmerksamkeit mit der Interaktion zwischen der Übertragung und der Gegenübertragung, [82] im gleichen Sinne wie Green, für den die Übertragung eine

[83] André Green: ›Surface Analysis, Deep Analysis‹. In: *International Review of Psycho-Analysis* v. 1 1974, S. 415–423, hier S. 418, Zitat übers. v. Patricia Kunstenaar.
[84] Elizabeth Wright 1999 (wie Anm. 54), S. 19, Zitat übers. v. Patricia Kunstenaar.
[85] Freud 1937 (wie Anm. 22), S. 47.
[86] André Green: ›The Double and the Absent‹ (1973). In: *Psychoanalysis, Creativity, and Literature: A French-American*

Inquiry. Hg. v. Alan Roland. New York 1978, S. 271–292, hier S. 274, Zitat übers. v. Patricia Kunstenaar.
[87] A. S. Byatt and Ignes Sodré: *Imagining Characters: Six Conversations about Women Writers.* Hg. v. Rebecca Swift. London 1995, S. 245, Zitat übers. v. Patricia Kunstenaar.
[88] Rendell 2010 (wie Anm. 16).

»analytische Verbindung« schafft. [83] Für Wright liegt der Nutzen der »freien Assoziation« für die Ästhetik nicht im Auftauchen der Wahrheit des Unbewussten, sondern vielmehr im Aufheben der Zensur zwischen dem Bewussten und dem Unbewussten. Ihrer Ansicht nach ermöglicht die Aufdeckung der unbewussten Abwehr im analytischen Prozess nicht »den unmittelbaren Ausdruck des Impulses oder Triebs, sondern jenen der Vorstellung oder des Bildes, welches sich daran anheftet. Die unbewusste Phantasie kann nur durch das ›Durcharbeiten‹ dieses Materials rekonstruiert werden.« [84] Die Prozesse der »freien Assoziation« und des »Durcharbeitens« mögen im Entwerfen vorkommen, sie könnten aber auch Handlungsweisen sein, die in die Architekturkritik, -geschichte und -theorie eingebracht werden können.

Wenn Freud in seinen späteren Schriften zwischen Konstruktion und Deutung unterscheidet und sie als verschiedene Arten der analytischen Technik bezeichnet, beschreibt er dabei gleichsam einen architektonischen Prozess:

> »Deutung bezieht sich auf das, was man mit einem einzelnen Element des Materials, einem Einfall, einer Fehlleistung u. dgl. vornimmt. Eine Konstruktion ist es aber, wenn man dem Analysierten ein Stück seiner vergessenen Vorgeschichte [...] vorführt [...].« [85]

Auch Green schlägt vor, dass der Analytiker / die Analytikerin eine konstruktive Art des Deutens benützen sollte: das »konjekturale Deuten«. [86] Ignes Sodré bemerkt in einem Gespräch mit der Schriftstellerin A. S. Byatt, dass der Analytiker, »indem er dem Patienten verschiedene Versionen seiner selbst anbietet«, gleichsam ein Geschichtenerzähler sei, und deutet so auf den erfinderischen Aspekt der Deutung hin. [87] Ich möchte mich diesem Gedanken anschließen und dazu anregen, den Akt des architektonischen Entwerfens und Produzierens in psychischen wie in materiellen Begriffen zu erfassen und damit der Tatsache Rechnung tragen, wie psychische Vorgänge in den Begegnungen zwischen den verschiedenen Individuen beim Entwerfen und der Ingebrauchnahme von Architektur vorkommen – zwischen Baumeister/in und Bauherrn/Baufrau; Kritiker/in und Bewohner/in. Für meine eigene Art von architektonischer Praxis – dem »site-writing« – vermutlich wohl am fruchtbarsten ist die Möglichkeit für Kritiker/innen, die psychoanalytischen Modi – assoziativ und aufmerksam sowie interpretativ und konstruktiv – in ihren Schreibprozessen zu kombinieren. [88]

Übersetzung aus dem Englischen: Patricia Kunstenaar, Redaktion: Helge Mooshammer

Krypta – Von Höfen und Höhlungen der Einverleibung und Identifikation
Eva Laquièze-Waniek

Innenarchitektur

Archäologie

Krypta

Stadt

Auftragsverhältnis

(Arbeit am) Widerstand

Umbau

Zitat

Konstruktion

Faltungen

Projektion

Gerüst

Dezentrierung

Zeichnung

Technik

Übergänge

Grenzen

räumen

Körper

Sichtbarkeit

Spuren

Stoff

Medien

Leere

Raum

Himmelfahrt   Phantasmaklimax   Todesatem

                                        Cruising

                    Inzestuöser Wunsch

                                                  Psychoanalytisches Setting

Interpretation   Management

        Phobisches Objekt

                                                  Identifikation

Wissen   Ontologische Katastrophe

            Obsession

                                                        Mutter

                                        Ich-Spaltung

                    Befriedigung

Blick

                                                        Woman

        Subtext

                        Verrückt

Widerstand

                                              Angst

            Symbolische Ordnung

    Trieb

                                              Symbolisierung

                Wünsche

                                        Phantasma

    Einverleibung

                              Subjekt

Psychoide Topik von Sergej Wolfsmann nach Torok / Abraham:

Schwester Anna

<u>Wände</u> der Krypta:
Hochgezogen vom Dialog zwischen englischer Gouvernante
und der das Verbrechen leugnenden Mutter

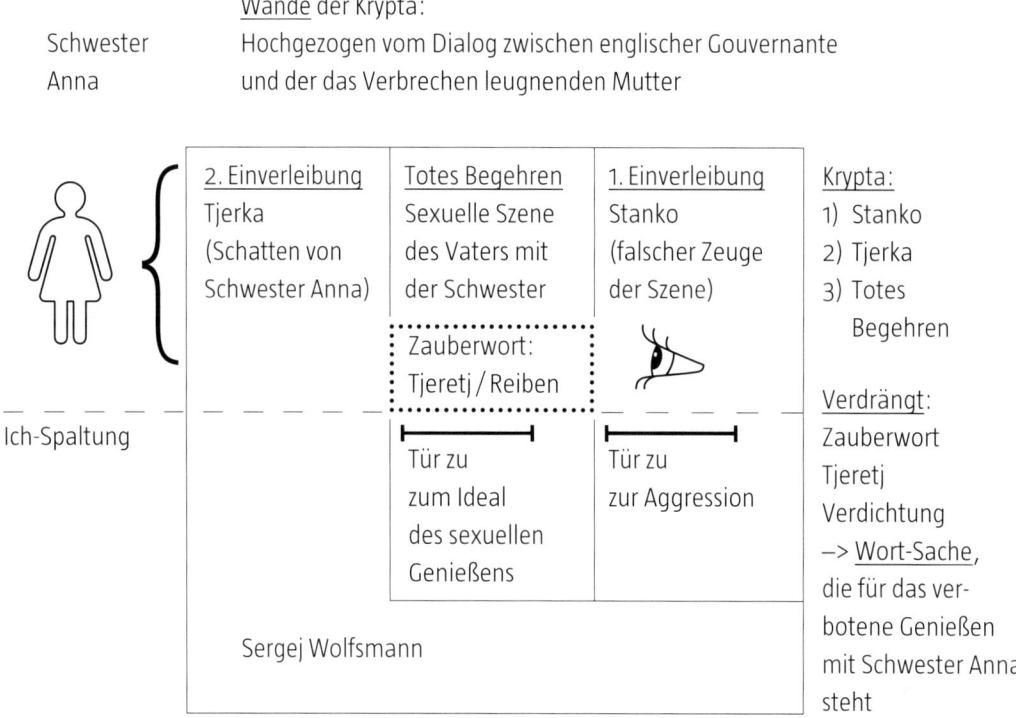

Ich-Spaltung

2. Einverleibung
Tjerka
(Schatten von
Schwester Anna)

<u>Totes Begehren</u>
Sexuelle Szene
des Vaters mit
der Schwester

Zauberwort:
Tjeretj / Reiben

Tür zu
zum Ideal
des sexuellen
Genießens

1. Einverleibung
Stanko
(falscher Zeuge
der Szene)

Tür zu
zur Aggression

<u>Krypta:</u>
1) Stanko
2) Tjerka
3) Totes
   Begehren

<u>Verdrängt:</u>
Zauberwort
Tjeretj
Verdichtung
–> <u>Wort-Sache</u>,
die für das ver-
botene Genießen
mit Schwester Anna
steht

Sergej Wolfsmann

[1] Dieser Beitrag geht auf einen Vortrag am Symposium »Architektur und Psychoanalyse« im Rahmen der Preisverleihung *The Missing Link* des Psychoanalytischen Seminars Zürich im Jahr 2009 zurück und steht im Kontext des vom Wiener Wissenschafts-, Technologie- und Forschungsfonds (WWTF) geförderten Forschungsprojektes »Übertragungen: Psychoanalyse – Kunst – Gesellschaft« (2009 – 2011).

Ort und Funktion [1]

Der Verbindung von Psychoanalyse und Architektur nachzugehen, erlaubt es zu fragen, wo die eine Disziplin bestimmend für die andere wurde. Dieses Unterfangen soll hier über die Begriffsbildung verfolgt werden – und was könnte geeigneter sein, als dies am Beispiel der Krypta zu erproben? Handelt es sich bei diesem Begriff doch um ein architektonisches Phänomen, das auf die Ebene der Psychoanalyse übertragen wurde und hier nun für eine ganz bestimmte Art der Einverleibung des anderen in das Subjekt steht, was nicht zuletzt zu einer topischen Neuordnung des Psychoiden führte. Doch stellen wir vorerst die Frage, was eine Krypta im Bereich der Architektur ist, bevor wir sie auf der Ebene des Subjekts untersuchen.

Die Krypta im Kontext der Architektur bezeichnet jenen Hohlraum, der sich unter einem Kirchenschiff, direkt unter dem Altar, befindet und der sich in seinen eigenen Fundamenten auf die natürlichen Gegebenheiten des Ortes einlässt und diese überformt. Die Krypta ist damit von Anfang an ein ganz und gar kulturelles Phänomen, auch wenn sie Natur inszeniert und bearbeitet. Aufgekommen mit der romanischen Baukunst, soll sie sich aus den geheimen Versammlungsorten früher Christen in Höhlen herleiten und nun ihrerseits innerhalb der romanischen Kirchen als geheimes Zentrum des religiösen Bauwerkes fungieren. Von Bedeutung war hier, dass man diesen Hohlraum ähnlich wie bei einer massiven Steinskulptur aus den vorgegebenen Bodenressourcen zu formen und mit tragenden Stützen für den Oberbau auszustatten wusste, wobei weiters entscheidend war, welche Wände wo trennend hochgezogen werden mussten und welche Höhlungen oder Kammern sich aus den Öffnungen der Wände ergaben. Denn dieser Raum hatte gerade wegen seiner tragenden Funktion des »Allerheiligsten« über sich dem Blick von außen möglichst verborgen zu bleiben und den Zugang nur Eingeweihten zu gewähren. Diese für die Krypta also wesentliche, erschwerte Zugangsmöglichkeit und ihre quasi »Unsichtbarkeit« hängen mit ihrer ideologischen Bedeutung zusammen, da sie trotz ihrer tektonischen Stabilität ein durchaus prekärer und gewissermaßen instabiler Ort bleibt, insofern dieser die Identifikation der Bewohner als religiöse Lebensgemeinschaft zu garantieren hat. Die Krypta fungiert damit als geheim-verborgenes Zentrum der christlichen Lebensform, wie sie uns besonders von Klöstern oder Abteien her bekannt ist, wobei sie somit zwei Funktionen zu erfüllen hat:

[2] Es sind stets nur jene Menschen, die von der jeweiligen Glaubensgemeinschaft auch idolartig verehrt werden können, deren Leichen Eingang in die Krypta finden. Als spirituelle Vorbilder scheinen sie der Glaubensgemeinschaft durch ihre konkretistische Aufbewahrung Kraft für den Zusammenhalt zu geben, der über gemeinsame Verehrung und Identifizierung immer wieder erneuert werden kann. Verstorbene, deren Leben, soziale Stellung oder Herkunft sich nicht zum Vorbild eignen, werden außerhalb der Kirche bestattet. Man denke hierbei auch an Freuds ›Massen-psychologie und Ich-Analyse‹ (1921), wo der Vorgang der Identifizierung vieler mit einem idealisierten Führer im politischen Kontext beschrieben wurde. Wir kennen auch in diesem Bereich, den religiösen Glaubensgemeinschaften nicht unähnlich, die kryptische Aufbewahrung von Königen, Fürsten und gefallenen Kriegshelden sowie die mitunter mausoleumsartige Aufbewahrungen toter Führer wie im Falle von Lenin, dessen Leiche bis zur Systemwende sogar einen eigenen hauptberuflichen Pfleger hatte. (Vgl. Sigmund Freud: ›Massenpsychologie und Ich-Analyse‹ [1921c]. GW XIII.)

(1.) In tektonischer Hinsicht bildet sie das tragende Fundament für den Raum des Altars, an dem sich die Gemeinschaft bei den täglichen Messen versammelt, die sich von hier aus in ritueller Form immer wieder neu konstituieren kann. Hier fungiert die Krypta als stützender Unterbau des offiziellen heiligen Zentrums, das für die performative Bildung der Lebensgemeinschaft genützt wird und von dem aus auch alle anderen baulichen Gegebenheiten, die das alltägliche Leben dieser Gemeinschaft strukturieren, abgeleitet sind.

(2.) Im engen Zusammenhang mit dieser tektonisch-performativen Funktion der Krypta ist ihre ideologische Bedeutung zu sehen, nämlich die höhlenartige Bodenhaftung des offiziell sakralen Raumes über sich verborgen zu halten, wobei sie die gleichfalls verborgenen Identifikationen für die Lebensgemeinschaft als basale Vorbilder in Evidenz halten muss – dies jedoch in einer von den täglichen Abläufen durchaus getrennten Weise. Erst durch diese besondere Funktion wird ersichtlich, warum die Krypta sich nicht darin erschöpfen kann, der bloß tragende Hohlraum für den Altar zu sein, sondern auch noch jenes Andere oder Fremde in sich bergen muss, das die Konstitution des Eigenen der Gruppe erst ermöglicht: nämlich jenen Anderen, der hier konkret als Leiche vor dem Leben und Tod gleichermaßen bewahrt werden soll, um als verehrtes Idol [2] von der Gemeinschaft immer wieder neu imaginär einverleibt werden zu können. Erst mit dieser ideologischen Funktion wird die Krypta zu einer Grabstatt besonderer Art. Denn sie ist nicht die Grabstätte, die wir von Kirchgärten und Friedhöfen üblicherweise her kennen, wo die Toten der Natur der Erde anvertraut werden und die Bestattung als symbolische Freigabe der Lebenden fungiert, durch die die Toten ihre Totenruhe erhalten. Im Gegensatz dazu gibt die Krypta ihre Toten nicht frei, sondern benützt sie für ihre eigenen Zwecke, die der verborgenen, aber – wie zu sehen ist – umso konkreteren Aufrichtung eines Idols innerhalb der Gemeinschaft dienen. In dieser Funktion, bei der auserwählte Leichname den Ausgangspunkt für die ideologische Anrufung an alle Mitglieder bilden, fungiert die Krypta somit vor allem als identifikatorische Basis für die religiöse Institution, von der dann ihrerseits die offiziellen und programmatischen *Anrufungen* [3] an die Gemeinschaft ergehen.

Hier mag ersichtlich werden, warum die Krypta mit ihren baulich-ideologischen Funktionen begriffsbildend für die Theorie der Psychoanalyse werden konnte. Denn dieser unterirdische Raum, der in abgespaltener Weise das Begehren

[3] Zum Begriff der Anrufung im subjektkonstituierenden Sinne im Kontext von Ideologie, Ökonomie und auch Religion vgl. Louis Althusser: *Ideologie und ideologische Staatsapparate* (1969), (zuletzt besucht am 02. 09. 2004 unter): *http://www.bbooks.de/texte/althusser* – vgl. dazu meinen eigenen Beitrag: ›Von der Anrufung des Subjekts – Oder: zum Verhältnis von Performativität, Zwang und Genuss bei Butler, Austin, Althusser und Lacan‹, in: *TheatReales Denken*. Hg. v. Arno Böhler / Susanne Granzer. Wien 2009.

[4] Vgl. Nicolas Abraham / Maria Torok: *Kryptonymie. Das Verbarium des Wolfsmannes* (1976). Vorangestellt ›Fors‹ von Jacques Derrida. Weil am Rhein 2008.
[5] Vgl. dazu: Muriel Gardiner (Hg.): *Der Wolfsmann vom Wolfsmann* (1971). Mit der Krankengeschichte des Wolfsmannes von Sigmund Freud, dem Nachtrag von Ruth Mack Brunswick und einem Vorwort von Anna Freud. Frankfurt a. M. 1972.
[6] Vgl. Abraham / Torok, a. a. O., S. 78 ff.

und die bewussten Identifikationen der Institution und ihrer Individuen zu tragen hat und damit auch alle sakralen und profanen Handlungsweisen der Gemeinschaft bestimmt hält, schien in idealer Weise auch als Modell für jene unbewussten und abgespaltenen Identifikationen des Subjekts dienen zu können, die auf der psychischen Einverleibung des anderen beruhen.

Topik und Plot

Es waren die in den 70er Jahren in Paris lebenden Psychoanalytiker und ehemaligen ungarischen Exilanten Maria Torok und Nicolas Abraham, die mit ihrer Relektüre des Wolfsmannes, des berühmten Falls Freuds, die Übertragung der Krypta auf das Feld der Psychoanalyse vollzogen. [4] Ihre Interpretation des Falls entwickelten sie, indem sie alle Unterlagen, [5] die es zum Wolfsmann – der nach dem Tod Freuds noch bei Ruth Mack Brunswick in Behandlung war – gibt, einer neuen und fiktiven Analyse unterzogen. Hierbei erkannten sie, wie sehr der Wolfsmann von den von ihm in frühen Jahren inkorporierten Liebes- und Hassobjekten besetzt gehalten wurde und dass diese als widersprüchliche und äußerst spannungsgeladene Identifizierungen seine Subjektgenese wie die unverdaulichen Steine im Magen des Wolfes, der im Grimmschen Märchen zuvor die Großmutter und das Rotkäppchen gefressen hatte, beschwerten. Um diese niederdrückenden Schatten der einverleibten anderen, die den Wolfsmann als Erwachsenen heimsuchten und die seine Lust und seine Ängste als Mann immer wieder lähmend an sich rissen, besser fassen zu können, gaben Torok und Abraham schließlich seinen einverleibten Objekten jeweils einen eigenen Namen, in der Hoffnung, so das Trauma, das die Dynamik der Einverleibung als psychischen Überlebensvorgang einst in ihm ausgelöst hatte, nachvollziehen zu können: [6]

Der einverleibte Schatten der älteren Schwester, die den Bruder um das dritte Lebensjahr als Knaben verführt haben dürfte, bekam so einen eigenen Vornamen in Russisch, *Tjerka*, da dies die Muttersprache des Wolfsmannes war; ebenso ihr kleiner Bruder, der noch immer im phantasmatischen Inneren des Wolfsmannes lebte und der, hier als *Stanko* benannt, mit der Schwester das unsagbare Geheimnis der verbotenen Verführung teilen musste; schließlich gab es daneben die Schwester in der Funktion einer realen Person, *Anna*, die, später an Schizo-

Die Zeichnung des Wolfsmannes

Eva Laquièze-Waniek

[7] »Die zuerst genannte Zahl ist ›sechs‹, wird dann sofort in ›sieben‹ korrigiert, während sie sich in der bekannten Zeichnung auf fünf reduziert.« Abraham / Torok, a. a. O., S. 89.

[8] Vgl. ebd., S. 90.
[9] Vgl. ebd., S. 91.

phrenie erkranken und sich töten sollte; dann den Wolfsmann selbst als Person, den die Autoren *Sergej Wolfsmann* nannten; weiters den Vater, der seinerseits vermutlich die Tochter verführt und diese dem Sohn vorgezogen hatte; eine teilnahmslos wirkende Mutter, die dem Sohn wahrscheinlich Schweigegebot auferlegt hatte; eine englische Gouvernante, die das Familiengeheimnis vermutlich aufdeckte und die plötzlich entlassen wurde; Gruscha, ein bodenscheuerndes russisches Dienstmädchen; die Frau des Wolfsmannes, eine Krankenschwester mit Namen Therese, die wie seine Schwester Selbstmord begehen sollte; den Analytiker; die Analytikerin.

Indem Torok und Abraham alle Schriften, Analyseprotokolle und vor allem auch die überlieferten Träume und Symptome des Wolfsmannes nochmals deuteten und genau auf seine unbewussten Einverleibungen sowie konfliktuösen erotischen Strebungen und Triebansprüche hin analysierten, drangen sie – wie sie meinten – zu den vor ihm selbst geheim gehaltenen, abgespaltenen Wünschen und Identifikationen, die Liebe und den Hass zu Schwester und Vater betreffend, vor: Die Gruppe der fünf, sechs oder sieben auf einem Baum sitzenden, in völliger Stille auf ihn wartenden Wölfe, [7] von denen Sergej Wolfsmann in einem Alptraum als Knabe heimgesucht wurde, und von dem er später Freud auf Deutsch erzählen sollte, wurden von Torok und Abraham dabei in das Russische, der Sprache, in der der Wolfsmann damals träumte, zurückgeführt und assoziativ sowohl auf semantisch als auch phonetisch ähnliche Wörter hin untersucht. Hier fand sich dann auch tatsächlich eine assoziierbare Verbindung von russisch »Wolf« (*buka* oder *wolk*) mit dem russischen Wort für »Sechsergruppe« (*schestjero*) (die der Wolfsmann unscharf für die Anzahl der Wölfe, die ihn in seinem Alptraum belagert hatten, angab), mit dem phonetisch ähnlich klingenden russischen Wort für »Schwester/chen« (*sjestra/sjestjorka*), das seinerseits wiederum dem russischen Wort für »reiben, schrubben, wichsen« (*tjeretj*) klanglich ähnelt. [8] Dies veranlasste Torok und Abraham dazu, nicht wie Freud im Wolf einen ödipalen Repräsentanten des kastrierenden Vaters, der die inzestuösen Wünsche des Sohnes für die Mutter untersagt, zu sehen, sondern das Auftreten des Wolfsrudels im Traum vielmehr als die wuncherfüllende Wiederkehr der Verdrängung der sprachlichen Signifikantenreihe von »Wolf«, »Sechsergruppe«, »Schwester« und »reiben« aus der russischen Muttersprache zu deuten, was auf die Verführungsszene und das still gelegte, weil verbotene Begehren des Wolfsmannes hinweisen würde. [9] Denn diese

[10] Vgl. ebd.
[11] Ebd., S. 100.
[12] Vgl. ebd., S. 124.
[13] Vgl. ebd., S. 168 f.
[14] Torok und Abraham sprechen von einem »falschen« Unbewussten (a. a. O., S. 65), insofern der Wolfsmann von Identifikationen geprägt ist, die dem Begehren anderer (wie z. B. seiner Schwester Anna oder seiner Mutter im Hinblick auf deren Schweigegebot) entsprechen und die, von seinen eigenen Wünschen und Erleben abgespalten, sein »richtiges« Unbewusstes paralysieren. Torok und Abraham deuten diese abgespaltenen Identifikationen als frühe traumabedingte *Einverleibungen*, deren gelungene Introjektion scheiterte. Die Beschreibung dieses Abwehrvorganges,

sich im Traum entweder semantisch berührenden oder phonetisch ähnelnden Wörter stünden mit dem Wunsch des Wolfsmannes bezüglich seiner inzestuösen Begegnung mit der Schwester in enger Verbindung – und dieser unaussprechliche, da verbotene Wunsch nach der Schwester habe seinerseits die Identifikation mit dem Vater und dessen männlichem Geschlecht (Penis) erschwert, da der Vater die Schwester offensichtlich sexuell missbrauchte und somit vom Wolfsmann zutiefst ambivalent besetzt gewesen sein dürfte.

Die den inzestuösen Wunsch verbalisierenden Schlüsselwörter wurden schließlich mittels der von Torok und Abraham neu entwickelten Methode der *Kryptonymie* [10] doch noch als Kern des traumatischen Abwehrvorgangs aufgefunden und, wenn auch nicht mehr von Sergej Wolfsmann selbst, so doch von den Autoren – wie sie meinten – für ihn erlösend ausgesprochen: »Schwesterchen, komm' und richte dem Stanko seinen Wolf auf«. [11]

Torok und Abraham gingen nun in einem nächsten Schritt dazu über, die Krypta des Wolfsmannes zu rekonstruieren: Auf der Seite der Einverleibungen, die zu einer Ich-Spaltung führten, liegt ihrer Topik gemäß (1.) die Kammer von *Tjerka*, der einverleibten Schwester Anna als jene, die zuerst vom Vater als Opfer verführt wurde und die dann ihrerseits den Bruder Sergej als ihr eigenes Opfer verführte; dann (2.) die Kammer von *Stanko* als Einverleibung des Bruders, der mit Anna das Geheimnis des Verbrechens teilte und der von der Mutter zur falschen Zeugenaussage in Bezug auf den Inzest zwischen Vater und Schwester gedrängt wurde; zu diesen zwei vom eigenen Ich abgespaltenen Einverleibungen und den damit verbundenen eigenen Aggressionen habe der Wolfsmann keinen Zugang mehr: »erste Tür zu«. In der Gruft neben den beiden Kammern der Geschwister liegt weiters (3.) das *abgetötete Begehren* des Wolfsmannes aufbewahrt, das engstens mit der sexuellen Szene, in der der Vater die Schwester verführte und die der Knabe vermutlich beobachtete, verknüpft ist. Gleichsam als Urszene figuriert sie das mittlerweile abgespaltene *Ideal des sexuellen Genießens* des Wolfsmannes; ein Genießen, zu dem der Wolfsmann nun gleichfalls keinen Zugang mehr hat: »zweite Tür zu«; schließlich (4.) das *Zauberwort* »TJERETJ«, auf Deutsch: reiben, stoßen, wichsen, [12] das hier mit den im Russischen phonetisch ähnlichen Wörtern »Schwester« und »Sechsergruppe« sowie semantisch mit dem Wolf eng assoziiert ist und in dieser Verdichtung jenes Zauberwort bildet, mit dessen Hilfe man die Krypta und ihre verschlossenen Türen wieder öffnen könnte, da dessen einstige Verdrängung als

der heute unter dem Begriff »Identifikation mit dem Angreifer« bekannt ist, geht auf Sandor Ferenczi zurück. Dieser weist bei frühen Missbrauchsfällen darauf hin, dass Kinder in dieser Situation dem Hass und der (sexuellen) Gewalt der Erwachsenen ängstlich und hilflos gegenüberstehen und – da unfähig, sie zu begreifen – gezwungen sind, sich mit dem Aggressor zu identifizieren und sich selbst zu vergessen.

Vgl. Sandor Ferenczi: ›Sprachverwirrung zwischen den Erwachsenen und dem Kind‹ (1933), in: ders.: *Schriften zur Psychoanalyse II.* Hg. v. Michael Balint. Gießen 2004.
[15] Vgl. Abraham / Torok, a. a. O., S. 174.
[16] Vgl. Jacques Derrida: ›Fors. Die Winkelwörter von Nicolas Abraham und Maria Torok‹ (1976), in: Abraham / Torok, a. a. O., S. 28.

Wort-Sache, die für den inzestuösen Wunsch des Wolfsmannes steht, vormals die Versiegelung der Krypta bewirkt hätte. [13]

Diese von Torok und Abraham entworfene Topik der Einverleibungen des Wolfsmannes, die von beiden als sein »falsches Unbewusstes« [14] gedeutet wurde, zu dem man auch noch seine Identifikation mit der den Missbrauch verschweigenden Mutter zählen müsste, könnte man auch durch ein dreidimensionales Diagramm illustrieren, wobei im oberen Stockwerk seine eigenen Identifikationen im Sinne eines »richtigen Unbewussten« noch zu ergänzen wären: Identifikation mit dem wahren Zeugen des Verbrechens zwischen Vater und Schwester; Identifikation mit dem Vater als begehrendem Mann; Identifikation als Verführungsopfer von Schwester Anna; Identifikation mit dem inzestuösen Genießen des Vaters; Identifikation mit den eigenen Aggressionen gegen Vater, Mutter, Schwester.

Die Wände der abspaltenden Krypta sind nach beiden Autoren durch den Dialog zwischen der den Inzest leugnenden Mutter und der englischen Gouvernante, die das Verbrechen auf Grund der Berichte des Knaben angesprochen haben dürfte und die plötzlich entlassen wurde, aufgezogen worden. [15] Als die sie tragenden Säulen fungierten die russische Muttersprache, das kindliche Englische aus der Zeit mit der Gouvernante sowie das Deutsche als Sprache der Analyse mit Freud, die hier allesamt als signifikatives Material genutzt wurden, um durch drei Sprachen hindurch die Verdrängung der Wörter des verbotenen Wunsches und die Abspaltung des Ideals des sexuellen Genießens zu bewerkstelligen. [16]

Wäre es in der Analyse des Wolfsmannes gelungen, die verdrängenden Signifikantenverschiebungen durch die drei Sprachen hindurch bewusst zu machen – so wie es das vierspaltige Verbarium des Wolfsmannes bei Torok und Abraham nun darlegt –, dann hätten auch seine falschen bzw. traumabedingten Einverleibungen endlich verdaut, die Trennung und Trauer um das unwiederbringlich geliebte und gehasste Verlorene einsetzen und seine eigenen Identifizierungen auf das in ihnen Lebenswerte überprüft, verändert oder verstärkt werden können. Dies hätte allerdings auch der Berücksichtigung des inzestuösen Begehrens des Vaters in Verbindung mit den Generationen vor ihm bedurft, um zu erkennen, warum Begehren in dieser Familie derartige inzestuöse Wiederholungen zeitigen sollte; eine also genealogisch bzw. transgenerational bis zu den Urgroßeltern väterlicherseits auszurichtende Analyseführung, die zu Freuds Zeiten noch nicht üblich war. Torok und Abraham konnten damit – wie ihr gemeinsamer Freund und

[17] Vgl. dazu Derrida, a.a.O., S. 23–25. An dieser Stelle soll weiters erwähnt werden, dass Torok und Abraham ihre Analyse des Wolfsmannes als »mythischer Person« verstanden wissen wollten, wodurch ihre Deutung des Falls wenn auch fiktiv, so dennoch nicht beliebig erfolgt wäre. (Vgl. Abraham / Torok, *Kryptonymie*, a.a.O., S. 102.) Damit gaben sie zu verstehen, dass sie mit ihrer eigenen psychoanalytischen Lektüre des Falls nicht Wahrheitsanspruch auf die historische Person des Wolfsmannes erheben – was, ohne in psychoanalytischen Dialog mit diesem selbst zu treten, auch nicht möglich wäre. Ihre Lektüre sollte vielmehr der Entwicklung einer *kryptonymischen Methode* zur besseren Entschlüsselung des Unbewussten dienen, wofür ihnen die Unterlagen zu diesem Fall offensichtlich hilfreich schienen und von deren Deutungen durch Freud und Brunswick sie meinten, dass vieles am Material unberücksichtigt geblieben wäre. Man könnte also von einer *Nachdeutung* des Falls sprechen, deren Treffsicherheit im Bereich des Mehr-oder-weniger-Wahrscheinlichen anzusiedeln wäre. Diesen Aspekt zu berücksichtigen, ist sicherlich nicht unwesentlich, betrifft aber – wie ich meine – nicht die wichtigsten Punkte dieser Lektüre wie z. B. die topische Verbindung des Nebeneinanders von sowohl spaltenden als auch verdrängenden Abwehrvorgängen eines Subjekts oder jene These von Abraham und Torok, wonach es im Unbewussten nicht nur zur Verdrängung von Sachvorstellungen kommt (wie man dies von Freud aus ›Das Ich und das Es‹ [1923], in: Band XIII der gesammelten Werke, Frankfurt a. M. 1999 kennt), sondern auch zur Verdrängung von Wortvorstellungen, die die Bedeutung von verdrängten Sachvorstellungen übernehmen können. Dies sollte insbesondere in Bezug auf die Kritik Lacans hervorgehoben werden, der – trotzdem er in Toroks und Abrahams Buch seine eigene These zum Signifikanten des Unbewussten wiederzufinden glaubt – hier hauptsächlich das Wahnhafte des »einsamen Sprechens« rezipiert. Dieses Sprechen könne nur durch den Dialog mit dem Analytiker erschüttert werden, worin Lacan die Aufgabe der psychoanalytischen Praxis und Wissenschaft sieht, deren Umsetzung er hier vermisse. (Vgl. Lacan: ›Seminar vom 11. Januar 1977‹, in: ders. [1976–1977]: *Das Seminar XXIV. L'insu que sait de l'unebévue s'aile à mourre*. Hg. v. Lacan-Archiv zu vereinsinternen Zwecken. Bregenz 2009, S. 40 f.)

Anzumerken bleibt aber auch hier, dass Torok und Abraham mit ihrer Nachdeutung des Falls durchaus im gängigen Repertoire psychoanalytisch theoretischen

Kollege Derrida meinte – zwar den Wolfsmann selbst nicht heilen, doch hätten sie zumindest seine Analyse und vor allem auch sich selbst retten können. [17]

Theoreme zum Bau von Subjekt und Institution

Was sich spätestens hier für die Begriffsbildung als wichtige Unterscheidung aufdrängt, ist die Differenz zwischen *Introjektion*, *Identifikation* und *Einverleibung* oder *Inkorporation*. Während sich die Introjektion an einem über das Partialobjekt hergestellten Genießen wie beispielsweise durch das Trinken des Säuglings an der Mutterbrust orientiert, der hierbei Milch und Liebe für das eigene Leben aufnimmt und absorbiert, stellt die *Einverleibung* nach Torok und Abraham das Scheitern ebendieser Absorption dar. Der Andere bzw. dasjenige, was von ihm als signifikanter Zug erscheint, wird in das eigene Ich zwar aufgenommen, sperrt sich hier jedoch der gelungenen Verdauung und wird somit schattenhaft im Ich implantiert. Derrida bezeichnete diesen Vorgang als ein »Erbrechen ins Innere« [18], wo der Andere zystenhaft das Ich zu bewohnen beginnt.

Freud hingegen hatte diese Begriffe noch unspezifisch verwendet, als er 1916 die *Trauer* um den Verlust eines libidinösen Objekts von der *Melancholie* unterschied. [19] Bei letzterer soll der Verlust des anderen (der auch auf bloßer Kränkung beruhen kann) durch Inkorporation in das Subjekt bewältigt werden. Gemäß einer narzisstischen Regression wird der andere sowie die Liebe und der Hass zu ihm nun in das Subjekt aufgenommen, wodurch der »Schatten des Objekts auf das Ich fällt« – wie es Freud nannte – und hier das Ich bis in den Selbstmord drängen kann. Für Melanie Klein sollte in den 30er Jahren entscheidend werden, ob die Identifikation mit dem anderen auf der Ebene des Partialobjektes oder schon mit dem ganzen Objekt (als *gute* UND *böse Brust*) erfolgte. [20] Darauf aufbauend, unterschied sie zwischen einer *schizoiden Phase*, bei der der andere noch gespalten erlebt wird, und einer *depressiven Phase*, wo das Kind beginnt, die gespaltenen Teile des anderen in Zusammenhang mit seiner eigenen zerstörerischen Aggression zu sehen und zu

Argumentierens stehen, wie es in ähnlicher Weise z. B. von
Freuds Lektüre des Falls Schreber bekannt ist oder auch
von Lacan selbst, der einige aus der Literatur bekannte Fälle
(z. B. von Freud, Melanie Klein oder Ella Sharpe)
einer kritischen Nachdeutung unterzog – auch wenn Lacan dabei
mehr Mut zur Lücke bewies als Abraham und Torok in ihrem
»Verbarium des Wolfsmannes«.

[18] Vgl. Derrida: ›Fors‹, in: Torok / Abraham: *Kryptonymie*
a. a. O., S. 46.

[19] Vgl. Sigmund Freud: ›Trauer und Melancholie‹ (1916),
in: ders.: *Band X der gesammelten Werke*. Frankfurt a. M.
1999; siehe dazu auch Fußnote 25.

[20] Vgl. Melanie Klein: ›Zur Psychogenese der manisch-
depressiven Zustände‹ (1937), in: dies.: *Das Seelenleben
des Kleinkindes und andere Beiträge zur Psychoanalyse*.
Hg. v. Hans A. Thorner. Stuttgart 2006.

[21] Julia Kristeva bezog sich auf den Dingbegriff bei Lacan,
der dem ersten anderen geschuldet ist, insofern dem
kleinen Kind (noch) keine Symbole oder Worte zur Verfügung stehen, um den symbiotischen Bezug und die reale
Abhängigkeit von der »Mutter« auszudrücken. Auch das
Imaginäre wird hier erst in Gang gesetzt, was wiederum
Lacan in Bezug auf Melanie Kleins »gute« und »böse Brust«

beschrieb und was später unter dem Begriff »Objekt klein a«
als Mischung von realen und imaginären Aspekten des
Genießens als Ursache des Begehrens in seine Theorie Eingang fand. Vgl. Julia Kristeva: *Schwarze Sonne. Depression
und Melancholie* (1987). Frankfurt a. M. 2007, S. 21, Fußnote 16; sowie: Jacques Lacan: *Das Seminar, Buch VII. Die
Ethik der Psychoanalyse* (1959–1960). Weinheim, Berlin
1996, insbesondere S. 80–84, 91ff.

[22] Vgl. Kristeva, *Schwarze Sonne*, a. a. O., S. 50 ff.

[23] Vgl. Jacques Derrida: *Glas* (1974). München 2006.
Derrida bezog sich in diesem Buch auf Toroks These der
kryptischen Einverleibung, die sie auf Französisch bereits
1968 publiziert hatte (in Dt. Maria Torok: ›Trauerkrank-
heit und Phantasma des »cadavre exquis«‹, in: *Psyche,
Zeitschrift für Psychoanalyse und ihre Anwendung*, Jg. 37,
1983/6). Zu Derridas Hegellektüre vgl. meinen eigenen
Beitrag: ›Geschlecht und das Erbe Hegels. Eine Bedeutungs-
verschiebung mit Derrida und Adorno‹, in: *Derrida und
Adorno. Zur Aktualität von Dekonstruktion und Frankfurter
Schule*. Hg. v. Eva Laquièze-Waniek / Erik Vogt. Wien 2008.

betrauern, was dann im Falle der Trennung vom nunmehr auch schon als »ganz«
erlebten Objekt (»Mutter«) wiederum Trauer und Loslösung ermöglicht. Und es
war schließlich Julia Kristeva, die an Toroks und Abrahams Arbeit bereits anknüpfend 1987 darlegte, dass die Melancholie auf einer unbetrauerten Einverleibung des
mütterlichen Dings [21] im Sinne eines symbiotisch erlebten Präobjekts beruht, an
dem hier durch einen unsagbaren Schmerz festgehalten wird, ähnlich der kryptischen Aufbewahrung eines idealisierten Untoten, von dem man sich nicht wirklich
trennen will und der einen aber auch nicht wirklich in das Leben mit den anderen
entlässt. Wie Kristeva darlegte, [22] führt dies zu einem eingeschränkten Gebrauch
von Sprache und Symbol, da der Melancholiker an der symbiotischen Mutter
dinghaft und konkret festhalten will und die sprachlichen Symbole, die die Mutter
allgemein repräsentieren könnten, nur als Bestätigung ihres Verlustes ansieht.

Demzufolge können wir also heute die Melancholie als einen privaten
Gottesdienst, der der Heiligkeit der allmächtigen Mutter geweiht ist, begreifen,
wobei nicht zuletzt durch die religiöse Praxis in der Krypta nun auch klar wird,
warum bei der Einverleibung der Körper des anderen konkretistisch fassbar bleiben muss, fungiert er doch hier wie dort als jenes reliquienhafte, unbetrauerte
Präobjekt oder Ding, dessen Transposition (»Wandlung«) in das symbolisch Allgemeine (im Sinne einer Identifikation mit dem schon ganzen Objekt) noch nicht
wirklich gelungen ist. Offen ist deshalb auch noch beim Wolfsmann, welche Form
der Bindung an die Mutter unbewusst vorherrschte und vielleicht auch nie gelöst
wurde und welche anderen Identifizierungen oder welches Begehren dadurch be-
einträchtigt wurden.

Jacques Derrida wiederum übertrug 1974 die kryptonymische Analyse auf
die Philosophie, um bei Hegels *Phänomenologie des Geistes* aufzuzeigen, dass dessen
transzendentale Theorie des Geistes von einer geheimen Krypta unterhöhlt ist, in
der ähnlich wie beim Wolfsmann eine verdrängte inzestuöse Geschwisterbezie-
hung haust, die von Hegel idealisiert und in bewusster Form zum Träger des vor-
bildhaften Geschlechterverhältnisses gemacht wird. [23] Auch hier ist es der einverleibte Schatten der Schwester, der dann im Werk gespensterhaft wiederkehrt und

[24] Vgl. Michael Turnheim: *Mit der Vernunft schlafen. Das Verhältnis Lacan – Derrida* (2009). Zürich, Berlin 2009.
[25] Bereits bei Freud lässt sich eine Relativierung seiner frühen Thesen zur Trauer von 1916 finden, wonach diese in der vollständigen Ersetzung des Liebesobjekts zu liegen hätte. So schreibt er am Todestag seiner eigenen Tochter, am 12. 4. 1929, in einem Brief an Ludwig Binswanger zum Tod von dessen ältestem Sohn, dass auch nach Ablauf der Trauerzeit ein Rest der Trauer um den unersetzbaren anderen zurückbleiben wird und dass dies als »Zeichen der Liebe« zu werten sei. (Vgl. Sigmund Freud / Ludwig

Binswanger: *Briefwechsel* [1908 – 1938]. Frankfurt a. M. 1992, S. 222.)
[26] Judith Butler hat in Bezug auf Freud in Erinnerung gebracht, dass die Annahme einer geschlechtlichen Identität ohne den Prozess der melancholischen Identifizierung nicht denkbar ist und dass es angesichts der damit verknüpften Bildung eines homo- oder heterosexuellen Begehrens bei jedem Subjekt zu einem mehr oder weniger nicht betrauerten Ausschlagen der jeweils anderen Identifikation und Begehrensform kommt. (Vgl. Judith Butler: ›Melancholisches Geschlecht / Verweigerte Identifizierung‹ [1997], in:

die Ankunft des sittlichen Geistes in der Welt trübt. In der Figur des »weiblichen Wesens« wird dieser schwesterliche Schatten die bürgerliche Gesellschaft gefahrenvoll bedrohen, so dass Hegel schließlich für die Einschließung von Frauen in den familiären Raum plädierte, was gleichzeitig ihren Ausschluss aus der Öffentlichkeit bewirken sollte.

An Derridas Lesart wiederum anknüpfend, sprach sich Michael Turnheim 2009 dafür aus, [24] die kryptonymische Methode auf die Psychoanalyse selbst anzuwenden, um hier bewusst zu machen, wo sich ihre Theorie auf problematische Einverleibungen bzw. auf das Begehren anderer, ihr fremder Diskurse bezieht. Dies könnte für die kritische Weiterentwicklung ihrer Theoreme genutzt werden, gerade auch was zum Beispiel ihre andro- und phallozentrischen oder misogynen Implikationen anbelangt. Dementsprechend gilt es nach Turnheim, das Freudsche Werk als ein in sich gespaltenes Archiv zu fassen, dessen doppelte Gestik erst noch dargelegt werden muss. Bei allen diesen hier nur kurz angesprochenen Vorläufern oder Weiterführungen des Konzepts der Einverleibung des anderen im Eigenen scheint mir jedoch die Fragestellung noch ungeklärt zu sein, inwieweit nicht jedes Individuum auf Grund mehr oder weniger problematischer Introjektionen über unbetrauerte Einverleibungen verfügt [25] und inwiefern davon auch gesellschaftliche Institutionen und unsere Kultur überhaupt betroffen sind. Ist nicht das sexuelle Genießen nachträglich am inzestuösen Wunsch des Kindes orientiert, dem es erst durch das kulturelle Verbot abschwören konnte? [26] Und bleibt somit selbst das Nachkommen der Forderung, die inzestuöse Besetzung auf Dritte, die der Familie nicht zugehören, zu übertragen, von dieser libidinösen Kraft nicht mitbestimmt? Jacques Lacan scheint diese Frage zu bejahen, wenn er das, was das Subjekt ausmacht, als jenen Rest fasst, der in den sozialen Anrufungen des Subjekts nicht aufgeht und den er als Genießen gerade auf die Spaltung von imaginärer und symbolischer Identifikation zurückführt. [27]

Spaltungen, Brüche, Höhlungen, Höfe, Enklaven, Wände, Öffnungen, versperrte Türen, Versiegelungen, Aufbrechungen, Erbrechungen des Genießens, des anderen in uns: Die Frage, was eine Krypta als Ort ist, ist so zur Suche nach dem unterhöhlenden Fundament der Identifikationen des Subjekts und seiner Institutionen geworden; eine Suche, die den Blick notwendigerweise auf die Spaltungen, Verdrängungen und Möglichkeiten zur entsprechenden Symbolisierung lenkt. Dass der andere gespalten, verdrängt und einverleibt werden muss, erinnert uns

dies.: *Psyche der Macht. Das Subjekt der Unterwerfung.*
Frankfurt a. M. 2001.)
[27] Vgl. Lacan, der anmerkte, dass das dem Ding geschul-
dete Genießen des Subjekts jenen Rest bildet, der es wider-
ständig gegen seine ideologischen Anrufungen macht.
(Vgl. Lacan, ›Die Ethik der Psychoanalyse‹, a. a. O., S. 136.)
Siehe dazu weiters Lacans Unterscheidung zwischen einer
imaginären und symbolischen Identifikation, die er von
den zwei Formen der Über-Ich-Bildung bei Freud ableitete,
wobei die imaginäre Identifikation dem Ideal-Ich / i(a)
und die symbolische Identifikation dem Ich-Ideal / I(A) entsprechen würde. (Vgl. Jacques Lacan: *Das Seminar, Buch I*

[1953–1954]. *Freuds technische Schriften.* Weinheim, Berlin
1990, S. 167–184; sowie dazu meinen eigenen Beitrag:
›Von der Anrufung des Subjekts‹, a. a. O.
[28] Vgl. die diesbezügliche Auseinandersetzung Eva Meyers
mit Derridas Schriftbegriff in Bezug auf den Raum, die er
in einem Gespräch mit ihr zusammenfasste: Eva Meyer:
Architexturen. Frankfurt a. M., Basel 1986; sowie: Jacques
Derrida: ›Labyrinth und Archi / Textur‹ (1984). Ein Gespräch
mit Eva Meyer, in: *Das Abenteuer der Ideen. Architektur und
Philosophie seit der industriellen Revolution.* Hg. v. Vittorio
Magnago Lampugnani / Josef Paul Kleihues / Claus Baldus.
Internationale Bauausstellung, Berlin 1987.

an die reale und imaginäre Abhängigkeit von ihm, in die wir uns begeben müssen,
um mit eigenem Leib und eigenem Begehren in der Welt ankommen zu können;
seine Verdrängungen verweisen aber auch auf jenen symbolischen Anderen, der
für das Gesetz und die Sprache steht, mittels denen gesagt werden kann, was ge-
setzhaft als verboten gilt.

Das Intimste oder Geheimste unserer Subjektwerdung wird folglich unser
unbewusstes Verhältnis zum anderen in diesem doppelten, nämlich imaginären
und symbolischen Sinne sein: Welchen Platz nehmen der »imaginäre andere« und
der »symbolische Andere« in uns ein und inwiefern bestimmen beide unser Genießen und unsere Handlungen? Je nach Geschichte und Bewältigungsform wird
die Begegnung dieser beiden anderen in uns auch das Hochziehen schützender
Wände bewirken, die von den diversen Höhlungen, Höfen oder Enklaven unserer
Subjektbildung vielleicht auch zum Bau einer ganzen Krypta führen. Will man die
darin festgehaltenen, untoten Schatten doch auch irgendwann wieder freigeben,
so wird man jene Zauberworte finden müssen, die ihre Wände in Abwehr einst
hochfahren ließen. Ein entsprechendes Verfahren der Entzauberung, wie es auch
die Psychoanalyse bestrebt ist zu bewirken, ist der symbolischen Sprache, ihrer
Übersetzbarkeit und ihrer sozialen Verbindlichkeit geschuldet – und nicht dem
Blick, der, Orientierung suchend, sich auf das Innen und Außen der Szene richten
mag. Denn was hier als unbewusste Urszene auftauchen kann – so wie es das Zauberwort des Wolfsmanns darlegte –, kann erst im Rahmen des sprachlichen
Signifikanten und seines Gesetzes, des Inzestverbots, erkennbar werden, als eine
Szene, bei der der sexuelle Genuss des Vaters mit der Schwester zwar »erregen«
mag, aber »nicht erlaubt« ist. Hier darf man sich von der Architektur der Krypta
nicht täuschen lassen und etwa versuchen, das Geheimnis in ihren vielfältigen und
manchmal sogar paradoxalen Windungen und Bezügen des Inneren und Äußeren
der Szenerie zu lüften: Die Sichtbarkeit der äußeren Wände ist nicht weniger ge-
heimnisvoll als die dem Blick entzogenen inneren Gänge oder Versiegelungen der
Krypta. Vielleicht eignet sich aber gerade auch diese Erkenntnis, nämlich den kryptischen Bau weniger als Architektur, sondern vielmehr als eine *Architektur* **[28]** zu
begreifen, als ein Geschenk, das die Psychoanalyse für ihre Anleihen nun ihrerseits
an die Architektur zurückgeben kann. Denn »Sichtbarkeit« in diesem Sinne heißt
hier nicht weniger, als um die Funktion zu wissen, die die Konstruktion des Begehrens mit dem Tektonischen und dem Diskurs verbindet.

BridA / Tom Erševan, Sendi Mango, Jurij Pavlica
Trackeds 1.0

BridA / Sendi Mango, Jurij Pavlica, Tom Kerševan:
Trackeds – Como
2008
still image of multimedia installation,
metal box, 19" lcd screen,
computer and audio device, 59 × 51 × 10 cm

← (Seite 70 / 71)

BridA / Sendi Mango, Jurij Pavlica, Tom Kerševan:
Trackeds – Como
2008 ·
still image of projection

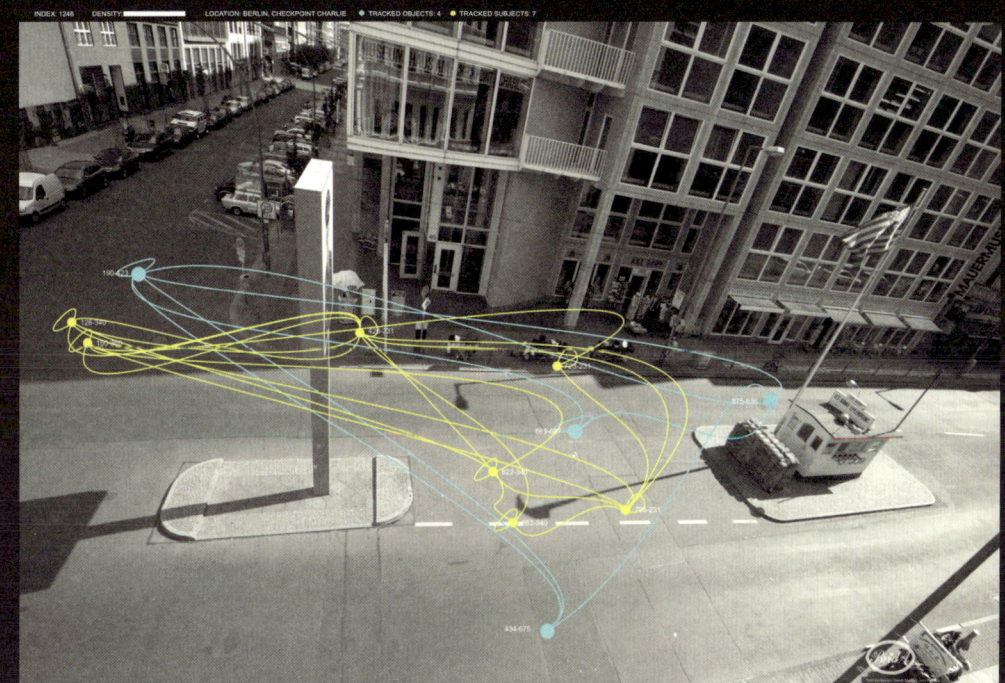

BridA / Sendi Mango, Jurij Pavlica, Tom Kerševan:
Trackeds – Berlin
2009
reproduction of photography

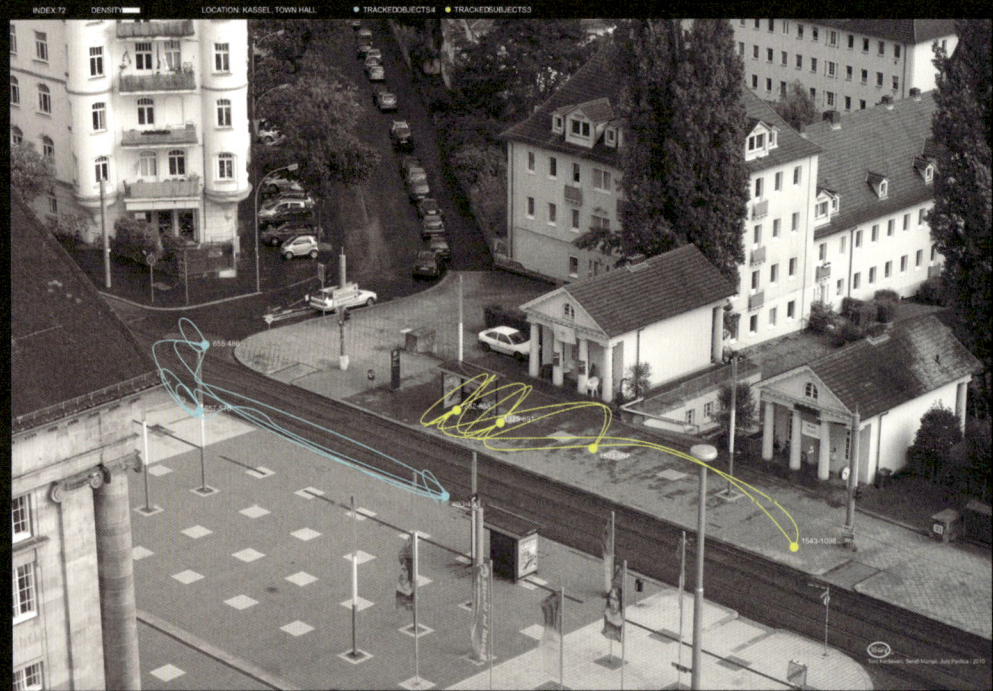

BridA / Sendi Mango, Jurij Pavlica, Tom Kerševan:
Trackeds — Kassel
2009
reproduction of photography

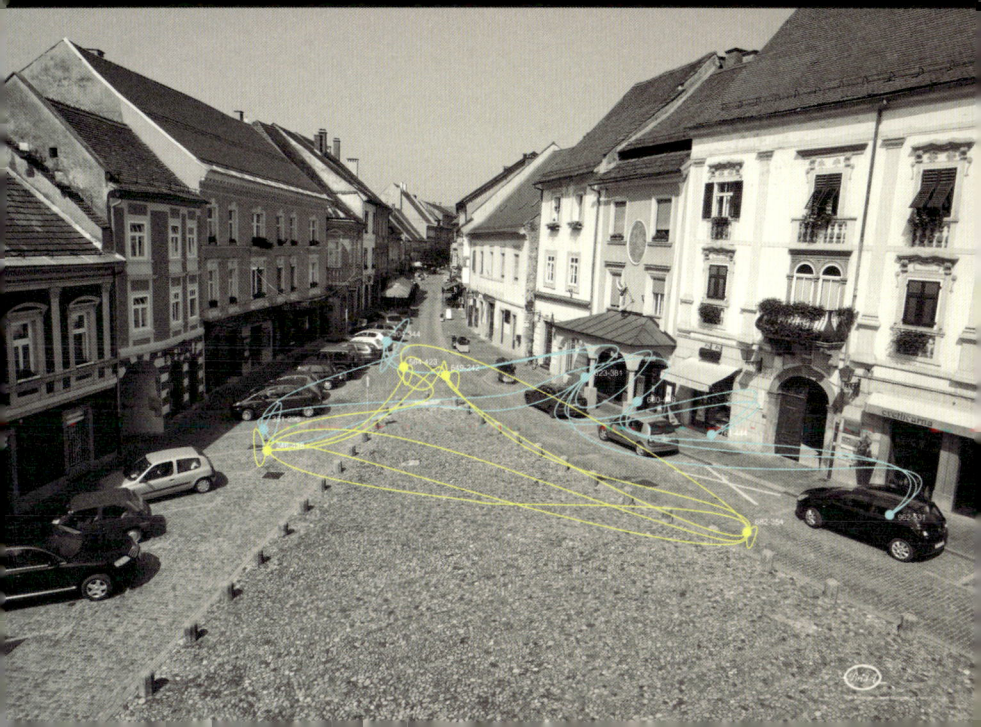

Trackeds 1.0

Die Gruppe BridA / Sendi Mango, Tom Kerševan, Jurij Pavlica *wurde 1996 gegründet, als die drei Slowenen noch an der Accademia di Belle Arti in Venedig studierten. In diesem Text wird ihr Projekt* Trackeds 1.0 *vorgestellt. Hierbei wird auf die Historie des Aufnahmeorts, die Aufnahmetechnik und die Verarbeitung der Informationen eingegangen. Darüber hinaus wird besprochen, welche Vorstellung von Sichtbarkeit den dynamischen, audiovisuellen Installationen zugrunde liegt.*

Auf dem Weg zur Arbeit, beim Einkaufen oder auf öffentlichen Veranstaltungen werden wir heute immer häufiger von Kameras erfasst. Unsere Bewegungen werden aufgezeichnet und dokumentiert. Aber nicht nur unsere physischen Spuren, auch unsere Wege im Internet, unsere Überweisungen und Telefonverbindungen werden festgehalten. Die Daten über unsere Aktivitäten liegen auf irgendwelchen Servern oder sind auf Datenträgern anderer Art konserviert und erzeugen von dort Datenwolken, die durch elektrische Leitungen oder sogar durch die Luft fluktuieren. Manchmal regnen sich diese Wolken an unerwarteten Stellen ab. Persönliche Daten erscheinen plötzlich im Internet, Kontoauszüge oder Informationen über Aktiendepots im Ausland werden an Finanzbehörden verkauft.

Die Gruppe *BridA / Sendi Mango, Tom Kerševan, Jurij Pavlica* hat bislang drei audio-visuelle Installationen mit dem Titel *Trackeds 1.0* produziert. Die Künstler erprobten ihr Verfahren in der norditalienischen Stadt Como, am Checkpoint Charlie in Berlin und auf dem Vorplatz der Stadthalle der nordhessischen Stadt Kassel. Die schwarz-weißen Standbilder der öffentlichen Plätze, die je nach Präsentationsform auf einem Bildschirm oder einer Projektionsfläche erscheinen, erinnern an Aufnahmen von Überwachungskameras und sind die Bühne für das eigentliche Geschehen.

In Como wurde die *Piazza del Popolo* aus der Vogelperspektive aufgenommen. In der linken unteren Bildhälfte ist von der Rückseite aus das Flachdach des als Parteizentrale der Faschisten errichteten Gebäudes *Casa del Fascio* zu sehen. Es wurde von dem Architekten Giuseppe Terragne entworfen und zwischen 1932 und 1936 gebaut. In der Architekturgeschichte gilt es als Paradebeispiel für die italienisch faschistische Bauweise. Die Vorderfront des Gebäudes weist in Richtung des älteren, katholischen Machtzentrums, nämlich auf den 1770 vollendeten Duomo

in Como. Von diesem ist █ █ der untere Teil der Außenmauern der Apsis und de█
rechte Teil des Querhauses ins Bild gesetzt worden. An diesem Ort standen sich
also zwei Machtzentren gegenüber.

Vor der Darstellung dieser historisch vorbelasteten Szenerie tauchen im
mer wieder sich über die Bildebene bewegende gelbe und hellblaue Punkte auf und
verschwinden wieder. Für diese kurze Zeit sind sie durch gebogene Linien verbun
den. Es ergeben sich zwei sich ständig dynamisch verändernde, optische Gespinste
die sich gegenseitig überlagern. Begleitet wird die teils rhythmische Bewegung von
einer Symphonie aus tiefen, brummenden bis zu kurzen, hellen, hohen Tönen. Sie
lassen sich aber nicht eindeutig den Linien oder den Punkten zuordnen, die wie
Mücken über die Bildfläche schwirren. Zu komplex scheinen die Informationen zu
sein, die von *Trackeds* 1.0 erzeugt werden, als dass die Kompositionsregeln schnell
erfasst werden könnten.

Da das Hintergrundbild an Bildausschnitte von Überwachungskameras
erinnert, liegt die Vermutung nah, dass dargestellt wird, auf welchen Wegen sich
Autos, Straßenbahnen oder Menschen bewegen. Verfolgt man aber die einzelnen
Markierungen, fällt auf, dass kaum ein Punkt kontinuierlich durchs Bild wandert
Die Grafiken basieren aber trotzdem auf den Bewegungen der oben genannten Ob
jekte und Subjekte. Die ins System eingespeisten Bildsequenzen werden von einer
eigens zu diesem Zweck entwickelten Software bearbeitet. Die Koordinaten der
Passanten, die den Platz überqueren, werden erfasst und in gelbe Punkte übersetzt
Sollten die Personen eine Straße überqueren und an einem Zebrastreifen anhalten
um auf ein vorbeifahrendes Auto zu warten, verschwinden sie buchstäblich von
der Bildfläche. Dasselbe gilt für die hellblauen Punkte, die Fahrzeuge, die eventuel
an einer Ampel aufgehalten werden. Es wird also ausschließlich die Bewegung au
dem Platz angezeigt.

Die erhobenen Daten dienen nicht wie bei Überwachungssystemen dazu
die Identität der betreffenden Individuen ausfindig zu machen. Sie werden auch
nicht gespeichert, sondern in eine dynamische, informationsverarbeitende Umge
bung eingespeist, in der ein Real-Time-Szenario errechnet wird. Die audiovisuelle
Symphonie beruht auf einem Prozess, in dem Bewegungsdaten in ein neues Sys
tem übertragen werden. Die Daten werden also von einem autonomen Bautei
interpretiert, moduliert bzw. in eine andere Tonart übersetzt. Nach vorgegebenen
Rechenoperationen, die bei *Trackeds* 1.0 auf mathematischen Gleichungen basieren

...und auf Beobachtungen der Braunschen Molekularbewegung zurückgehen, wird die numerische, digitale Grundlage in ein neues System von Sequenzen übertragen. Wissenschaft wird hier also nicht dargestellt, sondern das Wissen über Gesetzmäßigkeiten wird zum integralen Bestandteil des Werks.

Dieses Vorgehen ist insofern kunsthistorisch bedeutsam, als die Werke von BridA nicht mehr auf den Regeln der geometrischen Optik basieren. Ebenso sind sie nicht als Abstraktionen zu verstehen, die nach klassischen Kompositionsregeln entstehen. Vielmehr tragen die Künstler der eingangs beschriebenen heutigen Realität aus Bits und Bytes Rechnung und begeben sich damit auf ein neues, nahezu unerforschtes Terrain.

Die datenverarbeitenden Systeme, die BridA entwirft, gehören einer neuen Generation an. Sichtbarkeit wird hier nicht mehr – wie von Leon Battista Alberti beschrieben – als Blick durchs Fenster begriffen. Auch der Gedanke von Innerlichkeit und Distanz zur Außenwelt, die die Camera obscura noch zuließ, lässt sich mit diesen lebendigen Darstellungen nicht in Einklang bringen. Die Künstler ziehen sich eben nicht in eine dunkle Kammer zurück, sondern benutzen die heutigen Digitalkameras wie Messinstrumente. Sie sind nicht daran interessiert, schöne Schnappschüsse oder hochauflösende Computerausdrucke zu produzieren, sondern extrahieren nur wenige Informationen und entreißen hierdurch der modernen Informationsgesellschaft ein gedankliches Spiegelbild.

Wie eingangs schon angedeutet wurde, ließen sich Persönlichkeitsstrukturen heute auch anhand von Datenmengen beschreiben. Würden alle digitalen Daten eines Individuums zentral erfasst, könnten digitale Porträts erstellt werden, die vielleicht sogar mehr Aussagekraft als Fotos, Gemälde oder Zeichnungen hätten, die auf der rein visuellen Ebene verbleiben. Ansatzweise findet diese Methode schon heute Anwendung. Genannt sei hier der kleine, nützliche, digitale Helfer, die sogenannte »predictive search« von Google.

Auch das Körperbild der Mediziner hat sich in den letzten Jahrhunderten verändert. Ärzte messen den Blutdruck, beschallen den Körper mit Ultraschall, beschießen ihn mit Röntgenstrahlen oder zählen die Anzahl der Blutkörperchen, um zu einer Diagnose zu kommen. Es ergibt sich ein völlig neues Bild vom Individuum, dessen Grundlage eben nicht bloße Sichtbarkeit ist. Vielmehr beruhen die Diagnosen heute auf nicht-visuellen Verfahren. Im Fall des Ultraschallbildes werden Entfernungsmessungen beispielsweise in ein optisches Konstrukt umgesetzt...

Wird dieser Gedanke konsequent weitergedacht, müsste das Porträt, das die neu-
tige Medizin vom Patienten zeichnet, Auskunft über Pulsschlag, Blutdruck, Kör-
pertemperatur, Blutzuckerspiegel usw. geben.

Dementsprechend konzentrieren sich die ehemaligen Malerei-Studenten
der venezianischen Accademia di Belle Arti nicht mehr auf die äußeren optischen
Erscheinungsformen. Jedoch untersuchen die Künstler keine Menschen, sondern
wie im Fall von *Trackeds* die Infrastruktur öffentlicher Orte. Sie betreiben aber
keine Historienmalerei, sondern erheben vielmehr wie Wissenschaftler Daten, die
sie dann in eine informationsverarbeitende Umgebung transferieren. Dort werden
die Daten, wie bereits beschrieben, eigenständig prozessiert. Wie in einer Petri-
schale werden lediglich die Parameter vorgegeben, innerhalb deren die Informationen oszillieren. Nach diesem Verfahren ließe sich fast jeder Platz untersuchen.
Wie in der Wissenschaft kann das Experiment aber auch am selben Ort wiederholt
werden. Im Gegensatz zur Wissenschaft gilt es aber nicht, zu empirischen Er-
gebnissen zu gelangen, sondern darum, einen sinnlichen Zugang zu dem Unter-
suchungsgegenstand zu ermöglichen.

Zum zweiten Mal kam das Instrumentarium am ehemaligen Checkpoint
Charlie zum Einsatz. Dieser Grenzübergang am südlichen Ende der Berliner
Friedrichstraße war im Gegensatz zu Checkpoint Alpha an der Grenze zwischen
West- und Ostdeutschland und Checkpoint Bravo im Westen von Westberlin ausschließlich für ausländische Touristen, Diplomaten und das militärische Personal
der alliierten Streitkräfte eingerichtet worden. Geöffnet wurde der Übergang am
3. August 1961, nachdem zehn Tage zuvor die Mauer um den amerikanischen
französischen und englischen Sektor errichtet worden war. Internationale Be-
kanntheit erlangte der Checkpoint zwischen dem Ostberliner Regierungsbezirk
Mitte und dem Westberliner Bezirk Kreuzberg am 25. Oktober 1961, nachdem die
Sowjets beschlossen hatten, jeden zu durchsuchen, der den Übergang passieren
wollte. Als Reaktion auf diesen Verstoß gegen geltende Abkommen stationier-
ten die Amerikaner Panzer an diesem Grenzposten. Die Kettenfahrzeuge stoppten
genau auf der Höhe der Ecke des in der Projektion gegenüberliegenden Hauses.
Die Außenwand des Gebäudes zur Zimmerstraße, die sich vertikal durch die linke
obere Bildfläche erstreckt, befindet sich genau auf der ehemaligen Sektorengrenze.

Auch der Standpunkt, von dem die Aufnahme gemacht wurde, liegt direkt
über der einstigen nationalen Grenze. Wären die Daten kurz nach dem 25. Oktober

1961 erhoben worden, wären nur wenige Fahrzeuge erfasst worden. Die Panzer, auch wenn sie bedrohlich gewirkt haben müssen, wären nicht zu sehen gewesen, weil sie sich eben kaum bzw. gar nicht bewegten. Während damals nur ein paar gelbe Punkte auf der Animation erschienen wären, bewegen sich im Jahr 2009, 20 Jahre nach dem Mauerfall, viele Touristen, Passanten oder Souvenirverkäufer über die ehemalige Grenze hinweg. Ebenso gibt es auch für Fahrzeuge keinerlei Hindernisse mehr, die sie daran hindern, in den ehemaligen Osten oder andersherum in den Westen zu fahren. Auch wenn das amerikanische Grenzhäuschen noch immer sichtbar ist, lassen die Grafiken, die auf der Projektionsfläche erscheinen, erkennen, dass sich die politischen Verhältnisse verändert haben.

Ein drittes Experiment wurde auf dem Vorplatz der Stadthalle der Stadt Kassel durchgeführt. Das Grundstück für diese Gebäude, von dem im Bild links unten nur der Giebel zu sehen ist, wurde von dem jüdischen Industriellen Sigmund Aschrott unter der Voraussetzung, dass dort ein fester öffentlicher Veranstaltungsort entsteht, kostenlos der Stadt Kassel überschrieben. Die Halle wurde 1914 feierlich eingeweiht und bis in die 60er-Jahre als Messestandort genutzt. Heute finden dort Tagungen und Kongresse statt. Der sogenannte *Aschrottbrunnen*, der vom selben Spender finanziert wurde, wurde 1938 während der Pogromnacht der Nazis stark demoliert und anschließend ganz offiziell abgerissen. Die noch in der Kaiserzeit errichtete Stadthalle erfreut sich hingegen bis heute öffentlicher Beliebtheit. 2002 wurde der Platz neu gestaltet, und kaum etwas erinnert noch an seine Historie. Auch daran, dass hier ehemals die Grenze der städtischen Bebauung verlief, erinnern nur noch die beiden kleinen Tempelchen.

Die Künstler nähern sich den historischen Orten nicht dadurch, dass sie die ehemaligen Geschehnisse in ein optisches Äquivalent, etwa ein Gemälde oder eine Collage, verwandeln. Allein durch die Übertragung der abstrahierten Bewegungsdaten vom Checkpoint Charlie wird darauf hingedeutet, dass hier niemand mehr kontrolliert wird.

Im Unterschied zu Aufzeichnungen von Überwachungskameras lässt sich den Grafiken nicht entnehmen, wer gerade über die Straße geht. Es interessiert auch nicht, ob der Fahrer des Sportwagens der Frau mit dem Kinderwagen die Vorfahrt genommen hat oder ob der Vortragende etwas eilig zum Rednerpult läuft. Mit *Trackeds* soll nicht das Verhalten einzelner Menschen studiert werden. Auch geht es nicht darum, Menschen zu identifizieren oder zu überwachen.

Wie in einer Statistik werden die Informationen anonymisiert. Im Gegensatz zu statistischen Verfahren werden die Daten von *Trackeds* jedoch nicht systematisch ausgewertet, um zu empirischen Erkenntnissen zu gelangen. Dennoch spielen wissenschaftliche Verfahrensweisen eine integrale Rolle in den Arbeiten von *BridA*. Hierbei wird Wissenschaftlichkeit nicht verklärt oder lediglich dargestellt. Um ihre komplexen Systeme zu realisieren, sind die Künstler auf die enge Zusammenarbeit mit Wissenschaftlern und Experten auf dem Gebiet der Informationstechnologie angewiesen. Erst diese interdisziplinäre Zusammenarbeit eröffnet die Chance, die neuen Möglichkeiten der Informationsverarbeitung zu erkunden und unsere heutige Vorstellung von Visualität zu hinterfragen.

Die Arbeiten von *BridA* entziehen sich vielen Normen, die die Kunstkritik normalerweise Bildern zurechnet. Oftmals fragen Kunstkritiker, wenn es um Malerei geht, zunächst einmal nach dem Sujet. In den drei beschriebenen Projekten wurden öffentliche Plätze von der Apparatur erfasst. Vorstellen ließe sich aber auch, dass sie auf ein Mikroskop aufgesetzt wird. So könnten zum Beispiel die Bewegung von Mikroben visualisiert werden. Auch Bienen- oder Vogelschwärme geben ein mögliches Sujet ab. Es ließen sich also zahlreiche Anwendungsmöglichkeiten oder Updates denken. Dies ist darauf zurückzuführen, dass die Künstler nicht das Sujet, sondern das Verfahren vorgeben.

Ein weiterer entscheidender Unterschied zur herkömmlichen Malerei liegt darin, dass kein fertiges Bild komponiert bzw. komplettiert wird, das dann für Ewigkeiten an der Wand hängt. Die Apparaturen erschaffen lebendige, oszillierende Bilder, in denen keine persönliche Handschrift zu erkennen ist. Vielmehr dirigiert ein anonymes Rechenzentrum die fluktuierenden Grafiken. Die Künstler versuchen dem Bild also nicht ein endgültiges Aussehen zu verleihen. Es geht nicht darum, irgendetwas festzuschreiben oder für die Ewigkeit zu konservieren. Sie interessieren sich eher für den Prozess der Bildproduktion. Nur in diesen greifen die Künstler mit Bedacht regulierend ein.

Kunsthistorische Vorbilder lassen sich beispielsweise in der slowenischen Kunst finden. So entwarf zum Beispiel der slowenische Künstler Bogoslav Kalas eine Malmaschine, die noch vor dem massenhaften Auftreten der heutigen digitalen Bildproduktionsverfahren autonom farbige Bilder produzieren konnte. Anknüpfungspunkte bietet auch die Arbeit *Makrolab* von dem Slowenen Marko Peljhan, der mit diesem Laboratorium einen Ort der Zusammenarbeit für

Wissenschaftler und Künstler schaffen wollte. Fast zwingend scheint des Weiteren der Vergleich zu dem Medienkünstler Nam June Paik, der 1965 zum Beispiel das Bild eines noch analogen Fernsehers mit einem Magneten verzerrte. Jedoch geht die Künstlergruppe *BridA* einen weiteren entscheidenden Schritt: Die Künstler agieren innerhalb der Logik der heutigen, meist digitalen Informationswelt. Ihre Apparaturen erschaffen eben nicht – wie die Maschine von Kalas – ein fertiges Produkt. Die Gruppe schafft auch keinen Ort der Zusammenarbeit in der Einöde, sondern arbeitet schlicht und ergreifend mit Wissenschaftlern zusammen. Am nächsten scheint noch die Arbeit Magnet TV von Paik mit den Arbeiten von *BridA* verwandt zu sein. Jedoch wirkt Paiks Manipulation heute eher antiquiert, obwohl sie damals genauso erfrischend ankam, wie die Arbeiten der slowenischen Künstlergruppe heute.

Wie eingangs beschrieben wurde, übernehmen heute diverse digitale Systeme die Verarbeitung und Verwaltung persönlicher Daten. Unsere Vorstellung von Wirklichkeit basiert heute auf Systemen, die persönliche Daten aufzeichnen, prozessieren und gegebenenfalls visualisieren. Dieser Tatsache, dass heute viele Darstellungen von Computern errechnet bzw. simuliert werden, tragen die Künstler Rechnung. Sie weisen mit ihren Arbeiten darauf hin, dass eben alles davon abhängt, wie mit den erhobenen Daten umgegangen wird.

Gerald Geilert

»Herr im eigenen Haus«: Psychoanalyse und Architektur
Karl-Josef Pazzini

Innenarchitektur

Archäologie

Krypta

Stadt

Auftragsverhältnis

(Arbeit am) Widerstand

Umbau

Zitat

Faltungen

Konstruktion

Projektion

Gerüst

Dezentrierung

Zeichnung

Technik

Übergänge

Grenzen

räumen

Körper

Sichtbarkeit

Spuren

Stoff

Medien

Leere

Raum

Himmelfahrt   Phantasmaklimax   Todesatem

                              Cruising

              Inzestuöser Wunsch

                                        Psychoanalytisches Setting

Interpretation   Management

          Phobisches Objekt

                                        Identifikation

Wissen   Ontologische Katastrophe

          Obsession

                                              Mutter

                         Ich-Spaltung

              Befriedigung

Blick

                                              Woman

     Subtext

                    Verrückt

Widerstand

                                        Angst

          Symbolische Ordnung

Trieb

                                        Symbolisierung

              Wünsche

                         Phantasma

     Einverleibung

                    Subjekt

[1] In einer Fußnote der *Traumdeutung* lässt er die Versuchung zu fixen Deutungen anklingen und den Zusammenhang zwischen menschlichem Körper und Haus: »Wie aber Scherner [1861] und Volkelt [1875] ganz zutreffend hervorheben, ist das Haus nicht der einzige Vorstellungskreis, der zur Symbolisierung der Leiblichkeit verwendet wird – im Traume so wenig wie im unbewußten Phantasieren der Neurose. Ich kenne Patienten, die allerdings die architektonische Symbolik des Körpers und der Genitalien (reicht doch das sexuelle Interesse weit über das Gebiet der äußeren Genitalien hinaus) beibehalten haben, denen Pfeiler und Säulen Beine bedeuten (wie im *Hohen Lied*), die jedes Tor an eine der Körperöffnungen (›Loch‹), die jede Wasserleitung an den Harnapparat denken läßt usw. Aber ebenso gerne wird der Vorstellungskreis des Pflanzenlebens oder

der Küche zum Versteck sexueller Bilder gewählt; [...]« (Sigmund Freud: *Die Traumdeutung* [1900]. In: *Gesammelte Werke (GW)*. Hg. v. Anna Freud u. a. Frankfurt a. M. 1999, Bd. 2/3, S. 351.)
[2] Freud kommt allerdings bildlich auch in die Nähe von Geologie und Archäologie: »Als das architektonische Prinzip des seelischen Apparates lässt sich die Schichtung, der Aufbau aus einander überlagernden Instanzen erraten, und es ist sehr wohl möglich, dass dies Abwehrbestreben einer niedrigeren psychischen Instanz angehört, von höheren Instanzen aber gehemmt wird. Es spricht jedenfalls für die Existenz und Mächtigkeit dieser Tendenz zur Abwehr, wenn wir Vorgänge wie die in unseren Beispielen von Vergessen auf sie zurückführen können. Wir sehen, dass manches um seiner selbst willen vergessen wird; wo dies nicht möglich

Freud schreibt nur an wenigen Stellen von Architektur.[1] Nimmt man das Adjektiv *architektonisch* [2] hinzu, sind es vielleicht insgesamt fünf Stellen, die von Architektur sprechen. Vom Haus schreibt Freud öfter.

Das Bild der Psychoanalyse ist in der Öffentlichkeit gestützt von Fotos, Zeichnungen, Phantasien, die eine Innenarchitektur wiedergeben. Sie zeigen dann das, was vom Setting, der Rahmung des psychoanalytischen Arbeitens, sichtbar ist. Diese Innenarchitektur spricht vom Blick, weniger vom Sehen, von symbolischen Plätzen, vom Versuch, mit dem Setting eine Art Brückentechnologie zwischen mehreren Ontologie gewordenen Logiken herzustellen, also zwischen etwas Unbewusstem, gar dem Unbewussten und dem, was intentional einer Darstellung zugänglich ist. Die Couch wird in der Kombination mit dem Sessel zur Schnittstelle zwischen bürgerlichem Wohnzimmer, Ruhebett, Schlafstatt, Krankenbett, Säuglingswiege, OP-Tisch und verweist auf Schlaf, Krankheit, Verführung, Übergriff, Sexualität und Tod. [3]

Konstruktionen

Freud bezieht sich häufiger auf eine Vergangenheitsform der Architektur, die Archäologie. Er vergleicht die Tätigkeit des Psychoanalytikers mit der Tätigkeit des Archäologen, dessen Wortschatz er benutzt: ausgraben, aufdecken, enthüllen, rekonstruieren, freilegen unterschiedlicher Schichten. Aber er hat auch immer an dem Unterschied festgehalten, dass, wie er in *Konstruktionen in der Analyse* schreibt, »für die Archäologie die Rekonstruktion das Ziel«, während für die Psychoanalyse »die Konstruktion nur eine Vorarbeit« sei. [4]

>»Vorarbeit allerdings nicht in dem Sinne, dass sie zuerst als Ganzes erledigt werden müßte, bevor man das Nächste beginnt, etwa wie bei einem Hausbau, wo alle Mauern aufgerichtet und alle Fenster eingesetzt sein müssen, ehe man sich mit der inneren Dekoration der Gemächer beschäftigen kann. Jeder Analytiker weiß, dass es in der analytischen Behandlung anders zugeht, dass beide Arten von Arbeit nebeneinander herlaufen, die eine immer voran, die andere an sie anschließend. Der Analytiker bringt ein Stück Konstruktion fertig, teilt es dem Analysierten mit, damit es auf ihn wirke; dann konstruiert er ein weiteres Stück aus dem neu zuströmenden Material, verfährt damit auf dieselbe Weise, und in solcher Abwechslung weiter bis zum Ende.

S. 15 – 34; ders. ›Die fehlende Couch. Museum, Blick, Psychoanalyse‹. In: *Psychoanalyse. Sigmund Freud zum 150. Geburtstag.* Hg. v. Cilly Kugelmann, Nicola Lepp, Daniel Tyradellis. Jüdisches Museum Berlin 2006, S. 49 – 66.

[3] Vgl. Karl-Josef Pazzini: ›Zur Konstellation von Wahn, Wissen und Institution im psychoanalytischen Setting‹. In: *Wahn, Wissen, Institution. Undisziplinierbare Näherungen.* Hg. v. Karl-Josef Pazzini, Marianne Schuller, Michael Wimmer. Bielefeld 2005, S. 293 – 331; ders. ›Couch und Sessel. Entstehung und subversive Kraft des Setting‹. In: *Einführungen in die Psychoanalyse II. Setting, Traumdeutung, Sublimierung, Angst, Lehren, Norm, Wirksamkeit.* Hg. v. Karl-Josef Pazzini, Susanne Gottlob. Bielefeld 2006,

[4] Freud: ›Konstruktionen in der Analyse‹ (1937). In: Freud 1999 (wie Fußnote 1), Bd. 16, S. 43 – 56, hier: S. 47.

[5] Ebd.

[6] Vgl. Volker Hoffmann: ›Filippo Brunelleschi: Kuppelbau und Perspektive‹. In: *Quaderni dell' Istituto di Storia dell' Architettura, Nuova Serie,* Fascicoli 15 – 20 1990 – 92, Rom 1992, S. 317 – 326; Alexander Markschies: *Brunelleschi.* München 2011; Lorens Holm: *Brunelleschi, Lacan, Le Corbusier. Architecture, space and the construction of subjectivity.* Oxon 2010.

Wenn man in den Darstellungen der analytischen Technik so wenig ›Konstruktionen‹ hört, so hat dies seinen Grund darin, d ass man anstatt dessen von ›Deutungen‹ und deren Wirkung spricht. Aber ich meine, Konstruktion ist die weitaus angemessenere Bezeichnung. Deutung bezieht sich auf das, was man mit einem einzelnen Element des Materials, einem Einfall, einer Fehlleistung u. dgl. vornimmt. Eine Konstruktion ist es aber, wenn man dem Analysierten ein Stück seiner vergessenen Vorgeschichte [...] vorführt«. [5]

Die Konstruktion, verglichen mit dem Hausbau, erschafft etwas, während die Deutung auf etwas Existierendes hinweist, es hervorhebt, eventuell in einen anderen Kontext stellt. Entscheidend ist, ob die Vorarbeit der Konstruktion für weitere Produktion genutzt werden kann. Die Konstruktion gehört noch auf die Seite der Analyse, der Auflösung, nicht einer zielführenden Synthese. Sie unterscheidet sich darin sowohl von der Architekturzeichnung wie von der nach Plan durchgeführten Konstruktion.

Offenbar geht ihr das Planvolle, das mit Gewissheit in die Zukunft Greifende ab, ein rationales, planendes Verfahren basiert auf Geometrie, Statik, Mathematik, wie es die Erneuerung des Bauens in der Renaissance war. Vielleicht gibt es aber dennoch eine Gemeinsamkeit mit der Errungenschaft Brunelleschis, mittels Geometrie und Mathematik eine in die Zukunft ausgreifende Planung zu riskieren. Davor war das Bauen von Kuppeln lange Zeit auf Erfahrung gestützt und auf die aufwendigen Gerüste und Hügel, auf die man die Steine auflegte und nach Entfernung der Hilfsmittel hoffte, dass die Kuppel hielt. Die Gemeinsamkeit läge darin, dass Freud die Gerüste wie Brunelleschi zum integralen Bestandteil der Konstruktion macht.

Der Psychoanalyse ist aber nicht so sehr der Plan für den Bau der Domkuppel in Florenz [6] Vorbild eines methodischen Handelns, sondern eher die Tatsache, dass ein Teil der Konstruktion – das, was davor nur äußerliches Hilfsmittel war, das Gerüst sozusagen – Bestandteil der angezielten Gesamtkonstruktion wird. Das Gerüst einer deutenden Konstruktion geht in die Veränderung ein, ist nicht äußerliche Zutat, sondern untrennbare Immanenz. In der Psychoanalyse ist dieses Gerüst aus Worten gemacht, die in Beziehung gesprochen und gehört werden. Vielleicht kann man noch weiter gehen und spekulativ sagen: Brunelleschi erreichte eine selbsttragende Konstruktion, in struktureller Ähnlichkeit zum autonomen, individuellen Subjekt. Die Psychoanalyse konfrontiert eben jenes Subjekt damit,

[7]   Georges Teyssot: ›Explorations in Architecture‹. In: *Architektur als Membran.* Übers. v. Claudia Kotte. Basel, Boston, Berlin 2008, S. 166–175, hier: S. 173 ff.

[8]   Sigmund Freud: *Der Mann Moses und die mono-theistische Religion* (1938). In: Freud 1999 (wie Fußnote 1), Bd. 16, S. 101–246, hier: S. 218.

dass die Konstruktion nur wirksam wird durch eine Unterstellung, das heißt durch Übertragung. Diese dementiert aber zugleich die Abgeschlossenheit des individuellen Subjekts, lässt es vom Anderen her existieren.

Setzt man den Vergleich fort, dann ginge es hier um eine extrem kontextbezogene, nicht als solitär im Verhältnis zu einzelnen anderen Objekten gedachte Architektur; sie würde technisch und / oder atmosphärisch nicht mehr von einzelnen Entitäten ausgehen, sondern erst im nachträglichen Gebrauch unterschiedene Einheiten hervortreten lassen.

Überfluss aus der Not heraus

Architektur könnte man dann ähnlich wie die Konstruktion in der Analyse wie ein mit Kunst hergestelltes Symptom verstehen. Das Symptom schafft eine Verknüpfung zwischen Realem, Symbolischem und Imaginärem und stellt eine solche Konstellation mehr oder weniger fest. Bietet es keine Möglichkeiten der Veränderung, neuer Anbauten oder Renovierungen, dann führt dies zu Leid. Das Symptom fungiert als Pfropfen, der die illusionäre Ganzheit und Beherrschbarkeit herstellen möchte. Es ist das, was Übertragung auch als Widerstand erscheinen lässt und wäre strukturell in der Nähe der Schrift anzusiedeln:

Georges Teyssot sieht in der strukturellen Nähe eine Möglichkeit, die Diskurse von Philosophie (Deleuze), Architektur und Psychoanalyse zunächst konzeptionell in einen produktiven Zusammenhang zu bringen:

»So entstehen zwei unterschiedliche, doch zusammenhängende Hypothesen zur Fragmentierung des *Körpers* [bei Deleuze und Lacan, K.-J. P.]. Die erste wird durch die Formulierung *körper*loses Organ definiert. Ein solches Organ, vom *Körper* befreit, kann als Ware verkauft werden oder auf einen anderen *Körper*, einen anderen Organismus – ob lebend oder nicht, biologisch, mechanisch oder ein Rechner – ›aufgepfropft‹ werden. Der englische Begriff ›graft‹, zu Deutsch Pfropf oder Transplantat, stammt etymologisch vom griechischen Wort für schreiben, *graphein*, ab. Somit wird jedes Transplantat ein Script oder Code, und jedes Schreiben, jeder Graph, wird ein ›graft‹, ein Transplantat. Die zweite Hypothese definiert den organlosen Körper. Der *Körper* wird frei, triebhaft und begehrend: ein *Körper* reiner Oberfläche. Er wird nicht nur konstant von Transplantaten, Verbindungen und Codes durchkreuzt, sondern auch

[9] Verfuhr Freud bei der ›Vorarbeit‹ nach Methoden der Grabungsarchäologie, so stützte er sich bei der psychoanalytischen Deutungsarbeit auf ganz unterschiedliche Diskurse, so z. B. die antike Mythologie, Methoden des Talmud, der Geschichte der Traumdeutung, physiologische Diskursfragmente, Philosophie, Literatur, Bildende Kunst.

unablässig von ephemeren Erfahrungen durchflossen, die künstlich hervorgerufene vitale Folgen haben: Taktgefühl und Kontakt, Empfindung und Flattern, Streichen und Berühren, Tätscheln und Reiben, flüchtiger Genuss und kurzzeitige Befriedigung, Fluss und Abfluss. [...] Eine Architektur, die sich selbst durch Graphen und Transplantate in dauernder Mutation befindet, stellten sich auch Architekten wie Toyo Ito, NOX (Lars Spuybroek), Mark Goulthorpe (dECOi), Instant Architects (Dirk Hebel & Jörg Stollmann) und viele andere vor. Nach Jahren der Spline und Parametrik, formZ-isierten Formen und x-tremen Formalisierungen scheint es, als ob Designer wie Jürgen Mayer H., Didier Faustino oder Xefirotarch (Hernan Diaz Alonso) nun innovative Wege finden, um die auf dem Bildschirm imaginierten Räume mit ihrer strukturellen Realisierung zu verquicken« [7]

Dies deutet auf eine Unabgeschlossenheit, die nur fiktiv abgeschlossen werden kann und im psychoanalytischen Arbeiten auch immer wieder abgeschlossen werden muss. Diese Fiktionen bilden sich in der Übertragung und werden in den Bildungen des Unbewussten deutlich. Symptome sind solche Fiktionen, sie sind das, was einem zufällt in den Beziehungen zur Welt und die mit Geschick, ohne genau um die Herkunft wissend, ins vorhandene Geflecht eingebaut werden. Es bedarf des Vertrauens, um solche Symptome auch als Brücken zur sozialen Welt anzunehmen, es bedarf des Mutes, sich in Situationen zu begeben, im Haus Besuch zu empfangen, der auf die Ungereimtheiten der Einrichtung weist oder Veränderungsvorschläge machen kann.

Frischluft

Weitere Produktion entsteht durch den Abschied von Lieblingsvorstellungen und -konstruktionen. Freud erstrebt Lebendigkeit und Bewegung, einen »Fortschritt in der Geistigkeit«. [8] Er findet hier zur gleichen Zeit wie der der Niederschrift von *Konstruktionen in der Analyse* eine andere Metapher. Er verlässt eine Metaphorik, die mit Architektur in Verbindung zu bringen wäre, wählt eher eine Metapher für den ungreifbaren lebendigen Austausch zwischen Innen und Außen, setzt Leben und Tod gegenüber. Geistigkeit leitet sich im *Mann Moses* von Atem, von Spiritus, vom Leben her. [9] Thematisch wird ein Moment von Bewegung, Belebung gegen den Tod, ein Umweg über Sublimation. Geistigkeit ist die deutsche Version von

Spiritus, jenem Hauch, dem Atem des Lebens, der Hauch Gottes, der den ersten Menschen aus einem Klumpen Lehm zum Lebewesen wandelte. Sublimation ist der Übergang in den gasförmigen Zustand. Metaphern also, die näher am Lebendigen sind als am Skelettösen einer Konstruktion.

Parallel zu seiner Arbeit *Abriss der Psychoanalyse* [10] und zu Konstruktionen in der Analyse schreibt Freud im *Mann Moses* über das Judentum. Damit berührt er inhaltlich auch ein nomadisches Paradigma, entstanden aus dem Moment des Hirtentums und des Handels, aber auch aus der Bereitschaft, dem Wort Gottes zu folgen, Knechtschaft zu entfliehen, durch die Wüste zu gehen. [11] Darin ist wenig Verwendung für feste Bauten, eher für Laubhütten, die immer wieder verlassen werden können, ein Provisorium darstellen:

> »Sieben Tage sollt ihr in Hütten wohnen. Alle Einheimischen in Israel sollen in Hütten wohnen, damit eure kommenden Generationen wissen, dass ich die Israeliten in Hütten wohnen ließ, als ich sie aus Ägypten herausführte. Ich bin der Herr, euer Gott. Da teilte Moses den Israeliten die Festzeiten des Herrn mit.« (3 Moses 23, 42 – 44).

Diesem Moment, einer Wanderschaft, vielleicht auch einer Flucht durch die Wüste in ein neues Land, entspricht die Kur als eine Phase im Leben, die Gewinnung der Forschungsergebnisse durch den Vollzug der Analyse, die nicht zu Vorschriften als Gewissheit der zielführenden Methode taugen, sondern als eine Erzählung, die zu neuen Erfahrungen aufrufen.

Aber schon die die Architektur aufrufenden Metaphern erscheinen als keine sehr soliden, stabilen Bauwerke. Die üblichen, auch wissenschaftlichen, Reihenfolgen werden als nicht durchführbar charakterisiert, die gegenseitigen Befestigungspunkte – erst Wände, dann deren Dekoration – werden bestenfalls als zu dementierende Vorstellungswelten in der Arbeit des Analytikers aufgerufen. Er könnte also mit der Inneneinrichtung beginnen, müsste es vielleicht, bevor noch die Wände stehen. Die Wände kommen zum Stehen, weil die Dekoration schon da ist. Den Nullpunkt eines fundamentalen Anfangs gibt es dabei nicht.

– Vielleicht ist das auch ein Moment des Baus des Jüdischen Museums von Libeskind in Berlin. Er baut um *Voids* herum, leere Räume, die die Konstruktion durchschneiden, dennoch deren Bestandteil sind. Diese Leerräume haben auch einen Aspekt des Luxus, des Überflusses, des nicht Rationalisierten, des nicht Rationalisierbaren. So wie die gesamte Analyse Luxus aus der Not heraus ist. –

[10] »Abriss« könnte man natürlich auch architektonisch lesen.

[11] Vgl. Breyten Breytenbach: ›Lob des Nomadisierens‹. In: *Lettre International*, Nr. 55, IV / 2001, S. 79.

[12] Sigmund Freud: ›Eine Schwierigkeit der Psychoanalyse‹ (1917). In: Freud 1999 (wie Fußnote 1), Bd. 12, S. 1–12, hier: S. 11.

[13] Ebd., S. 7.
[14] Ebd., S. 8.
[15] Ebd., S. 9.

Dunkle Ecken

Eine zentrale Stelle in Freuds Denken, an der er ein Haus erwähnt, heißt im Wortlaut:

> »[...] [D]ie beiden Aufklärungen, dass das Triebleben der Sexualität in uns nicht voll zu bändigen ist, und dass die seelischen Vorgänge an sich unbewußt sind und nur durch unvollständige und unzuverlässige Wahrnehmung dem Ich zugänglich und ihm unterworfen werden, kommen der Behauptung gleich, dass das Ich nicht Herr sei in seinem eigenen Haus«. [12]

Das psychoanalytische Denken kann einfach nicht die stabilen Bedingungen schaffen, die eine strikte Wissenschaftlichkeit verlangen, zum Beispiel die Wiederholbarkeit unter gleichgestellten Bedingungen. Es geht zu sehr um Singularitäten. Wiederholungen gibt es freilich im Psychischen. Wiederholungen sind aber hier immer einmalig. Sie sind in ihrer Dummheit listig, so dass sie zunächst nicht auffallen.

Freud wählt die Metapher vom Haus und der Herrschaft in diesem, um eine dritte Kränkung, wie sie »von seiten der wissenschaftlichen Forschung« [13] erscheint, zu bezeichnen. Die erste sei die durch Kopernikus gewesen. Der Mensch habe sich auf der Erde im Mittelpunkt des Alls wähnen können. Danach muss sich der Mensch damit zurechtfinden, dass er sich mit der Welt bewegt. Außerdem müsse er sich – mit Bezug auf Darwin – an eine andere Filiation gewöhnen, er sei nicht perfekt geschaffen worden, es gebe keinen direkt angebbaren Ursprung, sondern er habe sich vom Affen abstammend allmählich entwickelt und habe sich noch weiter zu entwickeln. Auch hier keine festen Identitäten mehr. Eine weitere Bewegung. Die dritte Kränkung sei nun psychologischer Natur. Bisher habe sich der Mensch souverän in seiner eigenen Seele fühlen können. [14] Auch hier versagt nun die Statik eines Standpunktes des bewussten, im Mittelpunkt stehenden Ichs, von dem aus in einer überschaubaren Welt, deren Paradigma die Zentralperspektive und die Panoptik sein könnte, planvoll, rational regiert werden könne. In der Seele gehe es drunter und drüber, selbst die Grenzen zwischen Innen und Außen werden unsicher. »Das Ich fühlt sich unbehaglich, es stößt auf die Grenzen seiner Macht in seinem eigenen Haus, der Seele«. [15] Das Ich ist im eigenen Haus, ein wenig zumindest, fremd. Die individuell gedachte Seele wird nicht zuletzt durch Freuds Konzept der Übertragung und die angestrebten ›Fortschritte in der Geistig-

[16] Ebd.
[17] Ebd., S. 9 f.
[18] Meines Wissens hat Alfred Sohn-Rethel diesen Begriff aus der Marxschen Werttheorie entwickelt. »Während die Begriffe der Naturerkenntnis Denkabstraktionen sind, ist der ökonomische Wertbegriff eine Realabstraktion. Er existiert zwar nirgends anders als im menschlichen Denken, er entspringt aber nicht aus dem Denken. Er ist unmittelbar gesellschaftlicher Natur, hat seinen Ursprung in der zeitlichen Sphäre zwischenmenschlichen Verkehrs. Nicht

keit‹ befragt, und zwar dahin gehend, ob sie denn eine je individuelle sei, einem einzigen Individuum zuzuordnende, oder ob die Seele nicht zwischen Individuen waltet, Leben nur im Austauschprozess selber zu suchen ist und damit auch in gewisser Weise vom biologischen Tod des Individuums sich ablöst, symbolisch und imaginär weiterlebt und Reales kultiviert, im Trauerprozess gerade vom einzelnen Individuum abgelöst werden muss. Aber das ist ein anderes, ein weites Feld.

Das Haus ist zwar eigen, damit aber noch nicht beherrscht, das Eigene ist unübersichtlich, es bildet eine Eigenart, die Singularität von Konstruktionen als Sedimente von Übertragungen, eines relationalen Geflechts. Zunächst versucht das Ich allerdings, die unbeherrschbaren Phänomene für eine »fremde Invasion« zu halten, deren Vorläufer waren böse Geister. In der Psychiatrie, so Freud, sage man dazu »Degeneration, hereditäre Disposition, konstitutionelle Minderwertigkeit«.[16] Die Psychoanalyse, so Freud, schafft »sich Hilfsbegriffe und wissenschaftliche Konstruktionen« und könne so dem Ich sagen, dass es nicht etwas Fremdes sei, was »in dich gefahren« ist.[17] Freud legt eine Auseinandersetzung zwischen den verschiedenen Kräften nahe, die in der psychoanalytischen Kur begleitet werden können. Die Wände entstehen als Kraftfelder der Auseinandersetzung im relationalen Geschehen, in der Übertragung. Wände werden hier Hilfsvorstellungen, Konstruktionen eben, um etwas an sie zu heften.

Freud deutet an, um in der Metapher des Hauses zu bleiben, es gebe im Haus Bereiche, die bisher wenig beachtet wurden, in denen jahrelang nicht aufgeräumt wurde, die aus der Aufmerksamkeit entschwunden sind, in dem Leute wohnen, von denen man lieber nichts wissen will, oder in dem Renovierungsarbeiten anstünden, die verschleppt werden. Diese Bereiche kann man aber nicht einfach finden, etwa mittels intensiven Suchens, auch nicht mit einem Scheinwerfer. Sie sind von anderer Art geworden. Vielleicht muss man sagen, dass die Bereiche, deren rätselhaften, verborgenen Inhalt man sucht, zuletzt die Wände selber sind oder die stützenden *Voids*. Sie werden Schutz, Phantasma und Hindernis zugleich. Sie haben eine besondere Grenze der Erfahrbarkeit bekommen.

die Personen erzeugen diese Abstraktion, sondern ihre
Handlungen tun das, ihre Handlungen miteinander.
Sie wissen das nicht, aber sie tun es.« (Alfred Sohn-Rethel:
*Geistige und körperliche Arbeit. Zur Theorie der gesell-
schaftlichen Synthesis.* Frankfurt a. M. 1970, S. 42.)

Martin Feuling hat diesen Begriff kritisch auf die Psychoanalyse bezogen (vgl. Martin Feuling: *Das Begehren ist das
Begehren des Anderen. Zur Theorie der Intersubjektivität
bei Jacques Lacan.* Tübingen 1989, Univ., Diss.).

Übergänge und Grenzen

In gewisser Weise lässt sich sagen: Mit Descartes entsteht das Unbewusste. Die denkenden Dinge haben keine Ausdehnung und sind den ausgedehnten Dingen entgegengesetzt. Dazwischen siedelt das Unbewusste als Grenze der Erfahrbarkeit, als Schutz vor dem verrückt machenden, nicht mehr aufhörenden Zweifel. Es gibt dazwischen keine ausleuchtbaren, methodologisch organisierbaren Übergänge, es müssen erst komplizierte, ziemlich verrückte Labore gebaut werden, wo Spuren der Übergänge erfahrbar gemacht werden können, so wie in einer Nebelkammer, das Setting in seiner Empfindlichkeit für die Bildungen des Unbewussten.

Es geht um eine Auseinandersetzung damit, dass sich mit der Tradition und Transmission von einer Generation auf die andere, mit den Abstraktionen im wissenschaftlichen Denken, die ja Realabstraktionen [18] werden, das heißt mit eben solchen Realabstraktionen etwa im Marktgeschehen, immer wieder Bereiche ergeben, zwischen denen die darstellbaren Brücken verloren gehen bzw. noch nie existierten. Solche Realabstraktionen sind logisch zunächst einmal struktureller Natur, wandern aber in die historische und gesellschaftliche Konstitution von Individuen und Gesellschaft ein. Brücken, wie sie etwa in der Mystik des Meister Eckhart oder in der der Hildegard von Bingen noch unter anderen Voraussetzungen möglich schienen, sind heute Reminiszenzen und verkommen leicht zu esoterischen Veranstaltungen. Das Problem erinnert an den mühsamen Prozess, der gegenwärtig immer noch im Versuch der Konstruktion zwischen der Alltagswelt und der Quantenphysik besteht. Die notwendigen Abstraktionen schaffen Differenzen, unterschiedliche Bereiche und Logiken, die nicht mehr ineinander übersetzbar sind. Sie erscheinen als Paradoxa. Wie kann man über das Unbewusste schreiben und reden, wenn es doch unbewusst ist, wir nur postulieren können oder lebenspraktisch davon überzeugt sein können, dass es so etwas gibt? Wie kann man behaupten, dass sich im Unbewussten etwas verändert habe? – Ich plädiere nicht dafür, davon nicht mehr zu sprechen und zu schreiben, sondern immer wieder neue Übersetzungen zu finden, die sich auswirken, wie die Gerüste in der Domkuppel. Manfred Lindinger beschreibt ein solches Problem bezogen auf die Quantenphysik so:

>»Noch immer wissen die Physiker nicht, wo die Grenze zwischen der Quantenwelt
>und der Alltagswelt verläuft. Bisher war lediglich klar, dass sich auch große Moleküle

[19] Manfred Lindinger: ›An der Schnittstelle zwischen zwei Welten‹. Kongressbericht. In: *FAZ,* 23. 3. 2011, S. N2. (Kongressbericht über Frühjahrstagung der Deutschen Physikalischen Gesellschaft in Dresden 2011.)

[20] Freud: ›Traum und Okkultismus‹ (1916 – 17). In: Freud 1999 (wie Fußnote 1), Bd. 15, S. 32 – 61.

wie Quanten verhalten können. [...] Atome, die sich an mehreren Orten gleichzeitig aufhalten, Elektronen, die unüberwindliche Hindernisse ›durchtunneln‹, oder Paare von Photonen, die ohne direkten Kontakt auf eine Weise miteinander verbunden sind, dass sie sich auch über große Distanzen hinweg wie ein einheitliches System verhalten – in der Quantenwelt ist vieles möglich, was in der Alltagswelt unvorstellbar ist. Aber wo beginnt das Reich der Quanten, und wo endet es? Gelten die Quantengesetze auch für ›alltägliche‹ Objekte, die man mit dem bloßen Auge erkennen kann? [...] Mit immer ausgeklügelteren Experimenten versuchen die Physiker, den Gültigkeitsbereich der Quantenphysik zu erweitern, indem sie beispielsweise die Eigenschaften von Quantenobjekten auf makroskopische Objekte wie mechanische Oszillatoren übertragen«. [19]

Auch hier schwingt noch die Sehnsucht nach einer einheitlichen Welt mit, nach abgrenzbaren Arealen darin und geregelten Übergängen dazwischen, nach Anschlussfähigkeit. Hingegen vermute ich, dass sich diese Welten eher in einer Weise gegenseitig beeinflussen und durchdringen, die nicht durch Wände und deren Überwindung zu kennzeichnen ist. Sie sind Resultate der Grenzen der Darstellbarkeit, und diese sind Resultate der jeweiligen Grenzen der Symbolisierungssysteme und dessen, was man sich wahrzunehmen traut, wofür eine Aufmerksamkeit sich erzielen lässt. Dies hinwiederum ist aber nicht eine einfache Frage des Entschlusses, sondern mit Angst und Scham bewehrt, weil die Konsistenz des vorgestellten Hauses ansonsten zu bröseln droht.

Freud appelliert an den wissenschaftlichen Mut, sich solchen Phänomen und ihrer Klärung auszusetzen, auch wenn diese den herkömmlichen Anschauungen vorerst zu widersprechen scheinen oder als verrückt anzusehen wären. [20]

Wünsche und Unbeherrschbarkeit

Wegen der unabsehbaren Wechselwirkungen zwischen den Systemgrenzen (Innen – Außen, Fremd – Vertraut, Unheimlich – dies alles auch Charakteristika des Hausbaus) ist das psychoanalytische Setting nicht als eine Art Architektur zu verstehen, mittels der planmäßig Veränderungen angegangen werden könnten. Der Wunsch nach einer psychoanalytischen Kur ist selber schon der Beginn von Änderungsprozessen, über die kein Überblick bestehen kann. Wände sind Fiktionen, an denen

[21] Freud: ›Über die Psychogenese eines Falles von weiblicher Homosexualität‹ (1920). In: Freud 1999 (wie Fußnote 1), Bd. 12, S. 269–302, hier: S. 275.

[22] Vgl. Claudia Guderian: *Die Couch in der Psychoanalyse. Geschichte und Gegenwart von Setting und Raum.* Stuttgart 2004; dies.: *Magie der Couch. Bilder und Gespräche über Raum und Setting in der Psychoanalyse.* Stuttgart 2004.

man sich wirklich den Kopf blutig stoßen kann. Bei Freud bricht sich dennoch als Idealvorstellung für die Kur immer wieder einmal eine mögliche Separation unterschiedlicher Einflüsse Bahn. Er möchte voraussetzen können, dass es doch einen Bereich sicherer Beherrschung gebe. So schreibt er, dass die Analyse eine Situation idealer Ausprägung erfordere,

> »dass jemand, der sonst sein eigener Herr ist, an einem inneren Konflikt leidet, den er allein nicht zu Ende bringen kann, dass er dann zum Analytiker kommt, es ihm klagt und ihn um seine Hilfeleistung bittet. Der Arzt arbeitet dann Hand in Hand mit dem einen Teil der krankhaft entwickelten Persönlichkeit gegen den anderen Partner des Konflikts. Andere Situationen als diese sind für die Analyse mehr oder minder ungünstig, fügen zu den inneren Schwierigkeiten des Falles neue hinzu. Situationen wie die des Bauherrn, der bei einem Architekten eine Villa nach seinem Geschmack und Bedürfnis bestellt, [...] sind mit den Bedingungen der Psychoanalyse im Grunde nicht vereinbar«. [21]

Freud erwähnt ›Aufträge‹ etwa dergestalt, dass manche Eltern nach ›gelungener‹ Analyse des Kindes noch unglücklicher wirken, weil das Kind dann noch bestimmter eigene Wege gehe als vorher, als es als noch nervös und unfügsam angesehen wurde.

Das psychoanalytische Setting als Innenarchitektur, das zur Ikone für die Suche nach den Übergängen zum Unbewussten geworden ist und als Ikone aus der Privatheit des nur Eigenen herausführt, strukturiert in der Grundregel, könnte man demnach verstehen als ein Dispositiv der Öffnung mit einem Willen und Drängen im Hintergrund, etwas bekannt und abgrenzbar zu machen. Dies geschieht unter Bezugnahme auf bekannte symbolische Darstellbarkeit. Werden deren Grenzen erreicht, wird es prekär für den Analysanten wie für den Analytiker.

Das psychoanalytische Setting manifestiert sich wie eine Innenarchitektur, die man auch fotografieren zu können meint, die man untersucht im Hinblick auf Gewohnheiten, Abstände, Ausstattungen. [22] Es wird für eine Zeit ein Schutzraum geschaffen, der sicherlich konkret vorhanden ist, der sich in Raum und Zeit sedimentiert.

Freuds Beschreibungen sind ebensolche Dispositive.

Beide Architekturen, die der Darstellung des tatsächlichen Raumes und der Vorgehensweisen, verweisen aber zugleich auf einen Prozess mit Bewegungscharakter, der nicht in beschreibbaren Entitäten einzufangen ist. Architektur als ein Dispositiv, dass draußen und drinnen Öffentlichkeit schafft, aber auch die Möglichkeiten des Heimlichen generiert, also mit Grenzen in Erscheinung tritt, Begrenztheit und Endlichkeit inszeniert, hat eine strukturelle Ähnlichkeit zur Psychoanalyse, die ebenso darauf angewiesen ist, immer wieder neu Öffentlichkeit für nicht Formulierbares zu schaffen, den Stoffwechselprozess zwischen Individuum und Gesellschaft zu beleben, Ausgeschlossenes übersetzt wieder einzuspeisen. Sie kann aber ebenso wenig wie Psychoanalyse diesen Prozess beherrschbar machen, obwohl es in den Fingern jucken mag, indem man etwa so baut, dass die Einwohner doch glücklich seien. Es besteht die Versuchung, die Ausstrahlung, die Felder so auszurichten (Feng-Shui), dass Gesundheit die unvermeidliche Folge sei.

Noch die Persiflage des Settings – es verstellt im Original die Couchgarnitur des Wohnzimmers, die Sprechzimmersituation des Arztes, die Innenarchitektur der Klinik, des Schlafzimmers oder des Kinderzimmers und nicht zuletzt der Leichenhalle – in Form einer optimalen Kommunikation von Angesicht zu Angesicht ist ein Sediment im Raum, das auf die Begrenztheit der Zeit (trotz Sehens in Lichtgeschwindigkeit) verweist und darauf, dass der Umschlag von Raum in Zeit nicht beherrschbar ist, auch wenn man sich tief in die Augen sieht, in Höhlen, ins Innere.

Tom: *Touché, taz*, 30.11.1995

Einschluss, Ausschluss, Trugschluss:
Undurchsichtige Konstruktionen von Wissen im Raum
Helge Mooshammer

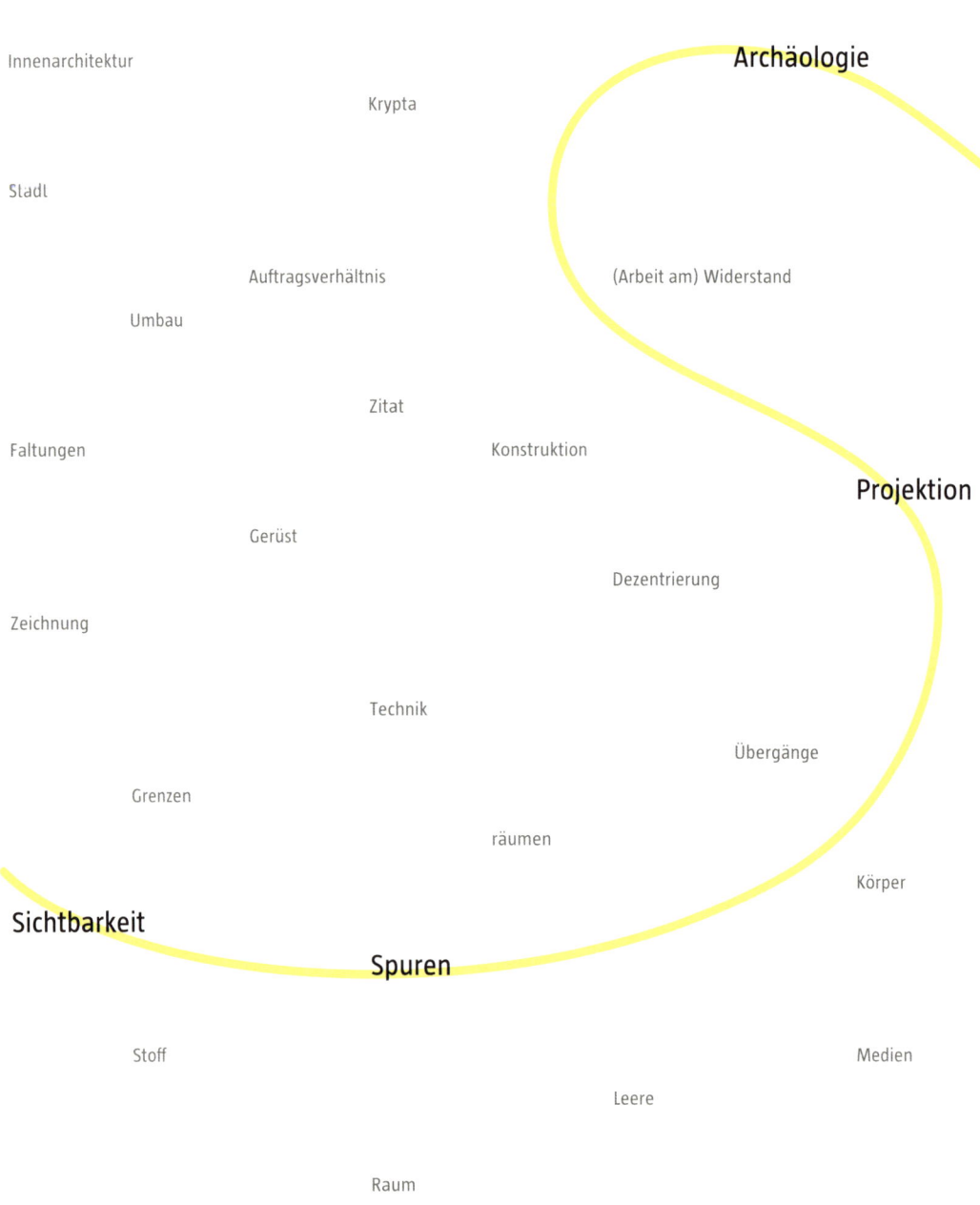

Himmelfahrt   Phantasmaklimax   Todesatem

Cruising

Inzestuöser Wunsch

Psychoanalytisches Setting

Interpretation   Management

Phobisches Objekt

Identifikation

Wissen

Ontologische Katastrophe

Obsession

Mutter

Ich-Spaltung

Befriedigung

Blick

Woman

Subtext

Verrückt

Widerstand

Angst

Symbolische Ordnung

Trieb

Symbolisierung

Wünsche

Phantasma

Einverleibung

Subjekt

Ein Waldstück: beschaulicher Tropus unschuldiger Sonntagsheiterkeit, zugleich Ort von undurchdringbarer Finsternis und Unheil. Unter Plastik und Karton hausen Vorübergehende, anderswo verschwinden Kondome in den Krümeln des ökologischen Kreislaufs. All diese Dinge und Bilder gehören nicht unbedingt zusammen, sie können auch ohne einander sein, dennoch macht ihr gemeinsames Erscheinen Sinn.

Die räumliche Dimension unserer menschlichen Existenz ist so grundlegend, dass es oft schwerfällt, sie in ihrer Vielfalt und Widersprüchlichkeit zu erfassen. Körperlich erfahren ist sie lebensnotwendig und aufschlussreich, erquickend und konfliktbeladen zugleich. Sie prägt die weltweiten Flüchtlingsströme und die Auseinandersetzungen um politische, ökonomische oder kulturelle Hegemonie ebenso wie unsere Glückssuche als Einzelne oder die Zugehörigkeit zu einer Gemeinschaft. Raum ist, wo wir uns begegnen. Er ist nicht naturgegeben, sondern eine gemeinsame Produktion von Dingwelt und Inanspruchnahme, Artikulation und Ausformung. Seine Gestalt ist von unterschiedlichen Ansprüchen gekennzeichnet, von Machtkämpfen umgeben und von wechselnden Vorstellungen des Zusammenlebens geprägt.

Für die Art und Weise dieser Formgebung lassen sich wohl viele Wege denken, unterschiedlich je nach Perspektive, ob nach Gesichtspunkten des individuellen Erlangens oder eines ausgleichenden Gemeinwohls. Ob man einer Entfaltung von Subjektivitäten oder einer Ordnung von Körpern im Raum folgt. In der jüngeren Architekturgeschichte ist das Verständnis von Raum und räumlichem Zusammenleben oft von einer besonderen Verknüpfung von Ordnung und Transparenz geprägt. Monumentale Bauten wie Theater, Kirchen oder Bauten der staatlichen Gewalten werden als Sammelraum und Repräsentation einer Gemeinschaft gesehen, zu deren Erlangung eine klar erkennbare und lesbare Architektursprache beitragen soll. Ein allgemeines Ziel, das in der dreifachen Maxime von ehrlicher Konstruktion, authentischen Materialien und transparentem Raum gipfelt. Transparenz verspricht hier Offenheit, Zugänglichkeit und Verständlichkeit. Unter Einsatz materieller Mittel zielt Transparenz in der Architektur auf die Herstellung eines gemeinsamen Raums, einer gesellschaftlichen Zusammengehörigkeit. Integration wird erreicht, indem Ordnungen sichtbar gemacht werden. Sichtbarkeit vermittelt dabei die Vorstellung eines Wissens über die Vorgänge im Raum. Räumliche Ordnungen signalisieren eine soziale Ordnung.

Eine solche Gleichsetzung von Sichtbarkeit mit Wissen ist tief in der Wissensgeschichte der Moderne verwurzelt. Die Anwendung professioneller Mittel zur Herstellung dieser Sichtbarkeit verkündet den ersten Schritt zur Analyse der Materie. Die transparente, klar geordnete Gestaltung der räumlichen Umgebung in Entsprechung des Individuums der Moderne, das als ein beschreib- und analysierbares Objekt erscheint. Eine zentrale Figur in diesem Unternehmen bildet die Vorstellung von Norm als Ausgangspunkt der Idealbildung. Vereinheitlichung, Normierung und industrielle Fertigung werden zu Leitbildern eines urbanen Fortschritts, der individuelle Singularität nur über ihr Verhältnis zu einem Mittelwert oder zum Durchschnitt betrachten kann. Der Körper reduziert sich zu einer Hülle mit verschiedenen Erscheinungsformen und einem jeweils charakteristischen, aber verallgemeinerbare Züge tragenden Verhältnis zwischen Oberfläche und Tiefe. Die Beziehung zwischen Oberfläche und Tiefe wird, anderen wissen-

[1]   Siehe dazu insbesondere die seit den späten 1980er Jahren rund um eine Reihe an Ausstellungen zu Freuds Antikensammlung entstandenen Publikationen. Einen Anfang dieser Freilegungen markierte die Ausstellung ›The Sigmund Freud Antiquities: Fragments from a Buried Past‹, die 1989 in Philadelphia eröffnet wurde und anschließend in zwölf verschiedenen Städten in den USA zu sehen war. Zu dieser Ausstellung erschien der Katalog *Sigmund Freud and Art: His Personal Collection of Antiquities* (Lynn Gamwell, u. Richard Wells [Hg.], Binghamton 1989), in dem u. a. auch ein Schlüsseltext der Auseinandersetzung um die archäologische Metapher, ›A Mighty Metaphor: The Analogy of Archaeology and Psychoanalysis‹ (S. 133 – 151), Donald Kuspits Replik auf die Kritik an der Freudschen psycho-literarischen Methodologie von Donald Spence in *The Freudian Metaphor: Toward Paradigm Change in Psychoanalysis* (New York, London 1987), abgedruckt wurde. Freuds Antiken bildeten in der Folge den Gegenstand weiterer Ausstellungen, u. a. 1993

schaftlichen Entdeckungen gleich, dechiffriert und in Formeln beschrieben. Diese Vergleichbarkeit jedes Körpers mit einer allgemeinen Norm erleichtert die Identifizierung des Einzelnen, der seine Identität über die Abweichung zu einer statistischen Norm definiert sieht.

Über diese Herstellung der Kategorien von Abnormität und Normalität im Wissenschaftsbetrieb und im Bereich der Ökonomie entsteht im Verlauf des späten 19. Jahrhunderts eine Vorstellung von kontrolliertem Genuss im öffentlichen Raum, einer visuell orientierten Kombination von Voyeurismus und Überwachung. Befriedigung wird weniger über das Ermöglichen von ungeplanten Aktivitäten gedacht als über das Verhindern von Zwischenfällen: Verunreinigungen, Störungen, Konflikte und Ausfälle sollten vermieden werden, um – analog der kapitalistischen Produktion – das Ideal von ungebrochenen Abläufen zu gestatten. Parallel zu einer Konzeption von Geschichte als schlüssige und fixierbare Erzählung, einer Geschichte der Ausgrabungen und Entdeckungen, sollen auch die Räume des Zusammenlebens einer solchen Geschichte folgen, durch Entschlüsselungen transparent werden und diese Transparenz zum Prinzip ihrer Gestaltung machen. Sie sollen, so wie der Mensch selbst, nach verständlicher Ordnung trachten, um den Sinnen Einblick bis ins letzte Detail ihrer Gestalt hinein zu ermöglichen.

Störungen: De-Konstruktionen der archäologischen Metapher zur Ablösung gesicherter Repräsentationen

Gegenüber diesem okularzentrischen und instrumentellen, das heißt auf universellen Beweis ausgerichteten Wissenserwerb der Moderne bietet die Geschichte der Psychoanalyse einen reichen Fundus an Zweifeln. Denn der Prozess der Herstellung von Sichtbarkeit ist keineswegs ein immer eindeutiger; ein einfach anwendbarer Prozess der Materialverarbeitung, der linear zu einem bereits vorher bekannten Ziel führen wird. Insbesondere die archäologischen Metaphern Sigmund Freuds liefern reichlich Material, die Beziehungen zwischen der sichtbaren Oberfläche von etwas und seiner Bedeutung zu verunsichern.

Die archäologische Metapher mag einen Schauplatz von gestern bedienen, die Erfahrung unzähliger Diskussionen über den Kontext von Architektur zeigt je-

im Musée d'Ixelles in Brüssel, 1996 in der Mikazuki Gallery in Tokyo und schließlich auch in Wien, wo sie von November 1998 bis Februar 1999 unter dem Titel ›Meine … alten und dreckigen Götter‹ im Freud Museum Wien gezeigt wurden.
[2] Karl Stockreiter: ›Am Rand der Aufklärungsmetapher. Korrespondenzen zwischen Archäologie und Psychoanalyse‹. In: Lydia Marinelli (Hg.): »Meine … alten und dreckigen Götter.« Aus Sigmund Freuds Sammlung. Basel, Wien 1998, S. 83. Die angeführten Freud-Zitate stammen aus: Sigmund

Freud (mit J. Breuer): ›Studien zur Hysterie‹. In: Anna Freud u. a. (Hg.): Gesammelte Werke I. Frankfurt a. M. 1999, S. 201, 292.
[3] Als Ideenlieferant dieser frühen archäologischen Metapher werden vielfach die nach der Einigung Italiens 1860 unter Fiorelli durchgeführten Ausgrabungen von Pompeji angesehen. In Freuds Bibliothek befand sich dazu der Band Pompeji in seinen Gebäuden, Alterthümern und Kunstwerken dargestellt von J. Overbeck. Leipzig 1884.

doch, wie sehr die ihr zugrunde liegenden Annahmen in unsere Alltagspraxis des Sinn-Machens eingegraben sind. Eine angewandte Rückführung dieser räumlichen Metapher des Seelenlebens, insbesondere ihrer sich steigernden Erkenntnisstufen, in den Raum selbst kann so in all ihrer Simplizität Erstaunliches über die Art, wie wir Raum Bedeutung verleihen, zu Tage bringen. Im Alltagsdiskurs wird die archäologische Metapher bei Freud vielfach auf ihre erste Ausformung als Schichtenmodell reduziert, die in Anlehnung an die Ausgrabung von Pompeji postulierte, dass von Ereignissen verbleibende Residuen sich als Schichten an Material wie Zwiebelringe um einen Ausgangspunkt anlagern und eine sorgfältige Abtragung derselben es daher ermögliche, den wahren Kern einer Angelegenheit zu analysieren.

Freuds wiederholte Verwendung von archäologischen Bildern und Erkenntnissen wird vielfach auf seine persönliche Faszination mit Antiken und der antiken Mythengeschichte zurückgeführt und seine fortlaufende Beschäftigung mit den Fortschritten der archäologischen Wissenschaft als eine zentrale Motivgeberin in der Entwicklung eines räumlichen Modells der menschlichen Psyche mit unterschiedlichen Bewusstseinsbereichen interpretiert. [1] In den 1895 gemeinsam mit Josef Breuer verfassten Studien über Hysterie vergleicht Freud »die therapeutische Vorgangsweise der ›schichtweisen Ausräumung des pathogenen psychischen Materials‹ mit der ›Technik der Ausgrabung einer verschütteten Stadt‹. Wie in einem Archiv […] lagern ›Erinnerungsfaszikel‹ gebündelt, geschichtet und in eine ›lineare chronologische Anordnung‹ gebracht, konzentrisch um einen ›pathogenen Kern‹.« [2] Die Analyse verfolgt in diesem Freilegen der einzelnen Erinnerungsschichten gleichsam die umgekehrte Reihenfolge ihrer Entstehung, bis man zu den in der Tiefe der Vergangenheit verschüttet gegangenen traumatischen Ereignissen gelangt. [3]

Die Notwendigkeit einer solchen Herangehensweise hat Freud ein Jahr später in Zur Ätiologie der Hysterie (1896) selbst mit einer Anleihe bei der Archäologie erläutert: »Nehmen Sie an, ein reisender Forscher käme in eine wenig bekannte Gegend, in welcher ein Trümmerfeld mit Mauerresten, Bruchstücken von Säulen, von Tafeln mit verwischten und unlesbaren Schriftzeichen sein Interesse erweckte. Er kann sich damit begnügen zu beschauen, was frei zutage liegt, dann die in der Nähe wohnenden halbbarbarischen Einwohner ausfragen, was ihnen die Tradition über die Geschichte und Bedeutung jener monumentalen Reste kundgegeben

[4] Sigmund Freud: ›Zur Ätiologie der Hysterie‹. In: Anna Freud u. a. (Hg.): *Gesammelte Werke I*. Frankfurt a. M. 1999, S. 429.

[5] Ebd., S. 434.
[6] Heinrich Schliemann: *Illios. Stadt und Land der Trojaner. Forschungen und Entdeckungen in der Troas und besonders auf der Baustelle von Troja*. Leipzig 1881.

hat, ihre Auskünfte aufzeichnen – und weiterreisen. Er kann aber auch anders vorgehen; er kann Hacken, Schaufeln und Spaten mitgebracht haben, [...], den Schutt wegschaffen und von den sichtbaren Resten aus das Vergrabene aufdecken. Lohnt der Erfolg seiner Arbeit, so erläutern die Funde sich selbst; die Mauerreste gehören zur Umwallung eines Palastes oder Schutzhauses, aus den Säulentrümmern ergänzt sich ein Tempel. Die zahlreich gefundenen, im glücklichen Fall bilinguen Inschriften enthüllen ein Alphabet und eine Sprache, und deren Entzifferung und Übersetzung ergibt ungeahnte Aufschlüsse über die Ereignisse der Vorzeit, zu deren Gedächtnis jene Monumente erbaut worden sind. Saxa loquuntur!« [4]

Etwas, dessen offen sichtbare Seiten vollkommen nebensächlich und unbedeutend erscheinen mögen, kann sich als Teil von etwas viel Komplexerem entpuppen. Schon diese erste, einem linearen Aufbau folgende Formulierung der archäologischen Metapher stellt an die gewöhnliche Architekturrezeption die Herausforderung, dass die repräsentierende Oberfläche nicht alleine aussagekräftig über die eigentliche Gestalt der Verräumlichung einer gesellschaftlichen Struktur sein muss. Hier geht es nicht bloß um einen verfeinerten Kunstgenuss, sondern auch um politische Handlungsmöglichkeiten, dem landläufigen Spruch der Empörung über andere Raumnutzungen und ästhetische Gebräuche – ›Wie schaut denn das aus?‹ – eine differenziertere Herangehensweise entgegenzusetzen. Diese Suche nach fruchtbringenden Wechselbeziehungen zwischen psychoanalytischen Denkmodellen und räumlichen Vorstellungen erweist sich in dieser Hinsicht als umso ergiebiger, je weiter wir der Fortentwicklung der archäologischen Metapher in Freuds Schriften folgen. Bereits 1896 erscheint Freud die Sachlage als sehr viel komplizierter, und er schreibt in der oben erwähnten Schrift *Zur Ätiologie der Hysterie*: »Kurz, der Zusammenhang ist keineswegs ein einfacher, und die Aufdeckung der Szenen in umgekehrter chronologischer Reihenfolge (die eben den Vergleich mit der Ausgrabung eines geschichteten Trümmerfelds rechtfertigt) trägt zum rascheren Verständnis des Hergangs gewiß nichts bei.« [5]

Die Weiterentwicklung der archäologischen Metapher und ihre zunehmende Komplexität lässt sich parallel zu Heinrich Schliemanns Ausgrabungen von Troja ab 1871 lesen, die das Material für ein Modell der dynamischen Beziehungen und Umformungen lieferten, wo die Dinge bei weitem nicht in linearer Abfolge und schon gar nicht in ihrer ursprünglichen Gestalt abgelagert sein müssen. Das frühere Schichtenmodell in der wissenschaftlichen Archäologie glaubte

[7] Angemerkt sei hier, dass gerade die Anwendung dieses Raumbilds der Tiefe zur Beschreibung der menschlichen Psyche einen der zentralen Kritikpunkte in den Diskussionen seit den 1980er Jahren bildet.

daran, dass mit der räumlichen Tiefe der freigelegten Schichten auch ein jeweils höheres Alter der darin gefundenen Objekte einhergehe. Dieses Modell postulierte also ein lineares Ablagerns der Historie. Wie sich mit Schliemanns Forschungen aber zeigte, kann es gegebenenfalls auch dazu kommen, dass Teile, die aus einer sehr viel jüngeren Epoche stammen, etwa infolge von Erdbewegungen oder sonstigen abrupten Ereignissen mit einer anderen, sehr viel älteren Zeit kontaminiert, in diese gespült werden und damit sehr viel tiefer verschüttet sein können, als es ihrer Entstehungszeit entsprechen würde. In Freuds Bibliothek findet sich dazu Heinrich Schliemanns Buch *Illios, Stadt und Land der Trojaner*, erschienen 1881, das unter anderem eine Darstellung des Nord-Süd-Schnittes durch den Hügel von Troja enthält, auf dem diese Verschiebungen der Schichten durch Regen, schräge Schuttlagen etc. verzeichnet sind. [6] Nun kann es nicht nur zu einer Verschiebung in die Tiefe, [7] sondern auch zu einer Verschiebung an die Oberfläche kommen, etwa dann, wenn einzelne Elemente früherer Epochen, unabhängig von und teilweise in Widerspruch zu ihrer früheren Funktion oder Bedeutung, als Baumaterial in einer jüngeren Zeit wiederverwendet werden. Beispielsweise, wenn das, was einmal eine Altarplatte war, in einem jüngeren Gebilde als Türsturz eingebaut wird. Für die Freilegung dieses Materials gilt es also zu beachten, dass das, was als relativ junger und beinahe bedeutungsloser Türsturz erscheint, in Wahrheit sehr viel älter und einmal als Altarobjekt ein zentraler Teil eines bedeutsamen kulturellen Rituals gewesen sein kann.

Unter dem Einfluss dieser Befunde entwickelte Freud ein dynamisches Modell der Psyche, bei dem sich die Zusammenhänge zwischen den einzelnen Erinnerungen und den verschütteten Szenen der Vergangenheit nicht in einer starren schematischen Topografie wiedergeben lassen, sondern diese untereinander vielfältig und komplex durch die in den (mit Erinnerungsinhalten verknüpften) Traumata wirkenden Kräfte verbunden sind. Hieß es also zunächst, dass die Dinge ausgegraben werden müssten, um ihre wahre Gestalt zu erkennen, da ihr sichtbarer Teil oftmals zu Fehlschlüssen verleite und den Zugang zum Authentischen verstelle, so bieten die Dinge in Freuds Theorie nun, auch wenn sie vollständig ausgegraben wurden, aufgrund des diskontinuierlichen Prozesses der nachträglichen Umarbeitung an sich noch keineswegs eine Sicherheit über ihre wahre Natur. Vergangene Produktion kann an entfernter Stelle wieder aufgegriffen werden und dabei ihren Funktionszusammenhang verändern. Objekte, die einmal

[8] Sigmund Freud: ›Die Traumarbeit‹. In: Ders.: *Die Traumdeutung. Studienausgabe Band II.* Frankfurt a. M. 1972, 10. Auflage 1996, S. 473.

[9] Vgl. Stockreiter, ›Am Rand der Aufklärungsmetapher. Korrespondenzen zwischen Archäologie und Psychoanalyse‹ (wie Anm. 2), S. 84.

in Übereinstimmung mit dem genutzt wurden, zu dem sie erschaffen worden waren, finden neue potenzielle Anwendungen durch die Verkörperung anderer Flüsse und Beziehungen. Den Schauplatz, dessen Freud sich hier metaphorisch bedient, bildet Rom mit seinen Barockpalästen, die »zu den antiken Ruinen, deren Quadern und Säulen das Material für den Bau in moderner Form hergegeben haben«, [8] in etwa demselben Verhältnis stehen wie die Phantasien zu den Kindheitserinnerungen: eine bis zur Ununterscheidbarkeit gehende Umformung von Vergangenheit und Gegenwart, welche die Erinnerungen zu Werken der Fiktion werden lässt. [9] So wie Rom sei die Psyche ein ineinander gebauter Raum der Relikte und Ruinen, die nicht voneinander zu trennen sind, da dies die gesamte Gebäudekonstruktion zum Einsturz bringen würde.

[10] Siehe etwa Julia Kristeva: *Revolution in Poetic Language.* New York 1984.

[11] Sigmund Freud: ›Bemerkungen über einen Fall von Zwangsneurose‹. In: Anna Freud u. a. (Hg.): *Gesammelte Werke VII.* Frankfurt a. M. 1999, S. 400.

Die Diskurse des 20. Jahrhunderts haben diese archäologischen Gedanken vielfach umgewandelt und erweitert, etwa um Fragen der Intertextualität, welche die kontaminierende Wirkung der eigenen Betrachtungsposition unterstreichen. [10] Die Rekonstruktion einer (autobiografischen oder historischen) Geschichte sichert hier keineswegs eine Wahrheit über diese Geschichte. Es gibt nichts, das ohne Bezug zu den anderen Texten, die es informieren, als eine ›Vergangenheit-an-sich‹ ausgegraben werden könnte. Das Ausgegrabene interagiert vielmehr mit diesen Texten durch ein gegenseitiges Zur-Verfügung-Stellen von Archiven, deren Bedeutung nie fixiert, sondern immer in Fluss ist. Hieraus erwächst ein Modell des permanenten Umlagerns und Verschiebens von Materien, Gedanken und Körpern, ein Modell der Gleichzeitigkeit von Repräsentation und Interaktion.

Aber bereits in diesen ersten Formulierungen können Freuds archäologische Metaphern eine bedeutsame Störung ins Getriebe der alltäglichen Architekturpraxis und Rauminterpretation bringen, wo Kontext nicht mehr länger mit einer eins zu eins greifbaren und sichtbaren Nachbarschaft gleichzusetzen ist. Vielmehr verlangt dies die Anerkennung der Verwicklung einer Vielzahl an deplatzierten Geschichten und Beziehungen in die Bedeutungsgebung eines Ortes und Raumes. Mehr noch, es erfordert die Erkenntnis, dass der Akt der Wahrnehmung, der Auseinandersetzung selbst eine verändernde Wirkung hat. Die Dinge liegen also nicht statisch vor unserem Auge, wartend auf die analysierende Expertise, sondern befinden sich in einem verändernden Dialog mit uns. Mit dem an den ›Rattenmann‹ gerichteten Vergleich der unterschiedlichen Verhaltensweisen des Unbewussten, das verschüttet, aber bewahrt, und des Bewussten, das sichtbar, aber damit auch der Verwitterung ausgesetzt ist, mit den Geschehnissen in Pompeji, das erst jetzt zugrunde gehe, da es aufgedeckt sei, [11] unterstreicht Freud die zerstörende Kraft dieser Auseinandersetzung. Tatsächlich sind verschiedene Fresken des antiken Pompeji heute nur mehr in der Form von historischen Fotografien zu betrachten, da sie mittlerweile bis zur Unkenntlichkeit verwittert sind. Für die Psychoanalyse sah Freud in diesem Verlust infolge des Exponierens den notwendigen und eigentlichen Fortschritt.

Der Prozess des Sichtbarmachens bewirkt also eine Veränderung des Gegenstands, die bis zum Auslöschen desselben reichen kann. Diese Konsequenzen scheinen eine Einschätzung nahezulegen, die im Herstellen von Transparenz

[12] Irit Rogoff: ›Unbounded‹. In: Peter Mörtenböck u.
Helge Mooshammer (Hg.): *Networked Cultures*. Rotterdam
2008, S. 46 u. 48.

einen einseitigen Akt der kontrollierenden Machtausübung sieht. Sichtbarwerden
heißt aber nicht zwangsläufig, Opfer zu werden. Vielfach ist es ein angestrebtes
Ziel, um erkannt – und an-erkannt – zu werden. Die Gefahr, sich in diesem Eman-
zipationsprozess ›aufzulösen‹, wurde bereits erwähnt. Darüber hinaus stellt sich
die Frage, inwiefern diese Veränderungen der Grenzziehung zwischen Sichtbar
und Unsichtbar, Gekannt und Unerkannt eine Rückwirkung auf das Regime des
Wissens einer Gesellschaft an sich erreichen können. Kann die Ausweitung der
Transparenz den Herstellungsmodus von Wissen und Präsenz an sich verändern,
oder bedeutet es lediglich eine temporäre Verschiebung der Grenzlinien zwischen
dem, was sichtbar und bekannt ist, und dem, was nicht gekannt werden kann?
Anders gefragt: Ist die Frage der kulturellen Bedeutung von Raum, wie sie in der
Architektur behandelt wird, eine der Ausweitung von Transparenz, des größeren
Einschlusses, oder braucht es ein grundsätzlich anderes Verständnis des Verhält-
nisses von kultureller Bedeutung zu architektonischen Umgebungen?

Diese Frage nach den Handlungsmöglichkeiten räumlicher Gestaltung
und gesellschaftlicher Ordnung wird zunehmend dringlicher – angesichts einer
globalisierten Realität, in der kulturelle Bindungen immer mehr von einem loka-
lisierten Kontext gelöst und transterritorial in einem Raum der Verbunden-
heiten, also über vernetzte Kulturen, aufgespannt wird. Eingebettet in die spekulativen Geschäfte einer expandierenden Weltökonomie, produzieren diese Mobili-
täten elastische Grenzräume, in denen eine örtliche Präsenz noch lange keine
Zugehörigkeit bedeutet – etwa wenn das Schicksal von Flüchtlingen in kaum sichtbare Randbereiche von Städten oder informelle Lager im Wald abgedrängt wird.

Irit Rogoff schreibt in ihrem Essay ›Unbounded‹ im Band *Networked
Cultures: Parallel Architectures and the Politics of Space* (2008) zur Frage der Beziehung zwischen den räumlich exekutierten Grenzen und der Grenzlinie des Vorstell-
baren:

> »Where and how are the limits which bound us, established? Is the loosening of those
> limits synonymous with some form of liberation? Or are there certain undercur-
> rents of concern that the response to removing boundaries might result in other and
> ever more vigilant modes of control? The task to hand is not one of liberation from
> confinement, but rather one of undoing the very possibilities of containment. [...]
> *Borders*, to paraphrase Jacques Derrida, *serve to do nothing more than establish the limits
> of the possible*. Therefore while borders that have been expanded, stretched, revised

or interrupted may produce a temporary sense of satisfied achievement with regard to an expanded field of possibilities, in reality they continue to re-establish those limits behind slightly redrawn lines. And these limits of the possible work to ground a finite notion of thought, or thought that cannot leap beyond what it knows how to know.« [12]

Vis-à-vis dieser Grenzerfahrungen verspüren wir ein wachsendes Interesse an einem wirksamen Zusammenbringen von Architektur und deren Diskurs mit den alltäglich erfahrenen Realitäten von Raum. Dieses Begehren gründet auf einem zunehmenden Unbehagen mit dem alle Aspekte der Produktion und Diskussion von Architektur dominierenden Regime von Sichtbarkeit, das keinen Raum für die Komplexität von widersprüchlichen Kulturen und diffusen Subjekten lässt. Vielmehr forciert diese Reduzierung der Bedeutung von Architektur auf ihre Repräsentationsebene eine Exklusivität von Architektur als Konsumprodukt einer hegemonialen Kulturschicht. Ein Versuch der Ausweitung der Relevanz von Architektur erfordert nicht nur eine Erweiterung des Kreises der Beteiligten, sondern auch eine Verschiebung der Aufmerksamkeit von der Oberfläche optisch wirksamer Materialien auf die Bedeutungen des Erlebens von architektonischen Räumen. Die damit verbundene Suche nach alternativen Narrativen bezieht ihre Impulse aus einem innerhalb zeitgenössischer Kunst- und Kulturpraxen formulierten Verständnis, das den Gegenstand der Beschäftigung im Aufsuchen und Befragen einer Vielzahl an Schauplätzen und Blicklagen hervorbringt. Eine solche Betonung des Performativen bringt Architekturen hervor, die nicht über die Summe ihrer analysierten Bauelemente zu verstehen sind. Ihre Räume entstehen in einer ständig neu aufgeführten Begegnung von subjektiven Geschichten.

Irit Rogoff schlägt in ›Unbounded‹ gegenüber der Politik der Grenzverschiebungen – der reinen Ausweitung des Umfangs dessen, was sichtbar und erkannt ist – eine aktive Politik der Inanspruchnahme der Schwelle selbst vor, die über die Präsenz der eigenen unfassbaren Subjektivität die Möglichkeit der Grenzziehung verunklärt:

»The ›relational geographies‹ of contemporary knowledge in which links are produced through our passages and our narratives and in our and many other, less than sanctified, voices – produce that very inhabitation of the seam which is constantly worked over, like an obsessive line of embroidery that spills over its allotted space and cannot settle down. Here the ›unbounded‹ is not a liberation of having over-

[13] Ebd., S. 51.
[14] Für eine ausführlichere Beschäftigung mit den performativen Dimensionen von Architektur siehe auch:

Helge Mooshammer: *Cruising: Architektur, Psychoanalyse und Queer Cultures.* Wien, Köln, Weimar 2005.

thrown boundaries but rather a constant worried working and reworking of them, inhabiting them as it were, that results in their inability to sustain their divisive capabilities.« [13]

Bewegtes Wissen: von Modellen relationaler Architektur zu transformativen Raumpraxen

Ein solches Modell des Umarbeitens trifft in der Kritik von Sichtbarkeiten, als Ausdruck der Grenzziehung zwischen Eingeschlossenem und Ausgeschlossenem, auf eine verstärkte Suche nach dem Unsichtbaren als dem Unbekannten, den Möglichkeiten seines Erlebens außerhalb der bezeichneten, materiell repräsentierten Bahnen. Die Praxis des *Cruisings*, des Herumstreifens auf der Suche nach sexuellen Abenteuern, sehe ich als ein solches Umarbeiten räumlicher Grenzziehungen, das gleichsam wie beiläufig die gesichert geglaubte Identität von Räumen verschiebt und im Verdeckten andere Bedeutungen entstehen lässt. In stilisierenden und erotisierenden Blicken, in den kurzen Begegnungen von Körpern und Phantasien bilden sich flüchtige, ständig erneuerte Momente von Beteiligung und Kontakt. *Cruising* beschreibt hier eine Weise der Annäherung, die uns zu einer anderen Vorstellung von Architektur führen kann: Seine Orte bedürfen nicht unbedingt visuell-materialisierter Repräsentation; oftmals sind sie dunkel, verschwommen und ›nicht-sichtbar‹. Sie entfalten sich in der körperlichen Aufführung der Begehren und Imaginationen seiner Beteiligten. [14]

Dem *Cruising* kann man grundsätzlich immer und überall folgen. Im Szenejargon schwuler Subkulturen bezeichnet *Cruising* neben der Praxis schneller Sexkontakte immer auch eine Örtlichkeit, wo eigene kulturelle Geschichten, Gemeinschaften und Ökonomien eine gewisse Verdichtung und Präsenz von potenziellen Reizen hervorbringen. Wie etwa jenes Stückchen Pinienwald nahe von Torre del Lago Puccini in der italienischen Versilia, das zur Keimzelle eines schwullesbischen Tourismus geworden ist. Wer vom Landesinneren kommend die Pineta durchquert, sein Auto am Ende der Stranderschließungsstraße am Parkplatz stehen lässt und von dort in den Wald hineingeht, wird in manchen Bereichen des Waldes ein Labyrinth von Gängen finden, die kreuz und quer verlaufen, ohne eine klare Richtung vorzugeben. Sie verbinden sich zu mehreren Sequenzen flüchtig

aneinander gefügter Räume im Wald, voll von Spuren, die Personen vor kurzem hinterlassen haben. Ausgetretene Lichtungen, weggeworfene Papiertücher, benutzte Kondome, blankgescheuerte Stellen an schräg lehnenden Baumstämmen. Das verlassen wirkende Terrain lässt erahnen, wie hier Kreise gezogen werden, auf der Suche nach sexuellen Abenteuern und flüchtigen Begegnungen im endlosen Dunkel des Waldes.

    Cruising ist auf einen ganz gewissen Bereich des Pinienwaldes beschränkt, und obwohl die sichtbare landschaftliche Zonierung auch einige hundert Meter die Küste auf- oder abwärts genau die gleiche zu sein scheint, wird man dort eher geringe Aussicht auf ein erfolgreiches sexuelles Abenteuer haben. Dass nun gerade ein bestimmtes Stück Pinienwald zu einem Ort von anonymen sexuellen Begegnungen und in der Folge zu einem wesentlichen Bestandteil der Entwicklung eines schwulen Tourismus in der Region geworden ist, hat weniger mit einer lokal

[15] Aus einem Interview eines Besuchers des holländischen Cruising Grounds Mollebos; Maurice van Lieshout: ›Leather Nights in the Woods: Locating Male Homosexuality and Sadomasochism in a Dutch Highway Rest Area‹. In: Gordon Brent Ingram, Anne-Marie Bouthillette, Yolanda Retter (Hg.), *Queers in Space: Communities | Public Places | Sites of Resistance*. Seattle 1997, S. 354.
[16] Aaron Betsky: *Queer Space*. New York 1997, S. 148.
[17] Ebd., S. 143.

spezifischen Ausformung der materiellen Charakteristik dieses Bereichs des Pinienwaldes an sich zu tun. Auch fünfhundert Meter davon entfernt sieht der Pinienwald gleich aus, dennoch kommt es dort nicht zur gleichen Intensität an Kontakten und damit verbunden zur fortlaufenden Reaffirmation des Raums als öffentlich-transitorischer Raum durch ein immer wieder neu zusammengewürfeltes Begehen und Umherstreifen, zielloses Erkunden, zufallsgesteuertes Aufeinandertreffen, anonyme sexuelle Akte. Warum sich gerade ein bestimmtes Stück Pinienwald unweit von Torre del Lago zu einem Cruising Ground und einer Art öffentlichem Darkroom für anonymen Sex entwickelt hat, hängt vielmehr mit der mannigfaltigen Nachbarschaft dieses Platzes zusammen, die selbst ein Teil seiner Entwicklung ist. Der Parkplatz am Ende der Sackstraße, die ihn erreichbar macht und das Publikum gleichzeitig auf absichtlich Vorbeikommende reduziert. Die Lage am Strand mit seinen zur Schau gestellten halbnackten Körpern. Der Cruising

[18] Siehe auch: Mark W. Turner: *Backward Glances. Cruising the Queer Streets of New York and London.* London 2003.
[19] David Bell u. a.: ›All Hyped Up And No Place To Go‹. In: *Gender, Place and Culture: a journal of feminist geography,* 1/1, S. 33.

[20] Irit Rogoff: ›Parallel-Leben‹. In: *Kutlug Ataman: A Rose Blooms in the Garden of Sorrows,* Ausstellungskatalog, Wien 2002, S. 9.
[21] Michel Foucault: *The Archaeology of Knowledge.* Erstveröffentlichungn 1969. London, New York 1989, S. 212–213.

Ground ist so keine a priori einem Ort zugeschriebene Bedeutung, er ist vielmehr ein Schauplatz in Bewegung, der anhand von relationalen Besonderheiten produziert und differenziert wird.

Cruising wird in seiner oft wortlosen Kommunikation von Phantasien und eigenen Projektionen geleitet, sowohl in Bezug auf die beteiligten Personen und deren angenommene Rollen als auch gegenüber den Potenzialen und Ambivalenzen eines Ortes: »Woodland in the dark has a promise of adventure. Perhaps it is the combination of fear and expectation. Behind each tree you may expect something or someone frightening or tempting or both.« [15] Es ist die Vorstellung von Landschaft, die in sich bereits das Versprechen einer Unendlichkeit birgt, einer Möglichkeit des Hinausgehens und Wiederaufsuchens von früher erfahrenen Stätten und Ereignissen, die sich ständig verändern und immer wieder Neues an neuen Orten entdecken lassen. Im Wandern durch die reale Landschaft und im Verfolgen fiktiver Szenarien lebt *Cruising* ein ununterbrochenes gegenseitiges Verformen und Verwischen von Erinnerungen und Phantasien, Zeiten und Orten, Sichtbarem und Unsichtbarem.

Die vielfältigen Effekte und Bedingungen von *Cruising*, die Produktion des Schauplatzes, sind gekennzeichnet durch einen aktiven Prozess der erotischen körperlichen Suche jenseits der Schranken des bereits Bezeichneten und Formierten. »The space of cruising relies on the knowledge of the body rather than on analysis to work«, [16] schreibt Aaron Betsky in *Queer Space*, »evidencing itself only in gestures and certain isolated, emblematic items«. [17] *Cruising* rekonfiguriert menschliche Territorialität, indem es sich auf die performative Natur der sexuellen Geografien von Verführung, Nähe und Exzess stützt. [18] Diese Kontiguität von ›sexed space / spaced sex‹ und performativem Geschehen ermöglicht die temporäre Rekonfiguration unzähliger Waldstücke – wie der Pineta bei Torre del Lago Puccini in der italienischen Versilia – und erzeugt die Un/Möglichkeit, dass der öffentliche heterosexuelle Raum nicht auf Heterosexualität beschränkt werden kann. [19] In diesem Prozess ist Sexualität »der Bereich, in dem viele dieser Widersprüche durchgespielt werden und sich seltsame Anpassungen durch ein neues Modell der Vermischung, die hier stattfindet, zu vollziehen scheinen.« [20] Als ein aktives Erkunden von Landschaft und Imaginärem formt *Cruising* in dieser diskursiven Praxis von Sexualität eine ganz bestimmte ›Art des Sprechens‹ [21]: Im ständigen Überblenden und Verwischen von realem Erleben und Phantasien werden die

[22] Vgl. dazu auch die Effekte der Psychoanalyse, nach Donald Kuspit: ›A Mighty Metaphor: The Analogy of Archaeology and Psychoanalysis‹. In: Lynn Gamwell u. Richard Wells (Hg.): *Sigmund Freud and Art: His Personal Collection of Antiquities.* Binghamton 1989, S. 136–137.

Beschreibungen der sichtbaren Umstände neu zusammengesetzt und ihre aktuelle Bedeutung unwiderruflich verändert. [22] Es ist diese Vorstellung eines nomadischen Narrativs als Weg anstelle einer festgelegten Karte, der wir im Abenteuer des *Cruising* folgen und die uns verspricht, nicht in die Falle zu tappen, aus dem Textualisieren des Raumes ein festgeschriebenes Skript, eine Permanenz des Textes zu abstrahieren, die im Auslöschen der darin verwickelten Körper ein aktives Verräumlichen des Diskurses unterläuft.

In der Diskussion von Architektur kann uns eine solche Hinwendung zu fiktionalen Selbstformationen, über die kulturelle Narrative von den Bindungen an ein vorgegebenes Territorium losgelöst werden, zu Denk- und Handlungsmodellen führen, bei denen die Qualitäten von Raum nicht im ordnungsgemäßen Funktionieren, sondern in der Entfaltung des transformativen Potenzials der gelebten Begegnung in und mit dem Raum gesehen werden. Diese Herangehensweise propagiert einen Begriff von Raum, der von einer gleichzeitigen, unausgewogenen und widersprüchlichen Überlagerung und Verwicklung verschiedener Räume und Ökonomien informiert wird, deren vielversprechende Produktivität gerade aus ihrer konzeptuellen wie materiellen Nicht-Abgeschlossenheit sowie aus einer Verletzbarkeit und Offenheit für eine wechselweise Kontaminierung der verschiedenen Sphären resultiert, jenseits der offiziellen Erzählungen, Hierarchien und Bedeutungskonventionen, die mit diesen Räumen verbunden sein mögen.

So ist *Cruising* als eine Form von verteilter sozialer Praxis in dem Sinn produktiv, dass es Handlungen, Räume und Bedeutungsfragmente, die sonst nicht zusammen agieren, zu etwas Neuem, noch Bezeichnungslosem zusammenführt. Es errichtet ein neues Beziehungsgefüge zwischen Aktivitäten, durch die wir Raum denken, und arrangiert damit diese Räume in unserem Denken ebenso neu wie in unserem Erfahren und Gestalten der Räume. Dieses Zusammentreffen zwischen stattfindender kultureller Praxis und Territorium wird zum Produktionsort eines Amalgams an unvereinbaren und widersprüchlichen Positionen, das alte und isolierte Bedeutungszusammenhänge in neue und verwickelte überführt. Von *Cruising* zu lernen, bedeutet, seiner Haltung zu folgen, seine Blicklagen aufzunehmen: Raum dafür zu geben, Architekturen anders zu sehen als über ihre visuellen und materiellen Eigenheiten; vielmehr zu beginnen, sie über unsere körperliche Verwicklung in ihnen zu entwerfen und für das Unmittelbare, Unerwartete und Unheimliche der sich damit schreibenden Wege vielschichtiger Erzählungen zu

[23] Elizabeth Grosz: *Space, Time, and Perversion: Essays on the Politics of Bodies.* London 1995, S. 214.

öffnen, mit Elizabeth Grosz *Architecture from the Outside* zu sehen: »[There is] an instability at the very heart of sex and bodies, the fact that the body is what it is capable of doing, and what any body is capable of doing is well beyond the tolerance of any given culture.« [23] Es ist dieses über unsere Vorstellung hinausgehende Vermögen unserer körperlicher Subjektivität, Räume zu transformieren, das ich als die grundlegende Herausforderung an gebaute Architekturen sehe.

Im letzten Jahrzehnt hat die Praxis des *Cruising* im westlichen Kulturkreis weitreichende Veränderungen erfahren. Zum einen im Zuge einer bisher nicht gekannten Welle der Kommerzialisierung im Boom dezidierter Cruising-Lokale und spezieller Cruising Nights in Bars und Clubs. Zum anderen in der Multiplizierung des Kreises der Beteiligten durch Cruising-Sites im virtuellen Raum, durch die *Cruising* zu einem leicht konsumierbaren Bestandteil der Erfahrungswelt schwuler Sexualität im 21. Jahrhundert geworden ist. Während diese gesteigerte Funktionalisierung auf eine zunehmende Aufsplitterung und Prothesenhaftigkeit unserer gesellschaftlichen Räume verweist, unterstreicht sie gleichzeitig auch die Transformationskraft subjektiver Inanspruchnahme. Das performative Potenzial einer Praxis wie *Cruising* liegt nicht nur in der Kraft der nicht vorgesehenen Bedeutungsgebung allgemeiner Räume durch die Besetzung mit erotischen Möglichkeiten. Integraler Teil dieser Verschiebungen ist das gleichzeitige Vermögen, in der Wahrnehmung offensichtliche Markierungen zu verdrängen und deren soziale Anleitungen zu ignorieren, zu Gunsten einer eigenen Dynamik an lustvollen Beziehungen. Es sind die kreativen Ein- und Ausschlüsse dieser Übersetzungsmomente, die nicht nur aus körperlichem Begehren kulturelle Räume entstehen lassen, sondern auch die Faszination an der Dynamik zwischen architektonischen Vorstellungen und psychoanalytischem Denken ausmachen. Mag man den Drang verspüren oder dem Verdrängten nachspüren.

Der Körper als Versteck.
Gespräch mit Christian Kerez

Innenarchitektur

Archäologie

Krypta

Stadt

Auftragsverhältnis

(Arbeit am) Widerstand

Umbau

Zitat

Konstruktion

Faltungen

Projektion

Gerüst

Dezentrierung

Zeichnung

Technik

Übergänge

Grenzen

räumen

Körper

Sichtbarkeit

Spuren

Stoff

Medien

Leere

Raum

Himmelfahrt   Phantasmaklimax   Todesatem

                                              Cruising

              Inzestuöser Wunsch

                                                    Psychoanalytisches Setting

Interpretation   Management

         Phobisches Objekt

                                                    Identifikation

Wissen   Ontologische Katastrophe

         Obsession

                                                         Mutter

                                   Ich-Spaltung

                   Befriedigung

Blick

                                                         Woman

    Subtext

                        Verrückt

Widerstand

                                                    Angst

              Symbolische Ordnung

    Trieb

                                                    Symbolisierung

                   Wünsche

                                         Phantasma

    Einverleibung

                        Subjekt

[1] Schriftliche und leicht überarbeitete Fassung eines Gesprächs zwischen Christian Kerez und Olaf Knellessen, das am 16. Dezember 2010 im Atelier von Christian Kerez in Zürich stattfand.

Knellessen [1]**:** Wir haben den Eindruck, dass bei Ihrer Architektur das Räume-Bauen eine besondere Rolle spielt. Sie hatten ja eine Ausstellung in Lausanne [2], bei der vor allem eine große Anzahl von Modellen gezeigt wurde – Räume standen also im Zentrum dieser Präsentation. Welche Bedeutung hat – dies unsere erste Frage – dieses Räume- und Modelle-Bauen für Sie und wie geht es vonstatten? Machen Sie es alleine oder im Team, ist es mehr ein Basteln und Probieren oder gehen Sie nach Plänen vor? Haben Sie genaue Vorstellungen, bevor Sie sich an die Modelle machen? Was spielt die Materialität für eine Rolle dabei?

Kerez: In meiner Arbeit spielt der Raum eine zentrale Rolle. Natürlich ist es bei jedem Architekten so, dass er Räume schafft. Aber bei den meisten Architekten ist die Beschäftigung mit dem Raum mehr ein Nebenprodukt, weil ihre Hauptbeschäftigung sich mehr auf einzelne Aspekte der Architektur richtet. So zum Beispiel auf Fragen der Konstruktion, der Detaillierung von Oberflächen, auf Aspekte also, die in meiner Architektur nie für sich selbst stehen, sondern immer nur Mittel zum Zweck sind. Der Raum ist also insofern ein zentraler Begriff, als meine Gebäude Versuche sind, sich mit dem Grundsätzlichsten, mit dem Wesentlichsten, das es in der Architektur gibt, nämlich mit dem architektonischen Raum, zu beschäftigen. Dieser ist ja nicht direkt sichtbar, sondern seine Grenzen sind sichtbar, die Art und Weise, wie er gebaut ist. Es ist sichtbar, wie zum Beispiel das Licht den Raum beschreibt, die Art und Weise, wie es den Raum formt und bildet. Das Räume-Bauen ist für mich auch immer ein Versuch, auf eine allgemeine, abstrakte Art über Architektur nachzudenken. Und die Modelle sind eine Möglichkeit, sich den fertigen, gebauten Raum vorzustellen. Denn die Frage, wie man den architektonischen Raum definieren kann, ist eigentlich etwas Abstraktes und wird erst im realen begehbaren Raum nachvollziehbar. Und dieser reale Raum ist ja das eigentliche Anliegen. Eine Idee kann wunderbar klingen, wenn man sie jemand anderem erzählt, und wenn man eine grobe Skizze macht, mag sie auch noch eine gewisse Plausibilität haben. Ob die Idee wirklich etwas taugt, ob sie nicht eine leere Behauptung ist, ob der Bau nicht nur die Illustration für diese Idee, sondern diese etwas ist, was den Bau trägt und zum Leben erweckt, das zu überprüfen ist schlussendlich immer ein empirischer Prozess. Man kann ganz begeistert sein von der Schönheit und Reinheit einer Idee, wenn man aber sieht, wozu sie führt, muss man unter Umständen feststellen, dass sie gar nicht mehr spürbar ist, dass sie ohne Betrachtungs-

[2] *Les echelles de la réalité. L'architecture de Christian Kerez.* Ausstellung in der ETH Lausanne, vom 15. März bis 26. April 2006.

anleitung nicht nachvollziehbar, nicht erlebbar ist oder nicht zu den Erwartungen führt, die man sich erhofft hat. Modelle sind letztlich immer Annäherungen an das gebaute Projekt, sind Überprüfungen, wie dieser Raum wirken könnte, auch auf jemanden, der kein Architekt ist, der sich nicht intellektuell mit den Ideen beschäftigt, die hinter dem Gebäude stehen, und diese dann auf eine vielleicht auch unbewusste Art wahrnimmt.

Knellessen: In Bezug auf die Modelle würde mich noch folgendes interessieren. Sie sagen ja, dass der Raum nur erlebbar wird, wenn man ihn empirisch erfährt, wenn man sich im Raum befindet, wenn man in ihm herumgehen kann, wenn man ihn auf sich wirken lassen kann. Sie haben mir ja das Modell von Thalwil gezeigt, und ich habe zudem Fotos von dieser Ausstellung in Lausanne gesehen.

Das sind alles weiße Modelle, die von außen gesehen sind und eine weiße Haut um sich haben, so dass man eigentlich nur einen Kubus sieht. Wie geht das dann mit der Erfahrung des Raumes? Stellen Sie sich vor, dass Sie in diesen Häusern sind und in den Räumen herumgehen? Wenn ich mir diese Modelle anschaue, erinnern sie mich an diese Fotos von Bunkern, die Sie zu Beginn Ihrer Karriere gemacht haben. Das waren Gebäude, die von außen hermetisch abgeschlossen erschienen. Und so kommen mir diese Modelle auch vor. Das Modell vom Haus in Thalwil sieht ja sehr faszinierend aus, so wie es in den Hang eingebaut und eingelegt ist oder – wie man auch sagen könnte – wie es aus dem Hang heraus zu wachsen scheint. Aber es ist auf jeden Fall mehr von außen gesehen als von innen.

Kerez: Die meisten Modelle, die allermeisten, kann man leider nur von außen und nicht von innen betrachten. Und in dem Sinne ist ein solches Modell natürlich immer nur eine Vorstellungshilfe und nicht eine Vorwegnahme des Erlebnisses eines solchen architektonischen Raums. Beim Betrachten eines Modells kann man aber die Perspektive immer wieder wechseln, kann von weit, kann von nah schauen, sieht den Raum in einer sich verändernden Perspektive. Das Modell ist deshalb eine Hilfestellung, ein erster Schritt für die Vorstellung, wie es dann sein könnte, sich in dem Raum zu bewegen. Weil es nur um eine Annäherung und nicht um eine Vorwegnahme dieses Raumes geht, sind die Modelle auch sehr abstrakt und nicht wörtlich gemeint. Die meisten sind einfach weiß, weil sie aus Depafit gebaut wurden, einem Material, das schon eine gewisse Stärke hat, eine gewisse Tiefe, das

nicht dünn ist, wie zum Beispiel Karton, und auch nicht viel Licht schluckt, es ist ein Material, das auch sehr häufig von anderen Architekten gebraucht wird. Das Modell macht auch keine Aussagen über Details von Materialien, sondern eher über räumliche Folgen, über räumliche Zusammenhänge, Größenverhältnisse, Sichtbeziehungen und Ähnliches.

Knellessen: Das mit der Abstraktion leuchtet sehr ein. Die Modelle haben ja auch wirklich etwas sehr Abstraktes und darin auch eine Ähnlichkeit mit den Bunkern, die Sie früher fotografiert haben. Lag der Reiz, den diese Festungsanlagen für Sie ja ausgeübt haben müssen, auch darin, dass man sie vor allem von außen sieht? Demgegenüber gibt es ja auch das Schulhaus Leutschenbach und das Haus an der Forsterstraße, die beide sehr transparent und auch sehr durchlässig sind. Es scheint zwischen diesen beiden Zugängen ein gewisser Gegensatz zu bestehen. Ich nehme aber an, dass diese beiden Perspektiven für Sie keinen Widerspruch ausmachen, sondern auch etwas Gemeinsames haben. Worin könnte dieses Gemeinsame bestehen?

Kerez: An den Bunkern oder Kraftwerken hat mich einerseits fasziniert, dass es sich dabei um eine Architektur handelt, die im Abseits entstanden ist, zu der es keine großen architektonischen Debatten gab, die gleichzeitig eine ungeheure physische Präsenz hat, vergleichbar mit einer Autobahn und anderen Monumentalwerken unserer Zeit. Andererseits haben diese Bauten mich interessiert, weil sie nicht aus Beliebigkeit oder aus einer Laune entstanden sind, sondern meist aus sehr klaren Überlegungen heraus. In dem Sinne sind sie Gebäude, die sich sehr gut als Ideen und als Konzepte verstehen lassen, die oft durch Fragen der Ökonomie, durch das Moment der Detonation und der Druckwellen heraus entstanden sind. Diese Gebäude haben an sich etwas sehr Rätselhaftes, weil ihre Architektur uns auf den ersten Blick nicht so nahe ist wie der Gebrauch von Wohnräumen oder Schulräumen. Diese verborgene Logik von Gebäuden hat mich gereizt. Vielleicht liegt darin auch eine Verbindung zu meinen eigenen Projekten, insofern mich nämlich weniger die uns vertrauten Funktionen interessieren. Ich versuche bei den Projekten, die ich mache, eine räumliche Ordnung nicht aus dem Nächstliegenden zu schaffen, nicht aus dem konventionellen Gebrauch, sondern eine eigene Logik, eine eigene Ordnung zu finden, die dann in erster Linie einen architektonischen

Charakter hat. Sie sind also nicht auf einen normalen gebrauchsfertigen, zweckmäßigen Nutzen ausgerichtet, sondern sind aus einem Zusammenhang entwickelt, der grundsätzlicher oder näher an reinen, architektonischen Fragestellungen orientiert ist. Bei dem Haus an der Forsterstraße sind es Räume, die durch Wände gegliedert werden, wobei diese gleichzeitig die Tragstruktur bilden. So entstehen Abhängigkeiten, und jede Wohnung ist in dem Sinn nicht in sich abgeschlossen, sondern bleibt immer Fragment eines größeren Zusammenhangs. Und natürlich lässt sich das Ganze auch bewohnen und nutzen – das ist keine Frage. Aber vor allem ist es ein Versuch, architektonische Grundelemente wieder in ein Bewusstsein zu rücken, wieder erlebbar zu machen.

Knellessen: Wenn Sie sich also gerade nicht an der Funktion, nicht am Gebrauch und nicht am Sinn orientieren, sondern an der »Architektur«, könnte man dann weiter sagen, dass die Architektur den Gebrauch auch unterläuft und ihn dadurch auch neu ordnet? Dass sie nicht nur Räume neu ordnet, sondern ebenso den Gebrauch? Dass dann Wohnen zu einer anderen Art von Wohnen werden kann oder bei einem Schulhaus auch die Funktionen, denen es dienen soll, unterspült werden? Könnte man sagen, dass dieser Aspekt eine Rolle für Sie spielt?

Kerez: Unbedingt. Ich denke, dass die interessantesten Wohnungen der Gegenwartsarchitektur nicht von Architekten gebaut worden sind, sondern aus Umbauten entstanden sind. Beispielsweise gibt es in England eine Organisation, den *National Trust*, die Leuchttürme, Bunker, Bahnhofstationen und alles Mögliche in Ferienhäuser umgewandelt hat, und das sind unglaublich spannende Räume, wo Badezimmer, Schlafräume oder Wohnzimmer wieder ganz neu gedacht, anders erfahren werden können als im herkömmlichen Wohnungsbau. Ich denke, dass nicht nur die Architektur sehr oft durch Anpassung, durch Zweckmäßigkeit zur Selbstaufgabe gelangt ist, sondern dass auch das elementare Erleben von Wohnräumen, die Erfahrung von Architektur in einer Wohnung durch immer gleiche Lösungen für immer gleiche Fragestellungen verkümmert ist. In dem Sinne sind solche mich interessierenden Bauten nicht L'art pour l'art, sind nicht nur autonome oder autistische Gebäude, sie sind Versuche der Unterwanderung von Erwartungshaltungen und mit der Hoffnung verbunden, neue Möglichkeiten des Wohnens oder des In-die-Schule-Gehens zu schaffen.

[3] Im November 2009 fand im Rahmen der Preisverleihung von *The Missing Link. PSZ-Preis für Psychoanalyse und ...*
ein Symposium zu Psychoanalyse und Architektur zum
Thema *Transparenz und Intimität* statt, das vom Psychoanalytischen Seminar Zürich und der Zeitschrift *Hochparterre* veranstaltet wurde, an dem auch Christian Kerez
teilgenommen hat.

Knellessen: Das scheint mir sehr spannend zu sein, weil man vielleicht auch sagen könnte, dass diese Gedanken eine gewisse Ähnlichkeit mit der Psychoanalyse haben – die Sie ja auch kennen. Auch in der Psychoanalyse geht es darum, gewohnte Habits und gewohnte Formen zu hinterfragen und so in andere Zusammenhänge zu bringen, sie damit auch zu übersetzen und neu zu öffnen. Das erinnert mich an eine Bemerkung von Ihnen, die Sie damals beim Symposium [3] gemacht haben, als Sie sagten, dass Architektur immer eine Arbeit an den Widerständen sei, woraus dann auch solche neuen Formen, wie wir sie gesehen haben, entstehen und erarbeitet werden müssen. Auch darin würde in der Tat ja eine gewisse Ähnlichkeit zur psychoanalytischen Situation liegen.

Kerez: Ja, ich denke, dass die Psychoanalyse davon ausgeht, dass es einen Subtext gibt oder dass gewisse Verhalten, die sich wiederholen und repetitiven Charakter haben, eine Begründung haben oder einen Zusammenhang darstellen, der sich herausschälen lässt. Diese Sichtweise ist, glaube ich, durchaus vergleichbar mit der Situation in der Architektur, wo es hinter einer bildhaften, hinter einer ersten Erscheinung auch Regelwerke gibt und Zusammenhänge, die durch ständige Hinterfragungen freigestellt werden können. Die Psychoanalyse ist bei manchen Architekten ein Thema, zum Beispiel bei Eisenman oder bei Gehry. Es gibt einige Interviews, in denen beide sich sehr ausführlich dazu geäußert haben. Im Gegensatz zu solchen persönlichen Berührungen von Architektur zur Psychoanalyse haben wir beim Symposium auch die These aufgestellt, dass die Architektur stark fremdbestimmt sei, dass sie auch ein großes Politikum sei, weil sie halt so sichtbar und so präsent ist und unsere künstliche Welt dominiert. Ihre Regeln sind zwar nicht unmittelbar sichtbar, werden aber durch die Gebäude sichtbar, und dadurch lässt sich eine Architektur aus diesen Widerständen ableiten. Sie haben vorhin dieses Beispiel gebracht von dem Haus in Thalwil, von diesem Haus mit Seeblick. Bei diesem Haus haben wir nicht, wie es bei Häusern an einem solchen Hang üblich ist, zwei oder drei Punkte maximaler Höhe, sondern jeder einzelne Punkt an diesem Haus hat die maximale Höhe. Wenn es also einen Knick gibt im Hügelverlauf, dann hat das Dach auch einen Knick, und wenn die linke Seite des Gebäudes höher im Hang liegt als die rechte, dann ist es dann auch so, dass das Dach links höher ist als rechts. Wir haben dabei ein Gesetz, das immer implizit befolgt wird, wörtlich genommen. Das hat zu einem dreijährigen Rechtsstreit mit der Gemeinde geführt, in dem geklärt werden musste, ob es erlaubt ist, ein Gesetz wörtlich zu nehmen. Wir bekamen dabei zunehmend den Eindruck, dass es bei diesem Gesetz vor allem darum geht, Schwierigkeiten so zu erschaffen, dass man letztlich nur dazu kommt, die gewohnten Konventionen zu bestätigen und gewöhnliche Häuser zu bauen. Wir haben das Gesetz dann überwunden. Aber nicht dadurch, dass wir uns gewehrt haben, sondern indem wir es sklavisch befolgt haben wie noch nie jemand zuvor. So konnten wir durch diesen Rechtsstreit allen zeigen, dass es bei diesen Beschränkungen nicht um Ebenen der Höhenbeschränkungen, sondern um Hindernisse geht, welche die Architektur in ihrer Ausdrucksfähigkeit grundsätzlich einschränken sollen. In dem Sinn ist Architektur auch immer ein Arbeiten an Widerständen: ein Bemühen, diese sichtbar werden zu lassen, aber nicht durch gewohnte Befolgung, sondern dadurch, dass man sich mit ihnen auseinandersetzt, um sie umzuwandeln oder sie in ihr Gegenteil zu verkehren wie in diesem Beispiel.

Knellessen: Das hat ja Ähnlichkeit zu dem, was Sie vorhin zum Gebrauch und zur Funktion sagten, dass die Architektur sie nämlich unterspült. Genauso haben Sie mit dem Insistieren auf die Buchstäblichkeit des Gesetzes den Sinn unterlaufen, dem es immer mehr gedient hat.

Kerez: Oft führen Höhenbeschränkungen in Hanglagen zu Terrassenhäusern, die abgeschrägt sind – wie man es kennt –, und hier haben wir das Gegenteil: Wir haben hier sozusagen die Inversion von einem Terrassenhaus. Das ist innen terrassiert, und außen ist es ein massiver Körper, der in der Dachform die juristische, mathematische Ableitung der ganz spezifischen Hangtopografie darstellt.

Knellessen: Das würde ja bedeuten, dass Sie im Vergleich zu den gewohnten Terrassenhäusern das Innen und das Außen gewissermaßen vertauscht haben. Heißt das, dass es in der Architektur auch darum geht, neue Verhältnisse zwischen Innen und Außen herzustellen? Was auch heißen würde, dass dieses Verhältnis ein nicht immer schon von vornherein klar gegebenes ist. Beim Körper ist es ja auch immer eine Frage, was Innen und was Außen ist, auch da ist dies alles andere als festgelegt.

Kerez: Das ist ein Thema, das mich interessiert. Die Wahrnehmung der Architektur ist in erster Linie eigentlich skulptural. Ich war letzthin an einer Tagung über Woh-

[4] *Conflicts Politics Construction Privacy Obsession*,
Katalog einer Ausstellung bei deSingel, international arts
campus, Antwerpen. Ostfildern 2008.

nungsbau. Und es waren praktisch alle Referate über soziale, über ökonomische, über ökologische Aspekte von Wohnungsbau, und ganz selten ging es wirklich um »Architektur«, die immer auch das Ganze meint, was sich in diesen einzelnen Aspekten nicht erfüllt. Häuser und Gebäude wurden eigentlich immer gleich gezeigt, nämlich mit Grundrissen und wie sie von außen aussehen. Keiner der Referenten, kein einziger, hat Innenräume gezeigt. Der Plan ist also die Erklärung für das, was man von außen sieht, und gleichzeitig die Abstraktion der Architektur. Aber als eigentliche Erscheinung, als die Adresse gewissermaßen, gilt, wie das Ganze von außen aussieht. Hier können wir nochmals zurück auf den Anfang kommen: Eigentlich geht es in der Architektur ja um Räume, was beinahe – könnte man sagen – eine Tautologie ist. Allerdings gibt es im Alltag eine Umdrehung. Die meisten Häuser werden als Skulpturen wahrgenommen. Sie werden von außen gesehen als Objekte, was auch die größten Emotionen auslöst, und das Innere hat dann schön artig und gehorsam dem Zweck zu dienen und gut zu funktionieren. Das ist sehr oft ein Schisma: Manchmal ist das Äußerer eine Konsequenz des Inneren, manchmal ist das Äußere ein Versteck für das Innere, und das Verhältnis zwischen Innen und Außen kann sehr verschiedenartig sein. Weil ich mich in erster Linie mit den Räumen, das heißt mit dem Inneren, beschäftige, und zwar in einem Sinn, der sich nicht einfach in einem Plan erschöpfend beschreiben lässt, sondern eine eigene Welt darstellt, habe ich bei vielen Projekten probiert, dieses Äußere aufzubrechen, um so das Innere außen sichtbar werden oder Teile des Inneren nach außen treten zu lassen. Damit soll die Logik der inneren Räume auch von außen sichtbar werden. Das ist allerdings nicht bei allen Projekten gleichermaßen ein Thema.

Knellessen: In dem Buch *Conflicts Politics Construction Privacy Obsession* [4] werden auch Fotografien des Hauses an der Forsterstraße gezeigt. Das Besondere an ihnen ist, dass es Innenaufnahmen sind, und ich glaube, die sind von Ihnen?

Kerez: Ja.

Knellessen: Ich finde diese Aufnahmen schon als Fotografien sehr schön. Sie sind wie Bilder, wie Malerei, erinnern in ihrer Unschärfe an Gemälde von Richter. Sie fielen mir jetzt ein, weil Sie von dieser Tagung erzählten, dass dort alles von außen gesehen wurde und nie gezeigt wurde, wie die Räume von innen aussehen. Das

Haus an der Forsterstraße haben Sie von innen fotografiert. Das ist offensichtlich kein Zufall, vielleicht eine andere Art von Plan, eine andere Art von Grundriss.

Kerez: Das ist ja die Wohnung, in der ich selber lebe, und auf den Fotos hat es auch Bilder meiner Frau und meiner Tochter, das gibt also nicht nur einen Einblick in die Architektur, sondern auch in die allernächste Umgebung und in Wohnge-wohnheiten. Das Ganze ist wie ein Glashaus, und weil alles Nachtaufnahmen sind, sieht man die Räume, ohne hinaussehen zu können. Das war ein Versuch. Architek-tur stellt ja auch eine Möglichkeit dar, eine Situation, die sich ständig verändert durch das Licht, durch die Jahreszeit, durch die Tageszeit und durch die Witte-rung, und die räumlichen Qualitäten werden bisweilen nebelhaft oder treten ganz scharf hervor, je nach Moment. In diesem Sinne waren diese Bilder Momentauf-nahmen, die ganz bewusst nicht versucht haben, allgemeingültig zu sein, sondern die Flüchtigkeit einer Wahrnehmung zeigen sollten.

Knellessen: In dem Nebelhaften, in dem leicht Verschwommenen zeigt sich auch die Vielschichtigkeit, weil sich gleichzeitig immer auch ein anderer Blickwinkel öffnen kann, weil alles nicht so scharf eingestellt ist. Könnte man in diesem Sinne sagen, dass diese Fotos die Vielschichtigkeit des Raumes reflektieren, in dem die Möglichkeit des anderen immer mitschwingt?

Kerez: Ja, und auch die Vielschichtigkeit im Sinne einer Benützung, einer Nutzung, die nicht im Sinne einer Inneneinrichtung zu verstehen ist, sondern eher im Sinne einer Handlung, im Sinne von etwas, das geschieht und geschehen kann, von Möbeln, die mal hier, mal dort sind, und dabei das Mobiliar nicht erhellend oder räumlich definierend zeigen, sondern eher in der Flüchtigkeit einer Moment-aufnahme.

Knellessen: Da käme ich gleich noch zu einer anderen Frage. Sie haben ja auch die Bewohner erwähnt, da diese Bilder nicht nur einen Einblick in das Innere der Architektur, sondern auch in das Leben und Wohnen ihrer Bewohner vermitteln. Was für eine Rolle spielen die Bewohner für Sie? Wenn Sie ein Schulhaus oder ein Wohnhaus entwerfen, wie denken Sie an die Bewohner und Benutzer, stellen Sie sich da irgendetwas vor? Welche Rolle spielt das?

Kerez: Ich mache keine Dienstleistungsarchitektur, ich mache keine Architektur für die Bewohner, sondern ich würde sogar sagen, ein Stück weit gegen die Bewohner, indem ich mich primär mit architektonischen Fragestellungen beschäftige, mit grundsätzlichen architektonischen Vorstellungen, wie ich sie verstehe. Das bedeutet umgekehrt wiederum, dass ich nicht einen Gebrauch vorschreibe. Das bedeutet, dass letztendlich diese Häuser immer auf eine Art richtig oder falsch gleichermaßen gebraucht werden können. Das hat auch ein befreiendes Moment. Und in dem Sinne sind mir die Benutzer und Bewohner natürlich wichtig. Für dieses Schulhaus habe ich – bevor ich diese Schule entworfen habe – mir sehr viele Schulen angeschaut und festgestellt, dass ein Schulhaus heute eigentlich etwas ganz anderes ist als zu der Zeit, als ich selbst zur Schule ging, dass es eine Einrichtung ist, in der die Lehrer nicht nur das Klassenzimmer bestimmen, sondern auch den Raum davor, dass sie die Pausenräume und die anderen öffentlichen, anonymen Räume weitgehend privatisieren.

Ich habe probiert, eine Architektur zu schaffen, deren architektonischer Gesamtzusammenhang bestehen bleibt, ganz unabhängig davon, in welchem Ausmaß diese öffentlichen Plätze, Treppenanlagen von einzelnen Lehrern für sich beansprucht werden. Dadurch, dass ich sozusagen eine Kolossalordnung diesen vereinzelten und vereinzelnden Selbstinszenierungen der Lehrer entgegengestellt habe, habe ich aber umgekehrt ihnen die Möglichkeit eröffnet, sich Räume wieder anzueignen. Ich verstehe mich nicht als Architekt, der seine Aufgabe darin sieht, vordergründige Erwartungen zu erfüllen. Insofern sind mir die Benutzer wichtig, aber nicht in dem Sinne, dass ich sie wörtlich nehme und von vornherein mache, was sie möchten. Ich finde, dass ein Haus immer auch eine Herausforderung für die Benutzung und für die Bewohnung sein sollte. Das macht ja das Leben, das Bespielen von Räumen überhaupt erst interessant und ist sicher auch der Grund dafür, dass viele umgebaute Fabriken interessantere Schulhäuser darstellen als die meisten Schulhausneubauten.

Knellessen: Das leuchtet mir sehr ein, dass die Befreiung, die es für Sie und Ihre Architektur bedeutet, sich von der vordergründigen Frage nach der Benutzung, dem Nutzen und nach den Erwartungen der Bewohner lösen zu können, auch umgekehrt für die Benutzer die stimulierende Funktion öffnet, einen anderen Gebrauch dieser Sache als den gewohnten entwickeln zu können.

Kerez: Natürlich freut es mich auch, dass das Schulhaus Leutschenbach den Schülern und den Lehrern sehr gefällt, dass sie begeistert sind. Und es gefällt mir umso mehr, weil ich es nicht gesucht habe. Für mich ist es eher eine Überraschung und ein Geschenk, wenn es dann so ist. Ich glaube, das Haus wird nicht zuletzt deshalb geschätzt, weil es eine Eigenwilligkeit hat. Während der Planungsphase galt es als äußerst schwierig, jetzt aber hat es eigentlich einen sehr leichten Zugang der meisten Schüler und Lehrer gefunden. Und dies in einem direkteren und emotionaleren Sinn, als es bei den meisten gleichzeitig entstandenen Schulhausbauten der Fall war.

Knellessen: Das Schulhaus Leutschenbach hat eine relativ langwierige Planungsphase gehabt, und vorhin haben Sie das in Bezug auf Thalwil auch erwähnt, weil es ja den Rechtsstreit gegeben hat. Da tauchte bei mir die Frage auf – auch wegen der Modelle, die Sie entwerfen und zu entwerfen lieben: Geht es Ihnen auch sehr stark um das Entwerfen oder ist das Endprodukt das Wichtige? Ist also der Prozess des Entwerfens und Konzipierens ganz zentral und spielt das vielleicht eine Rolle dabei, dass es manchmal länger geht als gedacht?

Kerez: Bei der Ausstellung in Lausanne haben wir Modelle gezeigt, die wir normalerweise wegwerfen. Das war das erste Mal, dass wir überhaupt Modelle aufbewahrt haben. Zu dem Kurator haben wir damals im Spaß gesagt, dass wir ihm unseren Müll bringen werden und den könne er dann ausstellen. Der Entwurf eines Gebäudes ist ein mühsamer Prozess, und ich genieße es kein bisschen, dass der so lange geht. Es ist eigentlich ein Leidensprozess, und die einzige Legitimierung für diese Arbeit ist die, dass am Schluss ein Gebäude stehen wird. Sonst würde sich der ganze Aufwand nie und nimmer lohnen. Andererseits ist es auch eine ständige Irrfahrt, eine Odyssee, auf der man oft auch Situationen kennenlernt, auf die man später wieder zurückgreift, und dieses Irren ist insofern immer auch eine Vorbereitung für die nächsten Projekte. Man produziert zwar unglaublich viel Ausschuss, aber der geht nicht verloren, sondern kommt – wenn er wirklich Bedeutung hat – bei einem anderen Projekt wieder zum Tragen.

Knellessen: Der Müll und das Endprodukt scheinen ja in einer sehr engen und interessanten Beziehung zu stehen. Von hier aus zu einer anderen Frage, die uns bei

unserem Buch besonders interessiert. Sie haben bei den Bunkern, von denen wir vorhin sprachen, die physische Präsenz erwähnt, die Sie interessiert hat, und mit der physischen Präsenz sind wir beim Körper und bei der Präsenz des Körpers. Als Psychoanalytiker würden wir behaupten, dass die Auseinandersetzung mit der Architektur und mit dem Bau auch immer eine Auseinandersetzung mit dem Körper ist – mit dem eigenen und mit dem fremden. Wenn Sie von der wuchtigen physischen Präsenz bei den Bunkern sprechen, wie sieht es dann damit bei der Transparenz zum Beispiel des Schulhauses Leutschenbach aus? Auch dieses hat ja eine starke physische Präsenz. Inwieweit spielt eine solche Körperlichkeit bei Ihrer Architektur eine Rolle?

Kerez: Diese Bauten, diese Verteidigungsanlagen, und ihre Kraft besaßen für mich eine physische, körperhafte Präsenz vor allem in dem Sinne, dass sie quasi auch eine unbewusste Architektur haben. Der Kopf ist ja der Orientierungspunkt, wenn man jemanden sieht und wenn man jemanden erkennt. Aber er ist letztlich nur ein ganz kleiner Teil von der ganzen Erscheinung, und der Körper, die Silhouette, die Masse und das Hauptgewicht einer menschlichen Erscheinung sind etwas anderes. Mich hat die Umdrehung interessiert. Ich wollte diese Umdrehung erreichen, indem ich diese reinen Zweckbauten als Architektur betrachte. Das war zu einer Zeit, als die architektonischen Debatten sehr akademisch geführt wurden, wo es nur ein paar wenige manifestartige Einfamilienhäuser in Amerika und in Japan gab, an denen sich dann die Diskussion über den Dekonstruktivismus oder über die Postmoderne entflammt hat.

Diese Diskussion hatte aber physisch überhaupt keine Relevanz im Vergleich zum übrigen Rest, und so war das auch ein Versuch, den Blick auf andere Regionen zu richten. Diese physische Präsenz ist natürlich nicht etwas Dumpfes oder etwas Gestaltloses, sondern eine Gestalt, die zuerst unmittelbar physisch wahrgenommen wird und sich erst auf den zweiten Blick intellektuell oder geistig erschließt. Und genau diese Perspektive interessiert mich, dass ein Gebäude nicht propagandistisch einen Stil, eine Auffassung oder eine Haltung repräsentiert, sondern ein Stück weit verschlüsselt ist, indem es zunächst einmal durch seine physische Präsenz wirkt und erst mit der Zeit sinnstiftend oder geistig wahrgenommen und festgelegt werden kann. Und insofern interessiert mich der Körper – vielleicht ist das zu vereinfacht gesagt – als Versteck, um so den Intellekt oder die

Idee eines Hauses nicht propagandistisch oder illustrativ zum Tragen kommen zu lassen.

Knellessen: Es geht Ihnen also nicht um Repräsentation, sondern darum, dass sich das Bauwerk neu erschließen und aufschließen muss, dass also das, was zunächst so verschlossen, so zusammengefaltet aussieht – wie das bei den Bunkern ja sehr eindrücklich der Fall ist –, sich beginnt aufzufalten und zu entfalten.

Kerez: Das ist ja das Spannende an diesen Bunkerbauten. Ihre Gesetzmäßigkeiten sind viel klarer und strenger als bei den meisten anderen Gebäuden, mit denen man üblicherweise vertraut ist, bei denen man einfach davon ausgeht, dass da alles seine Richtigkeit hat. Bei diesen expressiv oder monumental anmutenden Erscheinungen der Kraftwerk- oder Bunkerbauten sind es Regeln der Ökonomie, der reinen Physik und der Funktionalität, die diese Formen erschaffen.

Knellessen: Bei dieser Bedeutung der Körperlichkeit möchte ich nochmals auf die transparenten Formen des Leutschenbach-Schulhauses oder des Hauses an der Forsterstraße zurückkommen. Könnte man sagen, dass sie in ihrer Transparenz und in ihrer Offenheit auch eine Anziehung ausüben, eine Anziehung, die irgendwo auch mit Erotisierungen und mit Sexualität zu tun hat? Wenn man durch die Stadt an den Bürohäusern vorbeigeht, die ganz verglast sind, dann schaut man doch, was es zu sehen gibt – der berühmte Blick von unten. Würden Sie sagen, dass es bei Architektur – auch bei Ihrer Architektur – um eine solche Erotisierung geht, dass es bei dieser Körperlichkeit auch darum geht, Erregungen zu schaffen?

Kerez: Da würde ich natürlich gerne Ja sagen, aber ich denke eigentlich eher, dass diese Bauten etwas Calvinistisches haben. Ein entkleideter Körper kann durchaus erotisierend sein, aber das Verhüllen macht ihn vielleicht erotischer. Der Blick auf den Knochenbau ist ja nicht so interessant und erotisierend. Die Gebäude, die Sie angesprochen haben, sind für mich eher Versuche, den inneren Aufbau, den inneren Zusammenhalt, die Tragstruktur sichtbar zu machen. Sie zeigen das, was normalerweise verborgen bleibt und durch heruntergezogene Decken, eingezogene Gipswände, Balustraden, Fensterstürze und anderes verkleidet wird. All das wird gleichsam weggeworfen, um einen Blick auf das »Wesentliche«, auf das

»Archaische« an einem Gebäude zu ermöglichen. Der Begriff der Erotik oder der Sinnlichkeit in der Architektur in der Schweiz hat durchaus eine historische Komponente. Es war ein Begriff, der für Peter Zumthor, für Herzog & de Meuron und andere einen manifestartigen Charakter hatte, mit dem sich die Schweizer Architekten der 1980er Jahre von akademischen Strömungen gelöst haben und ihr Hauptaugenmerk auf die alltägliche, sinnliche, wahrhaftige, physische Erscheinung des Gebäudekörpers richteten. Aus dem heraus hat sich ja auch eine Reizwäsche-Architektur im überspitzten Sinn gebildet, die sehr stark mit Verkleidungen, Verfremdungen, mit der Trennung von Innen und Außen gearbeitet hat. Meine Interessen sind anders. So spielen die Materialien bei den Gebäuden, die ich bisher gebaut habe, eine eher untergeordnete Rolle, sind eher aus der Logik der Tragstruktur heraus gewählt und möglichst einfach, möglichst direkt gezeigt, so wie sie halt sind. So würde ich auf dieser ideologischen Ebene sagen, dass meine Architektur nicht erotisch ist. Aber zum Glück sind die Auffassungen von Erotik in einem alltäglichen Verständnis sehr individuell.

Knellessen: Hier muss sich nun fast zwangsläufig die Frage nach der »Obsession« anschließen. Man kann ja sicher sagen, dass eine solche in der Intensität, die Ihre Architektur hat, aber auch in der Art und Weise, wie Sie arbeiten, gegeben ist. Ihre Arbeit scheint einen spezifisch leidenschaftlichen Charakter zu haben, wie Sie es vorhin ja geschildert haben, dass es ein Leiden in dieser ganzen Arbeit des Planens und Entwerfens gibt, in der es darum geht, das Ding auf den Punkt zu bekommen. Welche Bedeutung hat diese Obsession für Ihre Architektur?

Kerez: Eine Obsession ist ja eine Handlung, die nicht zweckgerichtet ist, die vielmehr einen selbsterfüllenden Charakter hat oder einen Charakter, der nicht durch Erfüllung gestillt wird, sondern zu weiteren Handlungen führt. Eine Handlung, die zu einem Ziel oder einer Absicht führt, ist letztlich abschließbar oder erschöpft sich irgendwann oder irgendwo. Insofern ist die Obsession am Architektonischen und in der Arbeit an der Architektur anders als in einem psychologischen und engeren Sinne zu verstehen. Vielmehr kommt darin zum Ausdruck, dass Architektur nicht primär das Ziel hat, die Welt zu verbessern und zu verändern, dass sie auch nicht entschlüsselbar ist oder einen belehrenden und einen pädagogischen Antrieb hat, dass dieser Antrieb vielmehr nicht ergründbar ist, sich aber auch nicht erschöpft. In diesem Sinn verstehe ich meine Arbeit als obsessiv. Ein befreundeter Künstler hat mir mal gesagt, dass Kunst die Erlösung des »Nützlichen« durch das »Schöne« ist und dass sie in dem Sinn auch eine individuelle Komponente hat, die sich nicht einfach einbinden, sich nicht einfach festmachen lässt, sich nicht einengen lässt durch eine politische oder soziale Zielsetzung. Dadurch kommt eine Dimension von Freiheit in diese Arbeit hinein, die aber auch – Obsessionen beinhalten ja auch Handlungen, die einen Mustercharakter haben – einem Zwang unterliegen, die nicht beliebig und nicht locker und fröhlich sind, die ihren Ernst und ihre eigene Logik haben.

Knellessen: Hier schließt sich meine letzte Frage an: Vieles von dem, worüber wir jetzt gesprochen haben, habe ich auf dem Hintergrund der Psychoanalyse mitgehört, natürlich auch das, was Sie jetzt zur Obsession sagten. Da könnte man viele Parallelen ziehen. Gerade im Verhältnis zum Nutzen gibt es Parallelen zur psychoanalytischen Situation. Wenn man sich nämlich in einer Analyse oder in einer Therapie auf die Erreichung eines Ziels konzentriert, dann wird die Unternehmung ziemlich schnell schiefgehen. Erst dadurch, dass man sich von solchen Zielen und Erwartungen möglichst löst, kann das passieren, was Sie in Bezug auf das Schulhaus sagten: »Ich habe mich gar nicht in erster Linie darum gekümmert, dass die Erwartungen der Beteiligten erfüllt werden, und umso schöner war es, dass es ihnen gefällt« – was aber wiederum nur genau so passieren kann. Es gibt also viele Gemeinsamkeiten zwischen Architektur und Psychoanalyse, ähnlich gelagerte Strukturen, Situationen und Verhältnisse. Gleichzeitig berühren sich Architektur und Psychoanalyse über weite Strecken überhaupt nicht, es gibt einzelne – Eisenman natürlich, Gehry und andere –, die dann solche Schnittpunkte darstellen und auch markiert haben, aber sonst gibt es eigentlich herzlich wenig dazu. Was denken Sie, woran das liegen könnte? Könnte es sinnvoll sein, da mehr Verbindungen herzustellen oder ist eine Interdisziplinarität vor allem dadurch gegeben, dass es eben keine gibt und man eben nicht allzu sehr versucht, sich anzunähern, besonders im Hinblick auf Fragen, was man tun müsste, damit es den Menschen gut geht?

Kerez: Ein Beispiel dafür, wie schwierig jede Form von Verallgemeinerung ist, wäre die Turnhalle im Schulhaus Leutschenbach. Das ist der Teil, der am meisten allen

Regeln und Vorgaben nicht entspricht, bei dem wir gewissermaßen alles falsch gemacht haben, was eine gute Turnhalle ausmacht. Gleichzeitig ist es der Gebäudeteil, der allen am meisten gefällt. Das macht die Problematik von erfolgsorientierten Zwangsmodellen deutlich: Jeder einzelne Punkt mag zwar für sich stimmen, aber alle zusammen haben verheerende Folgen. Zur Frage der Beziehungen von Architektur und Psychoanalyse: Wenn es einen Punkt gibt, bei dem es für mich persönlich Verwandtschaften gibt, dann liegt er im Prozesscharakter. Die Psychoanalyse ist als Prozess unglaublich repetitiv. Ich hatte immer Mitleid mit meiner Psychoanalytikerin, weil sie sich jede Woche immer die gleichen Geschichten anhören musste. Aber in dieser Wiederholung steckt auch die Chance, dass sich beim zehnten oder zwanzigsten oder hundertsten Mal das Bewusstsein ändert. Dann erkennt man etwas, es wird etwas sichtbar, was vorher nicht sichtbar war. Dieser Prozess ist also nicht einfach eine Entdeckungsreise, auf der man von einer unvorhergesehenen tollen Begegnung zur nächsten fährt, sondern beschreibt eher ein kerkerhaftes Sich-Drehen, das jedoch eben nicht maschinell ist – die zehnte Runde ist einfach anders als die neunte und als die erste. Jede Wiederholung beinhaltet die Chance einer Erkenntnis, könnte man sagen, und ich denke, dass es beim Entwerfen auch so ist. Über ständige Wiederholungen von Fragen – das ist die Erfahrung, die ich und wir in unserem Büro machen – kann man eben auch zu neuen Antworten kommen. In den Wiederholungen sind die Bewegung und die Entdeckung schon eingeschrieben und müssen herausgeschält werden. Den Versuch, die Parallelen zwischen Architektur und Psychoanalyse in diesem prozesshaften Verständnis zu suchen, fand ich am Symposium zu Psychoanalyse und Architektur interessant. Die psychologische Betrachtung von Architektur oder die einer psychologischen Architektur, also einer Architektur, die sich aus einer Psychologie herleitet, interessiert mich persönlich weniger. Es gibt aber durchaus auch auf dem Gebiet interessante Versuche, wie die Poetik des Raumes von Gaston Bachelard oder auch den von Böhm über die Stimmung in der Architektur, die dann für Peter Zumthor wichtig wurde. Die wahrnehmungspsychologische Beschreibung von Architektur hat für mich etwas Beengendes, weil sich beide Gebiete dann zu etwas Einheitlichem zu verbinden drohen. Demgegenüber ist das Nachdenken darüber, ob nicht der Prozess, diese gedankliche Arbeit der Psychoanalyse, verwandt sein könnte mit dem Projekt der gedanklichen Arbeit an einem architektonischen Entwurf, viel offener, weil weder das eine versucht das andere zu bestimmen noch umgekehrt. Das also ist für mich eine interessantere Art der Betrachtung. Ich finde die Psychoanalyse darüber hinaus auch deshalb interessant, weil sie dem Einzelnen eine große Bedeutung gibt. Sie hat nichts Generalisierendes. So sind für mich auch alle Versuche schädlich, Architektur vorherzubestimmen – auch wenn sie allesamt gut gemeint sind, zum Beispiel im Hinblick darauf, dass Lehrer und Schüler und Bewohner zufrieden sind. Die Psychoanalyse ist in einem extremen Ausmaß mit der Individualität des Menschen verbunden, und deshalb sind ihr verallgemeinernde Erklärungen – »Ein Kindergarten muss farbenfroh sein, weil die Kinder gerne Farben haben« – immer viel zu vereinfachend. Sie trivialisieren jede psychologische Betrachtung, sie trivialisieren aber auch jede architektonische Erscheinungsform.

Rolltreppen-Phobik:
Zum Verhältnis Technik/Architektur
und Psychopathologie

Rudolf Heinz

Innenarchitektur

Archäologie

Krypta

Stadt

Auftragsverhältnis

(Arbeit am) Widerstand

Umbau

Zitat

Faltungen

Konstruktion

Projektion

Gerüst

Dezentrierung

Zeichnung

Technik

Übergänge

Grenzen

räumen

Körper

Sichtbarkeit

Spuren

Stoff

Medien

Leere

Raum

Himmelfahrt   **Phantasmaklimax**   **Todesatem**

Cruising

Inzestuöser Wunsch

Psychoanalytisches Setting

Interpretation   Management

Phobisches Objekt

Identifikation

Wissen   **Ontologische Katastrophe**

Obsession

Mutter

Ich-Spaltung

Befriedigung

Blick

Woman

Subtext

Verrückt

Widerstand

Angst

Symbolische Ordnung

Trieb

Symbolisierung

Wünsche

Phantasma

Einverleibung

Subjekt

»… ich war sofort begeistert von den Rolltreppen, zumal ich Treppen faszinierend finde, weil man auf ihnen rauf- und runterfallen kann. Das ist doch großartig, denke ich immer.«
(Olaf Knellessen)

Captatio benevolentiae

Anscheinend ist es mir – auch altersgemäß? – nicht mehr vergönnt, solche originären Texte zu verfassen, die nicht in der Sequenz selbiger vorhergehender, quasi abfolgesystematisch, lokalisiert sind; will sagen, die ohne diese Art Kontext, isoliert – und gar mit propädeutischem Einschlag geschrieben –, zustandekommen könnten. Was, zweifelsohne, für alle Nichtadepten – und sie sind sicherlich in der Überzahl – sich verständniserschwerend auswirken müßte – Pardon dafür! Aber auch deren innere Machart – wenn überhaupt von der erstgenannten abtrennbar – wird sich wohl als rezeptionssperrig erweisen: die merklich ungehemmte irreguläre eigenterminologisierte Stilistik. Um ganz zu schweigen von deren, oftmals defätistisch kulturpessimistisch gescholtenen, dezidiert philosophischen Optionen.

All dem an – rein für mich intim konsequenten – Klausuren möchte ich mitnichten nun irgendwelche, gleichwohl exkulpierend positive, Wendungen beigeben. Vielleicht aber könnte, nicht zuletzt, das in einem ganzen Kapitel (»Mythophilosopheme«) expressiv verbis veranschlagte Parabel-, das Gedankenerzählwesen die allemal zu befürchtenden Lesebeeinträchtigungen etwas kompensieren? Auch darf ich, naheliegende Aversionen wider die philosophischen Voteninhalte angehend, aller stolzen Verzagtheit zum Trotz, gegenhalten, dass ich damit schier nichts anderes beabsichtigte, als unserer Rolltreppe – Teil fürs Ganze – einen schwarzen Schutzengel, extrem zu ihrer Alimentation, nicht zu ihrer Zerstörung, zuzugesellen.

Legende

Die beiden Teile des Beitrags, »Mythophilosopheme«, inklusive des »Zwischenspiels: Ortsbesichtigung« sowie »Diskursivere Untergriffe«, mögen in kein Konkurrenzverhältnis je von Überbietung zueinander, so oder so herum, treten – dort kunstangenäherte Gedankenerzählung, Parabelwesen, hier quasi wissenschaftsangelehnte philosophische Kognitionen –, nein, wenn's hochkommt, sollten sie sich, unter Wahrung jeweils ihrer Heterogeneität an formaler Autonomie, aneinander ergänzen; vielleicht aber doch nicht ohne jene/s, in Hinsicht ihrer/seiner intuitiven genealogischen Aufschlußpotenz – deshalb an erste Stelle gesetzt – initial zu favorisieren?

Was der Leser zu gewärtigen hat, ohne dass Teil zwei den beabsichtigten Schrecken des ersten neutralisierte? Psychoanalytisch sozialisiert, wird er der fast selbstverständlichen zünftigen Zugangschancen nicht entraten. Folgt dieses Anfangskapitel ergiebig doch den »Primärprozeß«*gepflogenheiten*, insbesondere *manifestiert in Träumen* (bitte die »Mythophilosopheme« »schamanistisch« nachträumen!); und freilich zumal in *Psychopathologie*, hier in – grenzwertig imaginär psychotisch ausgeweiteten – Phobien. Aber auch »nur« künsteversiert, wird sich die Parabelfaktur gewiß nicht alienisieren (wo und wie begegnen Rolltreppen in den Künsten?).

Allein, in einer kriterialen Angelegenheit wird der Suspens der klassischen Psychoanalyse dann doch entschieden, »pathognostisch« benamst, zugemutet: *in der Beanspruchung* nämlich des besagten »*Primärprozesses*« *selbst schon als des Produktionsgrunds* – und eben *nicht als subjektiver pathogener und als solcher (wieder) auflösbarer Zutat zu der … – der betreffenden Objektivität*, wie hier, dinglich, der Rolltreppe; Pathologie, die diesen, das Entstehungsmotiv, pathogenerisch usurpiert, anstatt eben zur – damit chargiert bleibenden – Produktion aufschiebend freizugeben. Kurzum: *unser »Realitätsprinzip«*, unsere geheiligte Zweckrationalität, *wird in mente*, simulativ (keinerlei Verpflichtung, sich dem auszusetzen!), *psychotisch traumatisiert*. Weshalb aber diese – womöglich terrorisierende – Impudenz? Des intellektuellen Selbstgenügens wegen, und, darüber hinaus, überwertigerweise, um die Entropie der »Produktivkräfte« mittels der apokalyptischen Zitation dessen greueldurchsetzten, allzeit oberweltparaten »apud inferos« aufzulängen. »Bonne chance«!

Vorab für die Praktiker/Kliniker gesagt: Die narrativ-szenische Emanzipation der Symptomgehalte, die vorstellungsflankierte Ausfühlung derselben, könnte zur halben Miete an Therapie werden. Käme nun aber die apostrophierte *pathognostische Wende* hinzu, die ich bereits seit Jahrzehnten, unverdrossen, wenngleich ohne viel Fortüne, predige – die letzthinnige Indifferenz von Innen und Außen: *die Identität der Symptomgehalte und der – bloß kaschierenden und dilatierenden – Dingarkana –*, vermöchte der Rückhaltsverlust an diesen wie eine Schallmauer der Admission dieser Neuerung zu protestieren.

Vorsicht auch: Die – oftmals unterstellte – Heilsamkeit, den Rolltreppen-Phobiker zum – wie auch immer rudimentären – Technik- und Architekturstudium seines »phobischen Objekts«, oder wenigstens zur betreuten Visite von einschlägigen Produktionseinrichtungen, zu veranlassen, kann durchaus ausbleiben und ihrem krassen Gegenteil weichen. Denn – je nach der Mitgift an, etwa psychosenaffiner, pathologischer Gewichtigkeit – ist nicht auszuschließen, dass die just auf diese Weise getätigte Näherung der essentiellen Untat, des »crimen« aller technischen Produktion, zu binnenkatastrophischer Dekompensation führte.

Mythophilosopheme

(Zum Glück?) durchbrochene geknickte Jakobsleiter; Himmelfahrt, aufwärts durch die sich seitlich erstreckenden kosmischen Sphären, die Kaufhaustages, hindurch. »Dies alles ist mir untertan«: der souveräne Halbkreis-Panoramablick – worauf? »Das Zeitliche segnend«: der entschwindende Gottessohn, der sich als Konsekration der verlassenen Welt – Opfergnade – hinterlässt.

Das kann nur (wohlgemerkt!) rücklings vonstattengehen, in inversem (!) Ascensus, wie ohne Intermissionen, ein einziges Segnen. Und die wartenden Glaubenden knien im Basement schon, voll der Beglückung, nieder … Nein, nein – aus der Traum, bereits vor seinem gloriosen Finale! Horrend häufen sich die Sündenfälle zum säkularen Trivialgewimmel:

- welche Komik: unser Mann im Ornat muss pro Etage jeweils umsteigen. Da hilft es auch nichts, macht die Sache nur umso schmählicher, jeweils zum neuen höheren Rolltreppenansatz hämisch getragen zu werden;
- und oben angekommen, steht er da wie »Falschgeld«, »bestellt und nicht abgeholt«, wie ein kleiner Junge, der sich verlaufen hat;
- und während des Himmelfahrtskommandos unterwegs, schert sich niemand auch nur einen Dreck um seine große Würde. Und Rowdys gar stürzen, rücksichtslos, das Gefährt zweckentfremdend, wie gejagt, treppauf;

– mehr aber noch: des Gottmenschen Abgang in die überdrehte Geschäftigkeit irdischer Niederungen (tückische Selbstüberbietung an Kenosis?) verdirbt in sich ganz: Seht da, wie er schwankt, wider das Gleichgewicht gefährlich nach vorne wie nach hinten, hier in die »terra incognita« des in dieser stupiden Statik schlechterdings Ungesichteten. Längst sammelten sich hinter seinem Rücken die Häscher. Und in ein gnädig verstattetes Büßergewand gehüllt, macht er sich, regungslos, (Achtung!) rücklings wiederum, davon, um aus dem animosen Tempel – vergeblich – zu fliehen. Folgt, Schlag auf Schlag, die Arretierung und, in aller Konsequenz, das Todesurteil.

Tausend Qualen zwischendurch der Allesgewahrung angesichts des Todes, mitsamt seiner technikusurpatorischen Verhöhnung: entsprechend, in Serie, Albträume »brevi manu«:

– so die Desynchronisierung des Tempos des Laufbandgeländers – beidhändiger Haltegriff ins Leere – wider das des Treppenlaufs selbst;
– schlimmer noch: Die eh ja (auch) dubiose Diagonale verformte sich zur steilsten Senkrechten, und unser Gottesadept hing an der ausgezogenen flachen Rolltreppe, eben noch, vor dem Absturz, wie an einer unbezwingbaren »a fronte« gar gekippten Bergwand;
– und dabei beschleunigte sich das Skalamonster derart, dass es zum Anfang bereits sich an seinem Ende befand (Körperraptur – »der fliegende Pfeil ruht«).

Während dieser ontologischen Katastrophen aber boshaft begrinsten den auserwählten Miserablen sowohl die ordinären Feuertreppen nebenan als auch die Kletterprothesen (die indessen den Preis der Klaustrophobie entrichten können), die stark frequentierten Fahrstühle – »weshalb einfach, wenn's kompliziert geht« (?); und alle Laufbänder und ebenso alle Flugzeuge, jedenfalls über den Wolken angekommen und ebenhier weilend, ergingen sich, gänzlich unberührt von solchen histrionisch eschatologischen Missliebigkeiten in Höhe und Tiefe, in ihren anscheinend gesichert horizontalen Gepflogenheiten.

Sollten wir unserer leibhaftigen Über-»imitatio Christi« nicht doch ein Moratorium der weiteren Seinsrecherche vor seinem – immer ungerechten – Tode (memo: Die Anmaßung liegt doch ganz und im voraus aufseiten der lustig weiterlaufenden Rolltreppe, die dadurch, dass sie gelegentlich defekt wird, sich zu permanenter Selbstoptimierung motiviert!) nichts denn gönnen? Was aber tut er wohl, also noch geschont, als erstes? »Ad fontes« – was anders? Doch die unauffällig unikolorale Rückseiten(und Seiten)verkleidung gab nichts her, stieß ihn müde ab. Glück gehabt dagegen: Da waren tatsächlich doch, unter notwendigem Stillstand unseres »perpetuum mobile«, irgendwo Reparaturen zugange, und er sah gebannt in die geöffneten Innereien, das kurzfristig stillgestellte »Todesleben der Maschinen«, die wie selbstgenügsame Wundermechané des realen Scheins, ja, seines großen verbleibend fortlaufenden Fetischs. Je mehr aber die Penetranz seines grundsuchenden Blicks unabweislich zunahm, umso heftiger graute ihm, so als habe er den ewig »toten Gott« geschaut, diese unsere Größe und unsere Schmach. Reparatur beendet, Klappe zu … Doch der Horrorpegel stieg weiter nur an, indem ihm die infernalisch erlösende Äußerlichkeit, die Alloberfläche Design, diese reinste Todescamouflage (»Frau Welt«) in die Augen stach. Nichts wie weg – aber in kein Niemandsland.

Die Hoffnung auf eine(n?) Comes, die angstmindernde, die geschundene Begleitung durch dick und dünn, bergauf und bergab – ödipale Mutterfesselung erster Wahl für die Ewigkeit – hatte er längst schon aufgekündigt. Wie auch sollte er des Suspekts an Verrat – »und die letzten Dinge wurden schlimmer als die ersten« (Misogynie überhaupt, des »Teufels Großmutter« Trumpf) – vergessen können? Ja, namenlose Angst gar musste ihn, das heteron des Geschlechts angehend, befallen, so dass er selbst, im Abstieg, gerechterweise geschlechtsumgewandelt und also dazu verurteilt würde, nunmehr als Frau, wie ♀-kopistisch, dasselbe Theater an Gottesraub und dessen Abgeltung – weibliche Surpasse dann an Remission und Rigorismus zugleich – vollführen müsse. Und schon bei solcher Weibstravestie angekommen, antizipierte er sich im fliehenden Geiste tiermetamorphotisch, als wie gerettet, in der Gestalt eines Affen, der auf der Rolltreppe beachtliche clowneske Kunststücke vollbrachte, freilich bis das Ordnungsamt mit seinen Tiereinfängern anrückte – wehe!

Entsprechend immer mächtiger wuchs seine Sehnsucht nach einem grundzivilen Kaufhausstatus als ordentlicher Kunde, nach dieser sozialistischen Gottesverhökerung, unterhöhlt indessen vom schieren Gegenteil, nämlich seine pathologisch verfangenen Rolltreppen-genealogischen Künste, bis zum letzten krimineller Sabotageakte, dem Kriegszustand, lähmend zu aktivieren.

Das kam ihm in seinen ungeordneten affektionsüberschwemmten Gedanken schwerlich wieder nahe, vage bloß streifte er es: Ursprünglich hatte er sich über den objektiven Witz der Rolltreppe, jedenfalls aus der Ferne ihres Nichtgebrauchs und auch recht solistisch, sehr amüsiert. *Joke der Rolltreppe selbst als solcher: Anstatt dass sie das Akroabaton, die gravierendste Unwegsamkeit (der Schwerkraft wegen) – ihre Urleistung – gangbar macht, geht sie, allen Ernstes, unbehelligt selbst auf und ab daher, entbindet so zwar den Benutzer von seinen vorindustriellen Ususmühen, verbirgt dabei jedoch den entscheidenden Umstand, dass sie nur zum Schein desselben, des Treppenbegehers, bedarf, so sie selbst ja, im voraus schon, dasjenige souverän aufbringt und für sich reserviert, was dessen – sodann doch überflüssige – Obliegenheit ausmacht: sich eben, diagonal, »sursum et deorsum«, fortzubewegen.* Und so, »à la longue«, verkommt solch schöne Inertie zu adipösem Körperschwund – ich, wie als Himmelsleib, nach dem Abwurf der ja Anorganisches existent belassenden Neutronenbombe, weiß gar nicht mehr, weshalb ich überhaupt Rolltreppe fahre. Hohngelächter prellt mir die Ohren zu – »apokalypse now«. Hätte ich mich doch damit begnügt, diesen tödlichen Dingewitz aus gebührender Distanz bloß zu observieren, derart aber die arglos ignoranten (wirklich candiden?) Steiger und Faller mit in den sicheren – weshalb eigentlich immer noch aufgeschobenen? – Tod zu expedieren.

In diesem existentiellen Desaster vergisst man allzu leicht dessen Verführungsgewalt, vornehmlich die der naseweisen Apotheose des »unbewegten Bewegers« – »voilà«! Nein, von wegen: lieber Gott, Du wirst ganz ohne Dein Zutun – außer dass Du die Rolltreppe eben ja benutzt – bewegt – welche Komödie! Und zudem bleiben Aufwärtsmanie und Abwärtsdepression (»casus ab alto«) strikte getrennt. Wenn Du aber der Gott sein wolltest, so vereinten sich beide je in innerer – selbstdestruktiver, Deinen Körperverbleib eh zerreißender – instantaner Gegenläufigkeit; und Selbstbewegung und Bewegtwerden fielen, ebenso suizidal, zusammen. Warum also lässt Du »die Kirche nicht im Dorf«, anscheinend wie fast alle anderen sonst?!

Wenn die Gläubigkeit des sterbenden und von den Toten wiederauferstehenden Gottes aus der Welt zu schaffen wäre, ja, dann schwände mein – doch sinnloser – also ephemerer Gebraucherhorror. Sinnlos? Prima vista, ja; *nur dass die Rolltreppe selbst schon, restlos, die besagte allparadigmatische Gottmenschlichkeit zu ihrem apriorischen Vorwurf, ihrem Produktionsmotiv hat, und ihr Eschaton vermeintlicher absolutheitsvollendender Selbstzerstörung, allzeit befristet nur, gnädig aussetzt.* Fragen wir in diesem Zusammenhang doch die Ingenieure und Architekten, diese Gottesmacherbande. Sicherlich werden sie einräumen (müssen), selbst solche Mechanégebilde geschaffen zu haben, und gar just auf deren notwendigen Handel und notwendige Verwendung hin. Gleichwohl werden sie, tückischerweise, keinerlei Einspruch dagegen geltend machen, dass die angeschmierten Konsumenten in all ihrer toxikomanischen Gier sich selbst, pathogen, als Edelfutter des Dingefortschritts, an ihre Stelle, überbietend, deplazieren?

»Hier ist ein Wunder, glaubt es nur« – tödlicher Augenfraß des ganzen weltmitumfassenden Gottes, Gewaltgeburt, die ihren Gebärer perfectissime miterfasst – der frommste Betrug. Was der Rolltreppe demnach, pseudoerlösend, anzutun wäre, ihre Zertrümmerung, Zerstäubung, Zerstreuung in alle Winde (und mehr), das besorgt sie, göttlicher Phantasmaklimax, autodestruktiv, bereits aus sich selbst.

Und des Nachts? Vigilanz des tiefen Gottesschlafs. Christus im Grabe, auf die Vorwelt erlösender Vorhöllenfahrt (»limbus patrum et parvularum«). Im Morgengrauen reibt sie sich, auferstehend, die Augen, um sich, wie in aller traumbereinigten Unschuld und stolz, erbötig zu machen, als arenonciabel dienstbarer »Teil des Ganzen« – der Warenberge, des sozialisierten Heiligtums der – ausgespienen (um nicht zu sagen ...) dingsublimierten Gottmenschlichkeit in cumulo. Nichts gibt es, das nicht unter deren Kuratel stände. Und rauschender Jubelhall, durchmischt von Maschinengeächz und pfingstlichem Stimmengewirr, übererfüllt unser großes Atrium. »Christen sind wir allzumal« – aufwärts (»systole«) gibt es oftmals zwei Rolltreppen, abwärts (»diastole«) nur eine – versteht sich.

Zwischenspiel: Ortsbesichtigung (zur fortgesetzten Rolltreppengenealogischen Spurenlegung)

Während keiner der – neugierig unternommenen – Probefahrten mit geschärften Sinnen und offenem Gemüt stellten sich phobische Beängstigungen, auch keine Sensationen in den »nervi sacrales« (!), ein; dafür waren Höhe, Schräge und Geschwindigkeit allenhalben wohl zu moderat. Weshalb aber darf ich dann mir herausnehmen, mich in die Rolltreppen-Phobik derart prätentiös ausführlich und intensiv einzufühlen? Dafür muss es doch, unmerklich, szenisch dann aber elaborierbare mini»schamanistische« Empfindungsallusionen geben? Das ist sicherlich der Fall.

Angesichts der Kaufhausubiquität von Rolltreppen mag man die Existenz nicht nur von entsprechenden ausweichsbegabten (siehe gewöhnliche Treppen, Fahrstühle) Phobikern, auch von korrelierenden Süchtigen suspizieren. Was weiß man davon?

In der kurzfristigen Enttreppung der Rolltreppe vor dem Ein- und Ausstieg wohnt man wie deren Genese und Vergehen aus der Flache heraus bei. Hier wie dort hätte ich, werdensversessen, gerne geweilt, doch sie nötigte mich zu jenem, und warf mich bei diesem, wie sanktionierend, einfach ab.

Begrinster hochfahrender Thronsessel – Ihre Majestät, die Rolltreppe. Mit hysterisch seriöser Nachhilfe kommt man beim »tremendum et fascinosum« an – »vom Erhabenen zum Lächerlichen ...«.

Metallic, gerillt. Indem das Silber mit silenischer Selbstgenügsamkeit, anscheinend sichernd, blickfängt, ergänzt sich die bodenhaftige Kaution in ihrer tiefen, gleichwohl wie luftigen Aufrauung.

Lateral besehen, den abwärts gefahrenen Benutzern, in Serie nacheinander, in aufdringlichem Profil, wachsen eselische Pinocchionasen. Rache am Spitzschen »Profilschock«?

Starke, fast heautoskopische Selbstalienation, wenn die Innenseiten der Rolltreppe spiegeln. Weg damit! Vom Abwehrmanagement meines Doubles okkupiert, vernachlässige ich die Sorge um die unfallsfreie Fahrt, zumal wenn bergab.

Quasi escherische Movies hierbei auch: verwirrendes fliehendbleibendes Überkreuz der Höhen- und Tiefentreppen. Trotz / wegen des Cross haben sie schier nichts miteinander zu tun. Berührte Unberührbarkeit.

Diskursivere Untergriffe

Nicht lautet, psychoanalysekritisch in pathognostischem Sinne, die vordringliche, die wesentliche Frage, was der Rolltreppen-Phobiker, letztlich, im Durchschnittsvergleich, unbilligerweise, mit seinem »phobischen Objekt« – es für sich verhexend, unbrauchbar machend, quasi aushungernd – anstellt, vielmehr was im Grunde, jenseits seiner, der zur Verwendung einladenden schönen kontinenten, Rationalität, es, innengeöffnet, denn sei. *Was also ist, emphatisch auf seine*

»*Genealogie*« (vs. »historische Genesis«), *seine internen Entstehungs-, Unterhaltungs- und Ausrichtungsgründe hin gefragt, eine Rolltreppe?*

Die Antwort erscheint präjudiziert in dem, was der betreffende Phobiker – so behauptet die konventionelle Psychoanalyse nach wie vor – seinem – so zum »phobischen Objekt« verkommenden – »Objekt der Begierde« pathogen supplementiert. Allein, *der angeblich injuriöse Zusatz zu diesem wendet, pathognostisch, sich um in das Produktionsmotiv, den allgenerischen Grund desselben.*

Was hat es nun mit dieser wundersam wandelbaren Grundsache auf sich, die *vom Inbegriff von Pathologie zur Kulturationsratio* mutiert; so dass man, gleichwohl, argwöhnen könnte, jenes Unheil »verschiebe und entstelle« sich bloß in diesem: Technik / Architektur perseverierten, in ihrem Kern, wenngleich kaschiert und etwas entfristet, objektiv dann, pathologisch, eben: kulturpathologisch.

Wir dürfen, zur Antwort, getrost beim Thema »Rolltreppen-Phobik« bleiben, denn der besagte Fundus, er ist – allzeit, differentiell, »pars pro toto« – die Rolltreppe, in genealogischem Verstande, selbst. Man entsinne sich: »*Sie geht, allen Ernstes, unbehelligt selbst auf und ab daher, entbindet so zwar den Benutzer von seinen vorindustriellen Ususmühen, verbirgt dabei jedoch den entscheidenden Umstand, dass sie nur zum Schein desselben, des Treppenbegehers, bedarf, so sie selbst ja, im voraus schon, dasjenige souverän aufbringt und für sich reserviert, was dessen – sodann doch überflüssige – Obliegenheit ausmacht: sich eben, diagonal, ›sursum et deorsum‹, fortzubewegen.*« Alles gesagt! *Veritable Göttlichkeit der sich selbst begehenden Treppe. Was ihr,* exponiert, *für die Menschheit zu leisten obliegt* – die kunstvolle Gangbarkeitskontinuierung der tiefensogstigmatisierten Höhe –, *das vollzieht sie, absolut* – im voraus, im nachhinein und restlos dazwischen –, *rein für sich selbst.* Und all dies geschieht, diese *Gottesepiphanie, in weltlich erscheinender gottmenschlicher Kenosis,* die – zündender Witz ihrer großen Souveränität – sie derart für sich zu buchen vermag, dass einzig der konsumtive Frevler ihrer pathologischen Usurpation, verdammt, in ihre eigene Hölle stürzt. Und nur sich retten kann, indem er sich, verlegen lächelnd (mindest), witzkonsentierend, von ihr, am besten immerwährend und gänzlich »gratuit«, zirkular rauf- und runterkarren lässt. Armseligkeit des überbegnadet konzedierten Menschleins, der – buchstäblichen: dingabgeleiteten – Kreatur, die sich just deshalb, ihrer Miserabilität wegen, zum sich selbst verurteilenden Gottesraub – hier eben noch neurotisch: phobisch erträglich gehalten – »per nefas« aufwirft.

Müßte man sogleich nicht erschaudern vor dem Todesatem der Rolltreppen-reifikation unseres Christus, und, in einem, sich – bitte aufgehalten! – totlachen über solch tiefgläubiges inflationär hysterisches Betrugswelttheater – Daidalos' sardonische Visage für die Ewigkeit, priesterlich (neuzeitlich Kapital-)gehüllte Mirakelmechané der besagten Gottesmachergang, der Ingenieure und Architekten? Ja, aber den Tod werden wir nimmer los, jedenfalls so lange nicht, bis wir sterben; nein, bis dieses schlechthin namenlose (und selbst so noch unmöglich namentliche) Unding uns nicht mehr zu seiner tödlichen Mimesis ohn' Exitus dauernötigte.

Man siehts doch (mit der entsprechenden spekulativen Brille): die sich überlegen selbstkritisch gewitzt kundtuende verdinglichte Absolutheit, »reservatio Dei« in seinem – scheinbar zweifelhaften – Erscheinen, die den in das ostentativ numinose Tabu eindringenden – also menschwerdenden – Anmaßer zum armen todeswürdigen Teufel degeneriert. Und wenn sie ihn, ob seiner womöglich passager hilflosen Bescheidung, überhaupt zum Gebrauch nichtsdestotrotz zulässt, so ihn wie einen unbedarften, allzeit abwurfgefährdeten Reiter voll der Häme schikaniert. (Wodurch wird er jemals, in passabler Art und Weise, eine Rolltreppe benutzen konnen?)

Unschwer nun aber, den festgefügten Absolutheitsschein – Selbstdementi als ultimative Selbstwahrungsstärke, bar aber allen Bewusstseins sodann, selbst von dem rückstandlos befallen zu sein, dessen menschliche Außenprätention (so die Widerlegung des Gottes) unter höchster Strafe steht – psychoanalysenächst zu qualifizieren. Allemal klärt er, die *unendliche Absolutheitsdeklamation*, sich als – apriori göttliches, und danach menscherborgtes, notwendig als solches kollabierendes – *Autokreationsphantasma*, unsere ganze Leidenschaft, auf: notorisch als »*Ödipuskomplex*« – sich-selbst-sein-elterlicher-Ursprung-sein; als »*Narzissmus*« – selbst-Alles-sein; und, unüberbietbar, als »*Todestrieb*« – selbst gar der – so wahnhaft entmachtete – Tod-sein, wie ich zigmal verlautbarte. »Eritis sicut Deus« demnach? Ja, aber indem *unser* – längst progredient reifizierter – Gott selbst so zu sein begehrt, als was er – absolut ja – sei, ist er *der erste unüberholbare Atheist*, der sich allerdings, als apokalyptischer Weltenrichter – erfolgreichst vergeblich violent –, aus der Affaire zu ziehen sucht. (Bitte, auf ontologische Art, lautest wiehern!) Vorsicht aber! Denn der tote – inkarnierte, nein, viel mehr noch, inbegrifflich in Waffen erschöpfend reifizierte – Gott ist – »Todestrieb« auf seiner Spitze – der allermächtigste.

Wo aber ist, in solchem forcierten Tiefflug, die Rolltreppe, unser »thema probandum«, geblieben? Immerhin, sie stellt zwingend diese aufgelängten Seinsdramoletten unter Beweis: im – scheinbar – reinen Selbstgenügen ihrer augenzwinkernden, kreaturenkonzessiven, nicht jedoch mit sich spaßen lassenden Generösität. Freilich, was sollte das anderes sein denn *die artifiziöseste »Fata morgana«, immer umwillen listenreich infamer Todesepikalypse?* Nichtsnutzig gleichwohl bliebe es, die Ingenieure und die Architekten, mitsamt der Legion der kapitalisierenden Verwalter ihrer menschheitlichen Großtaten, sowie, nicht zu vergessen, die Proletenheere deren Materialisierung, in die Wüste zu schicken. Dafür nämlich ist es immer schon zu spät gewesen, denn die *schlechthinnige Inkompatibilität des Bewusstseins seiner selbst und des Todes, sie nährt,* üppig permanent, *die essentielle Anfälligkeit für diesen unabgeltbaren Seinsbeschiss im Ganzen.*

»Brüder, zur Sonne, zur Freiheit!« »Anthropos«, »homo erectus«, wider ansaugende Tiefe; die grandios sich erhebende, sich hochreckende Absturzkonterkarierung, siegreicher Gegenzug in schwindlige Höhen. Und vor dem Sichübernehmen schützt sie sich mit rechtwinklig gezackt diagonalisiert gefälliger Inklination wie auch mit etappenbildenden Fraktalisierungen. Nur wenn man schlecht darüber denkt, wären dies Minusposten ihrer – also angeschlagenen – Exzellenz, in Wahrheit aber Sonderhabilitäten ganz derselben.

Und dann erst die Abfahrt! »Schwestern, zum Monde, zur Magdschaft!« – Nein, aber nein! Bergab erfüllte allererst sich ihre Vollendung, wie wenn sie selbst zudem aufstiege; in voller indifferenzierender Äquivalenz dazu hält sie nicht minder, ja mehr noch, den Sturz in den Abgrund, gelassen, in aller Ruhe, auf, ja, insofern die kooperative Tiefe – wie günstig! – nicht nur anzieht, eben je auch abstößt, wie unaufhörlich die selbstverständliche Reaszendenz vorbereitend: »conclusio in aeternum«.

»O Ödipus, Narzissmus, Todestrieb«! »Er schwebt hinauf, der Gottessohn, zu teilen seines Vaters Thron …« Er, die Rolltreppe, reißt sich von der Erde, der inferioren Muttersphäre, los, um ♂ »homo«-versessen, endgültig, dramatisch, die »Homöusie« mit dem Vater zu approbieren (oder hat die Mutter ihn vielleicht nicht doch dahin weggeschickt, ja abgetrieben?). Gewiß ein zerriger Kraftakt, von dem er sich, abwärts, scilicet, etwas zu erholen, sprich: sich durch die Metamorphose in die Tochteranteile der JungfrauMutter, alle patrifilialen Untaten legitimierend, zu rekreieren imstande scheint.

[1]   Christa Reinig: ›Der Wolf und die Frau‹. In: *Die schwarze Botin*. Nr. 8, September 1980, S. 31.

So die *ultimative Nichtung von Frau, der Totale von Weiblichkeit*: Vater, »der im Lichte wohnt«; verklärter Opferheros Sohn; Mutter, in den Tartaros verbannt; Verräterinnen-Tochter, »Magd des Herrn«, die all dem den letzten verruchten Segen gibt. (Guck Dir, allerchristlichst, die Augen an der Rolltreppe aus! *Die* Rolltreppe, bitte: tochtervermittelte Mutterleibleiche, transvestitisch als Vatersohn in Potenz.)

Und so werden wir Zeugen der Dinglichkeitsweile gänzlich des »*negativen Ödipuskomplexes*«, des *mörderischen* »*Narzissmus*«, des »*Todestriebs*« wider sich selbst (der selbst gewaltsamsten Todesparierung). Sehr schlechte Karten mit auch für unsere Rolltreppe, wenngleich die kulturale Materialität des apostrophierten christlichen Inzesteklumpatschs durch ihren abdeckenden Aufschub langehin ja zu täuschen vermag.

Deren Apokalypse ist beschlossene Sache:

> »Es ist den psychoanalytikern gelungen, den ödipuskomplex zu heilen. Moderne söhne streben nicht mehr danach, mit ihrer mutter zu schlafen und ihren vater zu töten, sie streben nur danach, mit ihrem vater zu schlafen und ihre mutter zu töten.« [1]

Hehrer *Phallokratismus*, *exklusive* ♂-*monosexuell*, auf die kollabierende, abbrechende Spitze getrieben – wie auch sollte dies höhnische, hämische Schibboleth nicht, bis auf die Knochen, selbst schon in sein inneres Kontrarium, bei vollem Selbstgewahr – »Vorzeit in der Endzeit« –, konvertiert sein? Wo doch Pathologie – unwillkürlicher Gebrauchsstreik – den Leitfaden dafür, ja, abgeben könnte, das binnendesaströse identische Produktionsmysterium, fernab einer subjektiv-korporellen Grille nur, zu offenbaren? Rolltreppen – und alles »verum ipsum factum« obendrein –, die je schon die Todesweihe empfangen haben werden; und wenn sie wähnen, in ihrem Suizidilluminismus den – gar nicht stupenden – Aberwitz ihrer Vollendung zu finden, so sind sie, apriori schon, in aller Sorglosigkeit erosverblendet, todeskassiert. Und wie verwegen läppisch dann allemal Krankheit in ihrer magischen Begehrlichkeit, ungekonnt in einem, diese konstitutive Kulturkatastrophe aufzuhalten. Gut – *fehlt* aber im skandalösen Zitat *die* besagte *vermittelnde Tochterperformance*, die, selbst wenn die Daddytochter in die Terroristin, wie billig, umschlägt, viel mehr als ein Subsidium unserer substantiell technikgewordenen Christlichkeit ausmacht – inbrünstig streichelt sie die Rolltreppe, doch, erschreckend, ohne Gewähr, dass sie sich nicht, je nach offiziellem Entropiebedarf, in deren Todesengel wandelt. *Fehlt* außerdem die *Exposition der epochalen Hegemonie der* dinglich medial exekutierten *Imaginarität.* Sollte sich einem, angesichts deren Proliferationen, nicht der Magen umdrehen (und mehr), wenn alle eroshypostatische Phantasmatik ihren Firngipfel erfliegt: »sub specie« nämlich groteskester Todesdisposition, unsere – unendlich reproduzierbare – *Hochglanzreklameikonen der Rolltreppe, die,* memoriale »Idee«, *ihre* miese materielle *Erscheinung,* Opferstoff (selbst schon opferkreiert) des »Neuen Himmels und der Neuen Erde«, auffrißt. »O Wonne voller Tücke! / O truggeweihtes Glücke!«

»Ecce homo« – penible Frage zum Unschluss: Wie viel weggescheuertes Blut klebt, wider unsere unbesehene Immemoria gesprochen, an der, also ununschuldigen, Rolltreppe gar? Von Legionen Putzkolonnen bereinigt, vikariert das blankgeputzt nächtlich strahlende Ding Christi – auf seinen Sühnetod, sagt man, folgende – »Auferstehung von den Toten«; zugegeben: die vorbeieilend sistierte Verwendungsgnade, doch um den unentrichtbaren Preis seiner sich martialisch aufladenden, genealogischen Amnesie. Auch wenn wir, anklebender Gottesauswurf, warenfetischistisch eingelullt, wie depersonalisiert, Rolltreppe fahren, insinuieren die Soundverhüllungen ringsherum zum sehrenden »Requiem« aller Warendinge.

Wenn Sie denn nun der Überwertigkeit meiner gespenstigen Seinseindüsterungen, solchem philosophisch überchargierten Spielverderben, kulturzuversichtlich trotzen wollen sollten, so empfehle ich, minimal, mich Ihnen mit der bescheidenen Bitte, wenigstens, opfergedenkend, das Kreuz zu schlagen, bevor Sie demnächst, wohlgemut konsumfreudig, eine Rolltreppe betreten.

Zwischenzeitliches Fazit:

Begibt man, ontologisch angstgetrieben, »schamanistisch« sich ins wehe Gemüt des raren Rolltreppen-Phobikers, so mag der Panzer des herkömmlichen »psychoanalytischen Intersubjektivismus« aufspringen, und sein nicht mehr derart kasernierter Binnengehalt dahinein sich, wie überschwemmend, ergießen, wo er – davor, dawährend und danach – schon, wie schlafend, aber subsistierte: eben in der dinglichen Externalität des »phobischen Objekts«, der Rolltreppe selbst als solchen, in ihrem zweckrationalen Jenseits: in produktionslogischem genealogischem Verstande. Und aus der Psychoanalyse der isolierten Intersubjektivität ward eine solche der »Sachen«, primordial nämlichen Unbewussten (»Ödipuskomplex, Narzissmus, Todestrieb«) wie diese. Und Psychopathologie rückt sich, als sanktionierte Usurpation einer kulturkriterial vorgängigen, fürs erste anscheinend unsanktionierten, Usurpation: Pseudofestigungfestigung des »mythischen Verhältnisses«, des der »Sterblichen und der Götter«, zurecht. Und unser gewöhnungsbedürftiges – wenn man so will: »schizoanalytisches« – Procedere persistiert, hochambige, parasitär an dem, was es entblößt; so dass selbst die rabiateste Kulturpathologie in ihrem exponiert intellektuell magischen Charakter, nicht nicht kulturkonservativ verbleiben kann.

Eine *verrückte* Theorie: Von Schleiern und einer Leidenschaft für Faltungen. Delirierende Konstruktionen, masturbatorische Praktiken und animierte Formen

Doina Petrescu

Innenarchitektur

Archäologie

Krypta

Stadt

Auftragsverhältnis

(Arbeit am) Widerstand

Umbau

Zitat

Faltungen

Konstruktion

Projektion

Gerüst

Dezentrierung

Zeichnung

Technik

Übergänge

Grenzen

räumen

Körper

Sichtbarkeit

Spuren

Stoff

Medien

Leere

Raum

Himmelfahrt   Phantasmaklimax   Todesatem

                                          Cruising

          Inzestuöser Wunsch

                                          Psychoanalytisches Setting

Interpretation   Management

          Phobisches Objekt

                                          Identifikation

Wissen   Ontologische Katastrophe

          Obsession

                                          Mutter

                              Ich-Spaltung

          Befriedigung

Blick   Woman

     Subtext

                              Verrückt

Widerstand

                                          Angst

          Symbolische Ordnung

Trieb

                                          Symbolisierung

          Wünsche

                                          Phantasma

     Einverleibung

          Subjekt

[1] John Rajchman: *Constructions*. Cambridge, Massachusetts 1998, S. 15, Zitat übers. v. Patricia Kunstenaar.
[2] Rajchman ist einer der ersten Theoretiker, die zwischen
der Theorie von Deleuze und der Architektur eine Verbindung hergestellt haben. *Constructions* ist ein einflussreiches
Buch für die Architekturtheorie, in welchem zeitgenössische
Architekten wie Eisenman, Lynn oder Gehry in der Terminologie von Deleuze beschrieben werden.
[3] Die »Theorie der Faltung« in der Architektur folgt einer
Deleuze'schen Richtung, wie sie von Denkern und Theo-
retikern wie John Rajchman, Stephen Perella, Greg Lynn,
Bernard Cache vorangetrieben wurde, die einer formalisti-
schen Interpretation der »Faltung« den Vorzug gaben
und die Themen, welche die Psyche betrafen, aussparten,
wenngleich diese in Deleuzes Büchern *Die Falte: Leibniz und
der Barock* und *Foucault* deutlich hervorgehoben werden.
Während der letzten Jahrzehnte wurde diese Richtung der
Theorie der Faltung in der Architektur zudem durch folgen-
de bedeutende Publikationen verbreitet: Die Konferenz-
bände der ›Any‹ Konferenzreihe, die AD-profile-Ausgaben
›Fold‹ (hg. v. Greg Lynn) sowie ›Hypersurface‹ (hg. v. Stephen
Perreia); Bernard Cashes *Earth Moves*, Anthony Vidlers
Warped Spaces, Alicia Imperiales *New Flatness: Surface
Tension in Architecture*, Sophia Vizovitis *Folding Architecture*
und der Katalog der ›Skin: Surface, Substance and
Design‹-Ausstellung im Cooper Hewitt National Design
Museum, um nur einige davon zu erwähnen.

Der vorliegende Aufsatz widmet sich der Arbeit des französischen Psychiaters
Gaëtan Gatian de Clérambault. Ich möchte dabei versuchen, mich mit den komplexen Beziehungen zwischen der Konstruktion des gefalteten Raums und den psychischen Mechanismen auseinanderzusetzen, sowie auch den Paradigmenwechsel
bei der Produktion von Form in der zeitgenössischen Architektur zu begreifen, der
mit der Einführung des computergestützten Entwerfens und den automatisierten
Prozessen der Formgenerierung einhergeht. Mein Ziel ist es, zu einer kritischen
Betrachtungsweise der theoretischen Basis der digitalen Faltung und der animierten Form in der Architektur zu gelangen und für ein ›leidenschaftliches‹ Paradigma zu plädieren, welches Form als eine libidinöse, delirierende Konstruktion
versteht.

Konstruktionen

John Rajchman zitiert in seinem Buch *Konstruktionen* einen kurzen Satz von
Deleuze, in welchem dieser sich auf Clérambault bezieht: »[...] die verrückte Theorie der Schleier des französischen Psychiaters Clérambault, den Lacan (mit seiner
speziellen Affinität zum Barock) zu seinem Lehrmeister auserkoren hat«. [1] Wir
können also auf ein vielfältiges Erbe zurückgreifen. Deleuze zufolge haben
Clérambaults Schleier zwar viele Gemeinsamkeiten mit den barocken Faltungen,
aber in einigen Aspekten unterscheiden sie sich von ihnen. Durch die Nähe zu
Lacans topologischen Modellen bleibt dennoch eine deutliche Verbindung zum
Barock bestehen. Das viel diskutierte Deleuze'sche Konzept der ›Faltung‹ – eines
der großen Themen in der Architektur der letzten Jahrzehnte – wird in diesem
Aufsatz gleichsam entfaltet – und wieder neu gefaltet. Durch Clérambaults Schleier wird zudem das von Rajchman in seiner Faltungstheorie entwickelte Konzept
der ›Konstruktion‹ einer kritischen Betrachtung unterzogen. [2] Eine Neuinterpre-
tation von Clérambaults Werk verbindet Fragen zu den Themen der delirierenden
Konstruktionen, der masturbatorischen Praktiken und der Typologie der Faltung
mit dem Konzept einer ›verrückten Theorie‹, um damit zu einer Erklärung für die
besondere Leidenschaft für die gefaltete Form in der neueren Architektur zu gelangen. Clérambaults Werk über Schleier und Faltungen, in welchem er die ›Faltung‹
aus einer psychiatrisch-ästhetischen Position interpretiert, schafft die Vorausset-

[4] Gaëtan Gatian de Clérambault: ›Klassifizierung drapierter Gewänder‹. Aus dem Französischen von Walter Seitter. In: *TUMULT, Zeitschrift für Verkehrswissenschaft*, Band 12, München 1988, S. 21. Die drei aufeinander folgenden Manuskriptversionen der *Classification des costumes drapés* von Clérambault sind zurzeit in den Fond d'archives des Musée de l'Homme in Paris archiviert.

[5] Die Ordner werden gegenwärtig im Musée de l'Homme in Paris aufbewahrt.

[6] Die von mir hinzugezogenen Arbeiten über Clérambaults Leben und Werk schließen Gaëtan Gatian de Clérambaults *Œuvre psychiatrique*, Paris [1942] ed. Frénésie 1987, ein. Eine Einführung zu Clérambaults fotografischem Werk stammt von Serge Tisseron und Mounira Khemir: *Gaëtan*

Gatian de Clérambault, psychiatre et photographe, Paris 1990. Allerdings ist nur wenig Forschung und Literatur über das Werk Clérambaults ins Englische (bzw. Deutsche, Anm. d. Übers.) übersetzt worden. Unter diesen wenigen möchte ich Joan Copjec: *Lies mein Begehren, Lacan gegen die Historisten*, aus dem Amerikanischen von Hans-Dieter Gondek und Roger Hofmann, München 2004, erwähnen sowie Gen Doy: *Classicism and Barbarism in Visual Culture*, London 2002.

[7] Die »Live«-Vorstellungen von Patienten in den Vorlesungssälen der medizinischen Fakultät waren in der Psychiatrie des 19. Jahrhunderts gang und gäbe. Dasselbe galt für das Aktzeichnen in den Beaux-Arts Schulen.

zung für eine libidinös aufgeladene Sichtweise in der architektonischen Formschaffung, was einer Dekonstruktion der gegenwärtigen theoretischen Grundlage der ›Faltungstheorie‹ gleichkommt. [3]

»Ein drapiertes Gewand ist gemäß seinem Konstruktionsschema zu definieren«. Mit diesem Satz beginnt Clérambault seine 1924 erschienene *Klassifizierung drapierter Gewänder (Classification des costumes drapés)*. [4] Diese außergewöhnlich ambitionierte Schrift wurde nie veröffentlicht und blieb in ein paar Ordnern verborgen, die Clérambault – der in den 1920er Jahren Chefarzt des Polizeispitals war – aus seinen recycelten Arztzeugnissen angefertigt hatte. [5] Letzteres kleine Detail könnte als Hinweis verstanden werden, dass für Clérambault die Themen der Draperie und der Formschaffung immer schon in die Themen der Psychose ›eingefaltet‹ waren.

14 Jahre lang, zwischen 1910 und 1924, betreibt Clérambault seine Studien über das drapierte Gewand parallel zu jenen über die paranoiden Psychosen und den mentalen Automatismus. [6] Während dieser Zeit macht er 6000 fotografische Aufnahmen von drapierten Gewändern und schreibt 13000 ärztliche Zeugnisse. Dasselbe Auge untersucht sowohl die Vielfalt der gefalteten Gewänder wie auch die Vielfalt der Symptome der psychotischen Delinquentinnen im Polizeikrankenhaus; in der Frage der räumlichen und psychischen Form treffen und überschneiden sich der klinische, der künstlerische, der anthropologische und der beherrschende Blick.

Clérambault geht es nicht darum, neue Themen zu ›erfinden‹; vielmehr verwertet, klassifiziert und reorganisiert er mit seinem leidenschaftlichen Blick bereits bestehende. Er befasst sich nicht nur mit Gegenständen der Beaux-Arts, wie der ›Draperie‹, oder mit psychischen Obsessionen, wie dem ›mentalen Automatismus‹ – Fragen, mit denen sich die Psychiatrie in Frankreich während des ganzen 19. Jahrhunderts intensiv auseinandersetzte –, sondern auch mit wissenschaftlichen Methoden und Werkzeugen wie Klassifikationssystemen, Webtechnologien und Demonstrationen an lebenden Modellen. [7] Was die Konstruktion eines drapierten Gewandes betrifft, basiert Clérambaults Beitrag auf einer bestimmten Gesetzmäßigkeit, nach welcher dasselbe Material auf verschiedene Art und Weise benützt wird. Die Originalität seines Denkens beruht mehr auf seinen ungewöhnlichen theoretischen Konstruktionen als auf der Themenwahl, und das Konzept der ›Konstruktion‹ hat in seinem Ansatz einen zentralen Stellenwert.

[8] Ich möchte hier unter anderen die Arbeiten von Greg Lynn, FOA, Nox, Un Studio erwähnen.
[9] Hierzu siehe auch D. Arnoux: ›La rupture entre Jacques Lacan et Gaëtan Gatian de Clérambault‹. In: *Revue du Littoral*, Nr. 37, Paris 1993.
[10] Rajchman 1998 (wie Anm. 1), S. 3, Zitat übers. v. Patricia Kunstenaar.
[11] In seinem Buch *Die Geburt der Klinik. Eine Archäologie des ärztlichen Blicks* (*Naissance de la Clinique*, 1963) analysiert Foucault den Kontext der Entstehung des medizinischen Diskurses im Frankreich des 18. Jahrhunderts. Es ist der Zeitpunkt, in welchem die Praxis der Medizin eine politische Rolle einzunehmen beginnt. So gesehen erbt Clérambaults Praxis gewissermaßen die quasi-juristische und moralische Rolle eines Arztes des 18. Jahrhunderts.
[12] Clérambaults Sexualität bleibt ein Geheimnis. Gemäß seinen Biografen existieren keine Hinweise auf bedeutende weibliche oder männliche Figuren in seinem Intimleben. Angesichts der beeindruckenden Sammlung von Stoffen und hölzernen Schaufensterpuppen, die nach seinem Suizid in seinem Haus gefunden wurde, wäre man versucht zu sagen, dass es in seinem Leben nur »Faltungen« gab. Clérambaults

Diese Verknüpfung der Konstruktion einer drapierten Form mit der Beschreibung der psychischen Form bildet den Fokus meines Aufsatzes. In der gegenwärtigen Architekturforschung und -praxis geht es beim Gebrauch einer generativen Topologie und der Produktion ›animierter Formen‹ um Themen wie Oberflächenspannung, ›Häute‹, flexible Umhüllungen, temporale Kräfte und Kurven sowie auch um Evolution, Mutation, ›anorganischen Vitalismus‹ und serielle automatische Prozesse. [8] Diese Fragen tauchen im Kontext eines wachsenden Interesses an der digitalen Generierung der gefalteten Form auf, während das Interesse an den psychoanalytischen Aspekten der Architektur immer mehr abflaut. Allerdings stammt der Großteil solcher Konzepte aus der Biologie und der Psychiatrie. Um zwischen einer bestimmten Auffassung der psychischen Prozesse und den Interpretationsweisen der Formgenerierung in der Architektur eine Brücke zu schlagen, werde ich mich vom materialistisch-idealistischen Weg Rajchmans abwenden und für eine Art von konzeptueller Regression zu einer ›primitiveren‹ Schicht plädieren, welche die Systematik der Faltung wieder mit den Anfängen der Psychoanalyse und der empirischen Erforschung der Psyche verbindet. In Frankreich lässt sich die Entwicklung von psychoanalytischer Theorie und Praxis unter anderem auf Clérambault zurückführen: Sein psychiatrisches Wissen war tatsächlich eine primitive Schicht oder, um seine Terminologie zu verwenden, eine Art ›automatischer Generator‹ der Lacan'schen Theorien und folglich auch vieler weiterer strukturalistischer und poststrukturalistischer ›Konstruktionen‹, welche die ›Faltungstheorie‹ beeinflusst haben.

Eine verrückte Theorie

Lacan betrachtete Clérambault als ›seinen einzigen Lehrmeister‹, obwohl es 1931, kurz nach Lacans Dissertationsverteidigung, zu einem spektakulären Bruch zwischen den beiden kam, als Clérambault Lacan des Plagiats – mit anderen Worten, des Diebstahls – einiger seiner unveröffentlichten Studien beschuldigte. Dieser Akt des *Stehlens* könnte sowohl auf libidinöser wie auch auf intellektueller Ebene bedeutsam sein; der Bruch zwischen Clérambault und Lacan markiert metonymisch und historisch (zumindest in Frankreich) auch den Bruch zwischen

von seinen Biografen hervorgehobener und allgemein bekannter »Misogynie« liegt vermutlich eine komplexe und kontradiktorische Haltung zugrunde. Auch wenn seine Misogynie historisch bewiesen wurde, gilt es anzuerkennen, dass er mit seinem Werk indirekt den Frauen und ihren intimen Praktiken in der wissenschaftlichen Literatur seiner Zeit einen Ort zugewiesen hat. Obwohl er die Machtpositionen nicht dekonstruiert, nimmt er die weiblichen verborgenen Sprachen, auf denen er seine Theorien aufbaut, »ernst«. Gemäß Joan Copjecs Buch über Lacan, im Kapitel über Clérambaults Fotografien, »Das herrschaftlich-elegante

Überich« (»The Sartorial Superego«), handelt es sich beim Schöpfer der marokkanischen Fotografien um ein ziemlich widersprüchliches und gespaltenes Subjekt, um ein Ich, das sich als koloniales Subjekt positioniert, welches das Bild des Anderen objektiviert, aber gleichzeitig eine Form von Komplizenschaft mit dem Anderen eingeht, indem es sich mit dessen Blick identifiziert und zu einem »Instrument des Genießens des Anderen« wird (vgl. Joan Copjec: *Lies mein Begehren, Lacan gegen die Historisten*. Aus dem Amerikanischen von Hans-Dieter Gondek und Roger Hofmann. München 2004, S. 131).

der psychoanalytischen und psychiatrischen Methodologie in der Erforschung der psychischen Form. [9]

In Rajchmans kurzer Bezugnahme auf Clérambault hat mich dessen Idee einer ›verrückten Theorie‹ besonders angesprochen. Clérambaults *verrückte Theorie* ist eng mit seiner Praxis verbunden; tatsächlich ist ›die verrückte Theorie der Schleier‹ auch eine leidenschaftliche Praxis der Form – und Clérambault war in erster Linie Praktiker. Seine Beziehung zum drapierten Gewand ist zugleich eine ärztliche, klinische Beziehung. Die Auseinandersetzung mit der Faltung impliziert eigentlich immer eine Form von Praxis. Deleuzes Zugang zur Faltung entspricht der empirischen und pragmatischen Tradition, und gemäß Rajchman hat er »die Konstruktion zum Geheimnis des Empirismus, zur Eigenart des Pragmatismus« erkoren. [10] Beide, Deleuze wie Clérambault, interessierten sich für das Konzept der ›Konstruktion‹; sie gingen aber hinsichtlich Quellensuche und Bezugnahme verschiedene Wege.

Während Deleuze sich auf Leibniz und das Zeitalter des Barocks – mit anderen Worten: auf die etablierte westliche Philosophie und Kunst des 17. Jahrhunderts – beruft, knüpft Clérambault bei den Frauen und der Alltagspraxis des orientalischen drapierten Kostüms im Kontext des Kolonialismus Anfang des 20. Jahrhunderts an. Seine Vorgehensweise beruht auf dem medizinischen Wissensmodell; einem Modell, das – wie Foucault aufzeigt – im 18. Jahrhundert begonnen hatte, einen maßgeblichen Stellenwert einzunehmen. [11] Seine Position als Arzt erleichterte es Clérambault, zu den marokkanischen Frauen Kontakt aufzunehmen und die Konstruktion des drapierten Gewands zu dokumentieren. Seinem ›ärztlichen Blick‹, seiner wissenschaftlichen Objektivität und seiner (wahrscheinlich) neutralen Libido enthüllten die Frauen ihre Gewandtechniken – und dabei auch ihre Körper. Clérambault nutzte diese ärztliche Position gleichsam als Kniff, um einen Diebstahl von Bildern eines intimen und – kulturell gesehen – schwer zugänglichen Akts zu ermöglichen. Obgleich eine solche Erfahrung zwangsläufig libidinös aufgeladen sein muss, galt sein Interesse – im Gegensatz zu den herkömmlichen westlichen skopophilen Phantasien über orientalische Frauen – den Faltungstechniken und nicht dem Körper. Einzig die Faltungen enthüllen sich in seinen Fotografien. In der Tat sind nicht die Frauen, sondern die Faltungen die Objekte seines Begehrens. [12]

[13] Wenn auch Clérambaults kolonialistische Stellung offensichtlich ist, so gelingt ihm mit seinen Fotografien dennoch
eine Dekonstruktion der traditionellen Situierung der orientalischen Frau als Metonym der westlichen (männlichen)
Phantasien hinsichtlich des »Wissens« um das »Verborgene« der dominierten »Anderen«: der Frau, der Koloni-
sierten, der Orientalin etc. In seiner Betrachtung ihrer ver-
schleierten Körper sucht Clérambault weder nach der
»Wahrheit der Frau« noch nach der »Wahrheit als Frau«,
Tropen, welche die Vorstellungswelt der westlichen Meta-
physik nachhaltig beschäftigten und sogar die essentia-
listischen feministischen Konzepte in den Siebzigerjahren
beeinflusst haben, wie Derrida meisterhaft in seinem Buch
Sporen, Die Stile Nietzsches (1978) aufzeigt. In jüngerer
Zeit ist diese »Szene« der weiblichen Allegorie der Wahr-

heit aus einer postkolonialistischen feministischen Perspektive betrachtet worden. Ein schönes Beispiel dafür findet sich
im Buch von Meyda Yegenoglu, *Colonial Fantasies: Towards
a Feminist Reading of Orientalism*, in welchem sie aufzeigt,
dass keine solche Wahrheit existiert und dass die Phantasie,
sie aufzudecken, indem die Figur der orientalischen Frau
als Metonym gesehen wird, die wesentliche Frage, wie und
durch wen die Wahrheit der Frau inskribiert und repräsentiert wird, nicht tangiert wird. »Jede Entschleierung ist eine
Wieder-Verschleierung; die Wahrheit der Frau zu kennen,
ihren Schleier zu lüften, ist eine Re-inskribierung eines
vorgegebenen Wissens, d.h. des Wissens des westlichen
souveränen Subjektes über ihren Körper« (vgl. Meyda
Yegenoglu: *Colonial Fantasies: Towards a Feminist Reading
of Orientalism*. London und New York 1998, Zitat übers. v.

Verschleiern, Drapieren

Die Fotografien, welche die Konstruktion von drapierten Gewändern dokumentieren, vermitteln Wissen: das Wissen der arabischen Frau über die Draperie,
welches nicht von einem Ort hinter dem Schleier offenbart wird, sondern durch
die Techniken der Draperie selbst. Das Verborgene liegt in der Vielfalt der Faltungen – genauso wie sich Krankheit in der Vielfalt der Symptome manifestiert. Es
handelt sich hier um eine Umkehrung der symbolischen Szene der ›Offenbarung‹,
jener Szene, die wir aus der westlichen metaphysischen Tradition übernommen
haben. [13] Das Wissen der arabischen Frau über die Draperie ist ein Wissen über die
Formschaffung: ein Wissen, welches auf der Fertigkeit beruht, Form zu konstruieren, ohne zu sehen, ohne die Form oder sich selbst zu sehen, ohne Kontrolle oder
narzisstische Identifikation, ohne Verschmelzen von ›sehen‹ und ›wissen‹, von
voir und *savoir*. Was bedeutet in diesem Fall also ›zu wissen‹? Es handelt sich nicht
um eine einfache ›Offenbarung‹, sondern um eine Handlung, welche räumlich,
körperlich, sinnlich ist und auf einer repetitiven, immer wieder angewendeten
Technik beruht. Nur noch die Reibungsfläche zwischen dem Körper und der ent-
stehenden Form bleibt verschleiert, jenseits des Wissens und – vielleicht auch
– jenseits des begleitenden Gefühls, das einer Form von Lust ähnelt, einer *jouissance* [14] bei der Generierung von Form.

Clérambault war ein anerkannter Diagnostiker, der es hervorragend verstand, die relevanten Symptome seiner Patientinnen hervorzurufen. Seine Leidenschaft für die Form wurde folglich durch »die Kunst, die Enthüllung eines Symp-
tomes zu evozieren«, verstärkt. Das Wort ›Kunst‹ macht angesichts Clérambaults
künstlerischer Begabung durchaus Sinn – er unterrichtete an der École des Beaux-
Arts die Kunst der Draperie und ließ die Techniken des Drapierens von lebenden
Modellen vorführen.

Beaux-Arts und Psychiatrie

Mein besonderes Interesse an Clérambaults Haltung und seinem psychiatrischen
Ansatz bei der Erforschung der Form geht also mit einem - so möchte ich sagen -
zeitgenössischen Revival der Beaux-Arts-Tradition in der Architektur einher,

Patricia Kunstenaar). Die »Wahrheit«, falls sie existiert, nach der Clérambault in seinen Studien sucht, wohnt mehr dem Schleier selbst und seinen Bewegungen inne als dem weiblichen Körper als solchem.

[14] Ich ziehe es hier vor, den Begriff »jouissance« wegen seiner konstruierten Beziehung zur weiblichen Sexualität anzuwenden; eine Beziehung, welche mit Lacan und dem Poststrukturalismus beginnt, im französischen Feminismus weitergeführt wird und schließlich zu einem wichtigen Konzept in der gegenwärtigen feministischen Theorie wird.

[15] Ähnlich wie die Psychiatrie eine primitive Schicht für die Psychoanalyse bildet, bereiten die Beaux-Arts eine primitive Schicht für die moderne Architektur. Bis 1968 wurde die Architektur in der École des Beaux-Arts gelehrt,

und ein Teil der Vorlesungen war für Abteilungen der Architektur und der Bildenden Künste gemeinsam vorgesehen.

[16] Im 18. Jahrhundert mussten die Professoren der Beaux-Arts für psychiatrische Institutionen wie die Salpêtrière oder das Sainte-Anne-Spital in Paris psychische Phänomene in Zeichnungen und Skizzen darstellen, und Ärzte pflegten an der École des Beaux-Arts Anatomie-Vorlesungen zu halten. Clérambaults Draperie-Kurs war Teil jener Tradition, wenngleich es sich um »Draperie« und nicht um »Anatomie« handelte.

[17] Didi-Hubermann: *L'invention de l'hystérie, Charcot et l'iconographie photographique de la Salpêtrière*. Paris 1982.

[18] Ebd., S. 60, Zitate übers. v. Patricia Kunstenaar.

dessen Hauptmerkmal die Verführung durch Form und Darstellung ist, welche ihrerseits auf den technologischen Fortschritten im Design beruht.[15] Der einzige Unterschied liegt hier im Ersatz der Techniken der Beaux-Arts durch Software. Vermutlich ist die Beziehung zwischen Architektur und digitaler Technologie aber genauso kompliziert wie die historische Beziehung zwischen der Psychiatrie und den Beaux-Arts.

In Frankreich bestand eine enge Verbindung zwischen den allerersten Forschungen in der Psychiatrie und der Tradition der Beaux-Arts; so betrachtet setzt Clérambault also lediglich die Tradition des 18. Jahrhunderts fort.[16] Der Kunsthistoriker George Didi-Hubermann hat gekonnt aufgezeigt, wie die von ihm so genannte »Erfindung der Hysterie« von Charcot auch Teil einer künstlerischen Konstruktion ist.[17]

Die Draperie ist sowohl in den Fotografien Charcots wie auch in der *mise en scène* der Hysterika ein Schlüsselelement. In gleicher Weise wie die barocken gefalteten Gewänder der Heiligen Theresa die Gemütsbewegungen vergegenständlichen, werden auch die hysterischen Triebe in den drapierten Bettlaken von Augustine – der hübschen Hysterika auf den Fotografien Charcots – vergegenständlicht. Charcots Fotografien enthüllen auch diskretere Faltungen hinsichtlich ihrer Manipulation und Darbietung: das Drapieren von Gesten, durch welche sich das Symptom als eine Form manifestiert, die den psychischen Prozess ausdrückt. Clérambault pflegte zu sagen, dass man die »Geste des Patienten drapieren müsse«, um die Enthüllung des Symptoms erfassen zu können.

So wie Clérambault die Faltungen klassifiziert, klassifiziert auch Charcot die für die hysterische Typologie relevanten Symptome: »Eine Gruppe interdependenter, hierarchisch angeordneter Symptome, die in klar definierten Kategorien klassifiziert werden können und – naturgemäß, sowie auch durch ihre Kombination – von anderen ähnlichen Krankheiten unterschieden werden können.« Charcots Beitrag besteht in seinem Versuch, Briquets herkömmliche Definition der Hysterie zu verwerfen (in welcher die Definitionen von Galen und Sidenheim umformuliert werden). »Ein Proteus, der sich in tausenden von Formen zeigt, von denen keine erfasst werden kann.« Tatsächlich scheint sich Clérambault in seiner Klassifikation mit einem ähnlichen Problem auseinanderzusetzen – mit »den tausend Formen von drapierten Gewändern«.[18]

Form als Symptom

Clérambaults Faltungen unterliegen gleichzeitig der wissenschaftlichen Starre der klinischen Systematik wie der ›Oberflächlichkeit‹ der Beaux-Arts. Sein Interesse gilt nicht ihrer Form, sondern ihrer Konstruktion. Zwar beruht seine Klassifikation von drapierten Gewändern auf dem Prinzip der mechanischen Konstruktion; dennoch spricht er von ihrer *Schönheit*. Die Schönheit liegt weniger in der Form als in einem Prozess; einem *Prozess* der Formschaffung und ihrer Interpretation. Clérambault sammelt und klassifiziert die drapierten Gewänder mit dem Ziel, die »ideale Schönheit der Draperie« wieder aufleben zu lassen.

Wiederholt betont er in seinem Kurs an der École des Beaux-Arts die Notwendigkeit, den Prozess der Konstruktion des Drapierens bei seiner grafischen Darstellung zu verstehen. Genauso geht es ihm in seiner »Kunst, die Enthüllung des Symptoms zu provozieren«, nie darum, seine Patientinnen zu kurieren, sondern vielmehr, eine »schöne Diagnose« zu produzieren.

Clérambault sah das Polizeispital als einen Ort der Diagnose, nicht des Heilens; folglich ging es ihm in erster Linie um die Vergegenständlichung *des Symptoms* und *nicht* um dessen Behandlung. Seine Patientinnen waren Psychotikerinnen, deren Verhalten »gegen die öffentliche Ordnung verstieß und polizeiliches Einschreiten erforderte«. Den damaligen Gesetzen und öffentlich-rechtlichen Vorschriften zufolge mussten die betreffenden Personen zuerst im Polizeispital medizinisch untersucht werden. Clérambaults ärztliche Zeugnisse hatten politisches wie juristisches Gewicht, weil er damit eine Einweisung in ein Spital, in eine psychiatrische Anstalt oder ins Gefängnis – und, in einigen Fällen, eine Entlassung veranlassen konnte. Seine Arbeit war Teil eines Selektionsprozesses und spielte für den weiteren Lauf des Lebens seiner Patientinnen eine bedeutende Rolle. Seine Zeugnisse waren gleichsam eine ›Anlegestelle‹ für ein drapiertes Gewand, ein strukturierendes Element, welches für das Schicksal seiner Patientinnen richtungsweisend sein würde.

Freuds Patientinnen waren neurotische, *an der Sprache erkrankte* Bourgeois; in Analogie dazu sind Clérambaults Patientinnen – meist psychotische Delinquentinnen (Drogensüchtige, Nymphomaninnen, Kleptomaninnen etc.) – *am Bild erkrankt*. In Clérambaults psychiatrischen Theorien wie in seiner Theorie der drapierten Gewänder hatte das Bild einen höheren Stellenwert als die Sprache. Das

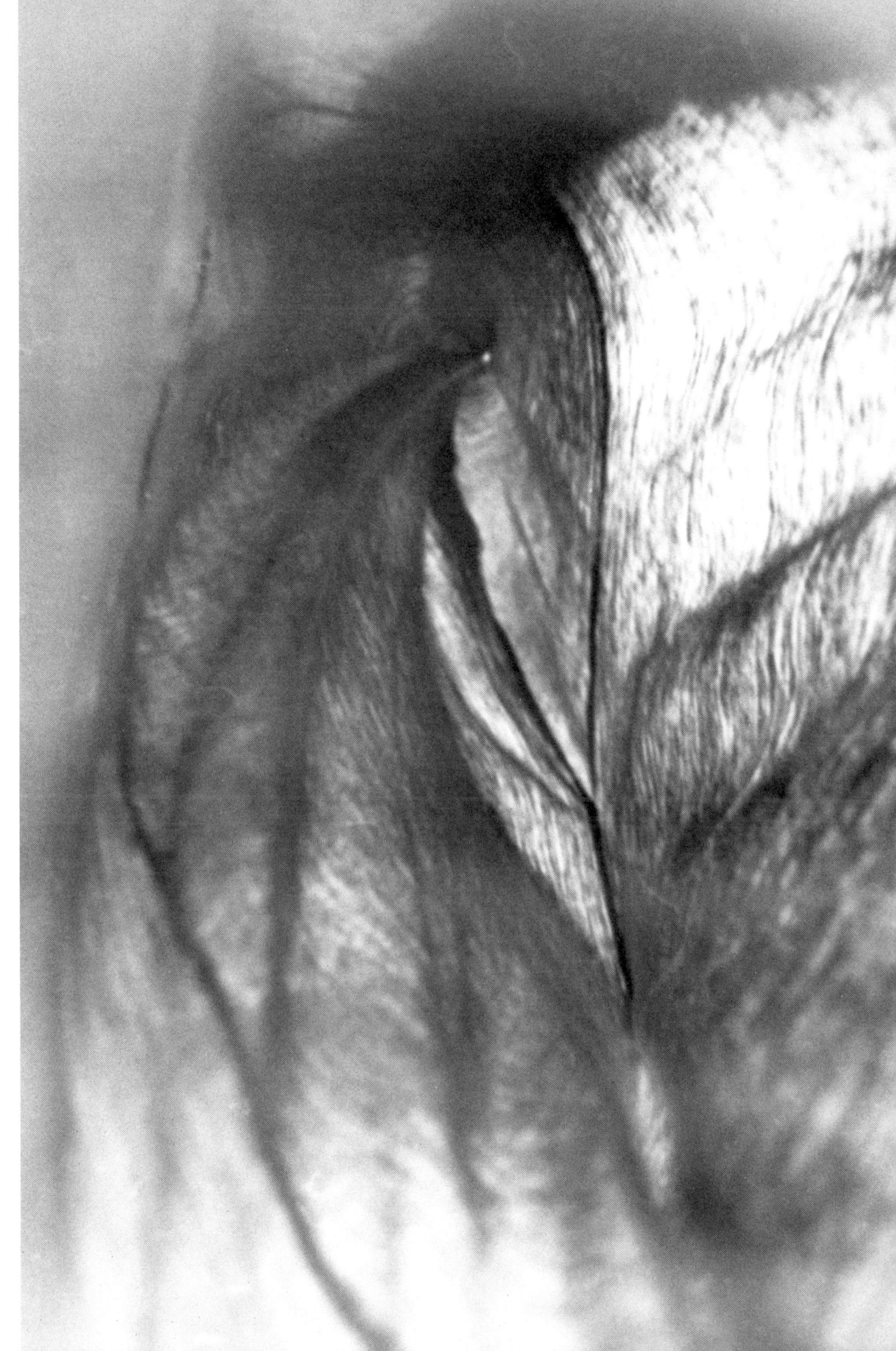

[19] Vgl. Tisseron 1990 (wie Anm. 6), Zitate übers. v. Patricia Kunstenaar.
[20] Rajchman 1998 (wie Anm. 1), S. 33, Zitat übers. v. Patricia Kunstenaar.

[21] Immanuel Kant: *Kritik der Urteilskraft*. Stuttgart 1963, § 12, S. 37.
[22] Vgl. Didi-Hubermann 1982 (wie Anm. 17), S. 27, Anm., Zitat übers. v. Patricia Kunstenaar.

Krankenhaus und die klinische Erfahrung beeinflussten auf entscheidende Weise Clérambaults Konzept des Symptoms. Sein Ziel war nicht, das Symptom innerhalb eines Prozesses der Bedeutungszuweisung zu vergegenständlichen, um es für eine Heilung nutzbar zu machen; vielmehr ging es ihm darum, wie Serge Tisserand hervorhebt, das »Fehlen der Bedeutung eines Symptoms« zu beweisen. [19] In seiner Formschaffung gibt es demnach keine funktionale oder symbolische Teleologie, nur reine Ästhetik.

Paradoxerweise lässt sich in Clérambaults Faltungen sowohl eine Anlehnung an Kant, Goethe und Hegel erkennen, welche gemäß Rajchman »zu romantischen oder spekulativen Ideen von zweckmäßiger Form und organischen Systemen führt«, als auch an Nietzsche und Deleuze, bei welchen »Form eher eine singuläre, unregelmäßige, aus vielen Umständen gebaute Konstruktion ist«. [20] In diesem ästhetischen Verständnis der Form als Symptom, das aus einem unkontrollierten Prozess generiert wird, scheint sein überholtes psychiatrisches Abenteuer zweckmäßiger als der psychoanalytische Zugang, der, wie Freud sagt, über Ästhetik »nichts zu sagen hat«, über die Schönheit am wenigsten zu sagen wisse. Wie das Symptom, so »ergreift die Schönheit den Geist und macht ihn passiv«.

Kant nennt die Betrachtung der Schönheit einen *geistlosen ›Zustand‹*. Er schreibt in *Kritik der Urteilskraft*: »Wir *weilen* bei der Betrachtung des Schönen, weil diese Betrachtung sich selbst stärkt und reproduziert: welches derjenigen der Verweilung analogisch (aber doch mit ihr nicht einerlei) ist, da ein Reiz in der Vorstellung des Gegenstandes die Aufmerksamkeit wiederholentlich erweckt, wobei das Gefühl passiv ist.« [21] Die hysterische Ikonografie, genau wie die fotografische Sammlung drapierter Gewänder, baut auf dem Prinzip des »Sehens, des wiederholten Sehens, um den Prozess zu rekonstruieren«. [22] Wo der Geist passiv ist, ist etwas anderes im Blick, im Körper animiert …

Charcots »Erfindung der Hysterie« wurde durch die Technik der Beaux-Arts beeinflusst, und die gegenwärtige Vorherrschaft der digitalen Formgenerierung induziert in der Architektur ähnliche Gegebenheiten. Vielleicht befinden wir uns in einem Moment parodistischer Ähnlichkeit, in welchem »Die Erfindung der animierten Form« in der Architektur und deren Visualisierung zwingend eine gewisse ästhetische Empfindung evozieren. Charcot diente die Fotografie sowohl als darstellende Technik der Beaux-Arts als auch als Instrument zur wissenschaftlichen Dokumentation. Die Fotografie spielte im Fortschritt der psychia-

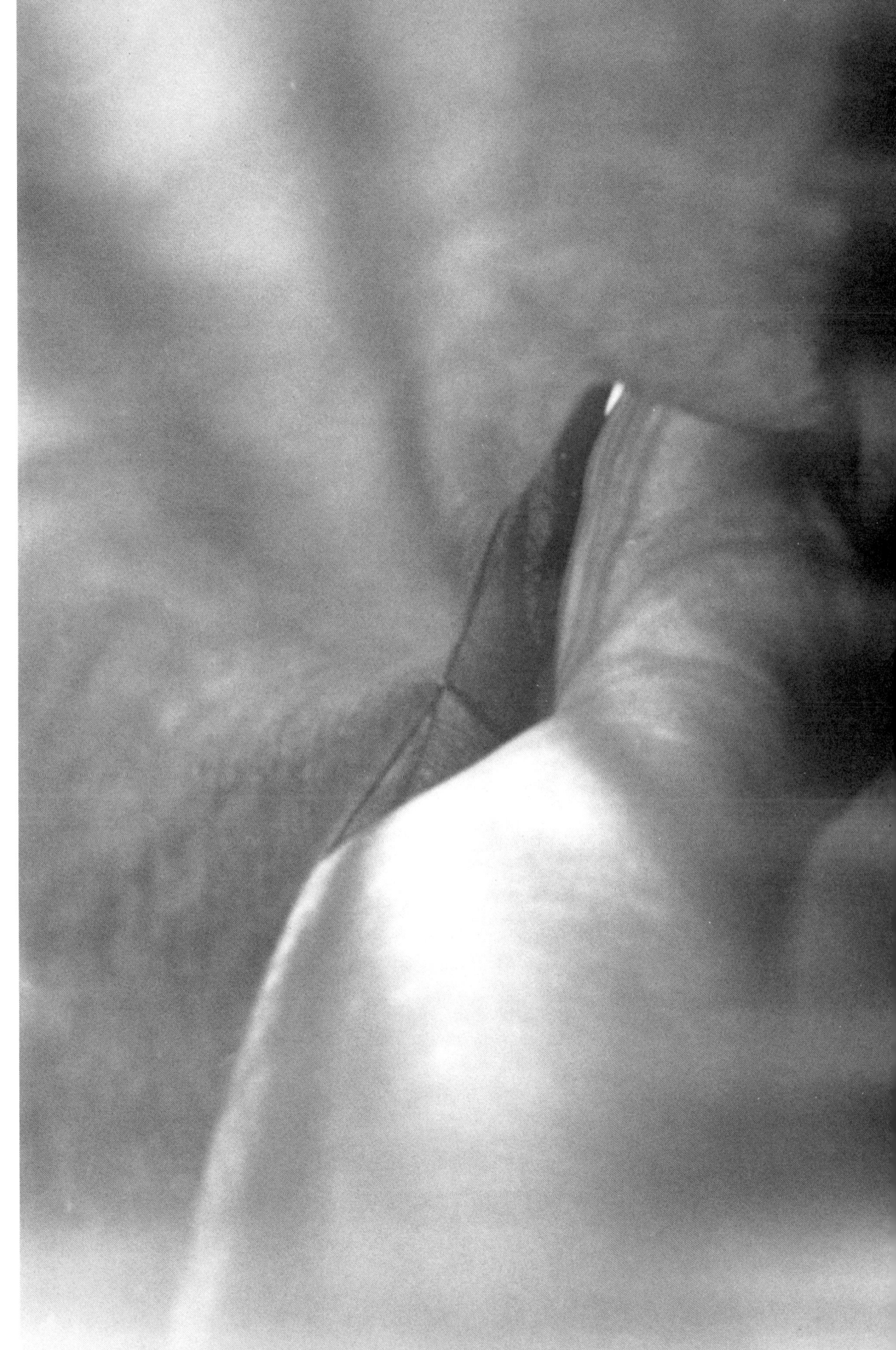

[23] Michel Foucault: *Die Geburt der Klinik. Eine Archäologie des ärztlichen Blickes.* Aus dem Französischen von Walter Seitter. Frankfurt a. M. 1999, S. 142.
[24] »Die Krankheit ist dem Raum ständig kreisender Verschiebungen entkommen, in dem das Sichtbare sie unsichtbar macht und das Unsichtbare sichtbar; sie hat sich in die sichtbare Vielfalt der Symptome verflüchtigt, die ihren Sinn erschöpfend bezeichnen. Das Feld der Medizin sollte jene stummen, zugleich gegebenen und zurückgezogenen Arteinheiten nicht mehr kennen«. Foucault 1999 (wie Anm. 23), S. 110.
[25] Anfang des 20. Jahrhunderts wurde Masturbation noch als abweichendes Verhalten betrachtet, welches korrigiert, oder sogar als Krankheit, welche kuriert werden musste. Foucault und in jüngerer Zeit auch Thomas Laqueur betonen die kreative Rolle der Masturbation in der Gestaltung der

trischen Forschung eine wichtige Rolle: Sie unterstützte den Wissensprozess und bedeutete gleichzeitig dessen ästhetische Ergänzung. Heute spielen Softwares, welche der von ihnen produzierten Bildwelten eine spezifische Ästhetik aufoktroyieren, eine ähnliche Rolle. Eine solche Ästhetik ist nicht vorbestimmt, sondern entsteht automatisiert aus der Wahl von Verarbeitungsschritten.

In der *Geburt der Klinik* bezeichnet Foucault Bichats »Auge als das Auge eines Klinikers, da es dem Flächenblick ein absolutes epistemologisches Privileg einräumt«. Das Auge des Klinikers weiß, wie Oberflächen zu lesen sind. In einer medizinischen Logik »folgt das Wissen dem ›Spiel der Hüllen‹«. [23] Mithilfe eines solchen Denkmusters, welches Bedeutung generiert, indem es eine Vielfalt von Symptomen interpretiert, kann sich die Krankheit eine Sprache aneignen, durch welche sie sichtbar wird. [24] Für Clérambault ist die gefaltete Oberfläche der Draperie wie eine bildliche Sprache strukturiert. Genauso wie Charcot versuchte, mit seinen Fotografien – durch eine systematische Dokumentation der Gesten seiner Patientinnen – die Sprache der Hysterie zu entziffern, ist auch Clérambault bestrebt, die Sprache der Faltungen zu verstehen. Im Kern seines psychiatrischen Ansatzes stehen jedoch keine Fälle von Hysterie, sondern Fälle von Masturbation mit einem Stoffstück. [25]

Weibliche Stoffleidenschaft

Gemäß Clérambault gilt es, die »fetischistische Perversion« klar von der »Stoffleidenschaft« zu unterscheiden. In seinem Aufsatz »Weibliche Stoffleidenschaft« (»Passion érotique des étoffes chez la femme«) (1908 und 1910 in zwei Teilen veröffentlicht) beschreibt er ausführlich vier Fälle von Frauen, die im Polizeispital seine besondere Aufmerksamkeit erregt hatten: Sie waren erwischt worden, als sie Seide stahlen und damit insgeheim auf öffentlichen Plätzen masturbierten. [26] Zwar räumt er eine gewisse Ähnlichkeit zwischen der weiblichen Stoffleidenschaft und dem Fetischismus ein, beteuert aber einen grundsätzlichen Unterschied: Dieser besteht nicht im Fakt des Diebstahls des begehrten Objektes, sondern in der Unfähigkeit der Frauen, jenseits des Stoffstückes zu phantasieren.

»Sie masturbieren mit der Seide ohne mehr Träumereien als ein einsamer Feinschmecker, der seinen köstlichen Wein genießt.« [27] Die Erotik liegt im Mate-

Sexualität des modernen Subjekts. So gesehen ermöglicht der Stoff in Clérambaults »weiblicher Stoffleidenschaft« es Frauen aus bescheideneren sozialen Schichten, gegen ihren Stand zu verstoßen, ihr unkonventionelles Begehren auszudrücken und sich ihrer Macht als sexuelle Subjekte bewusst zu werden – was in der damaligen Gesellschaft ganz und gar nicht akzeptabel war.

[26] Vgl. Gaëtan Gatian de Clérambault: ›Erotische Stoffleidenschaft bei der Frau‹. Aus dem Französischen von Walter Seitter. In: *Tumult,* Zeitschrift für Verkehrswissenschaft, Band 12, München 1988.
[27] Ebd., S. 15.
[28] Vgl. C. Le Brun: *Expressions des passions de l'âme.* Paris 1990, Zitat übers. v. Patricia Kunstenaar.
[29] Vgl. Greg Lynn: *Animate Form.* New York 1999, Zitat übers. v. Patricia Kunstenaar.

rial selbst. Während im männlichen Fetischismus der Fetisch ein Ersatz für die Frau ist, ersetzt gemäß Clérambault in der »weiblichen Stoffleidenschaft« das Stück Seide nichts. Keine phallische Phantasie, kein männlicher Referent, kein Signifikant und kein symbolischer Wert liegen dahinter; das Stück Seide selbst ist der ›Geliebte‹.

Das wesentliche Merkmal der fetischistischen Position ist die Fixierung, während es in der weiblichen Stoffleidenschaft um Bewegung geht. Le Brun, der sich mit der ›genauen‹ Darstellung von Leidenschaften beschäftigt, so wie Clérambault mit der ›genauen‹ Darstellung von Faltungen und ihrer Bewegung, sieht »[d]ie Leidenschaft [als] eine seelische Bewegung, welche im empfindlichen Bereich liegt, und dessen Ziel es ist anzustreben, was die Seele für sich selbst als gut empfindet, dem zu entfliehen, was sie als schlecht erachtet; und gewöhnlich bewirkt das, was in der Seele Leidenschaft erzeugt, eine Art von Bewegung im Körper.« [28] Die Leidenschaft verbindet eine Gemütsbewegung mit einem körperlichen Akt, aber nur aus ›Lust‹ und nicht zum Zwecke einer symbolischen Rückgewinnung. Sie ist eine Art post-humaner Erotik. Die Stoffleidenschaft inszeniert erotische Dynamik ohne symbolische Gewinne, ohne andere Bedeutung als jene der unmittelbaren Wirkung des Stoffes und seiner Bewegung: Das Stoffstück ist »instrumental, bevor es gegenständlich wird«. [29] Genauso verhält es sich bei der parametrischen Oberfläche der animierten Form in der Architektur: Sie ist nicht einfach eine Struktur oder ein Material, auch keine gegenständliche oder symbolische Form, sondern ein generativer, selbsterklärender und libidinös aufgeladener Prozess.

Das Stoffstück ist – vom Stehlen und Sichanlegen über das Streicheln und Reiben der Genitalien bis hin zu seinem Wegwerfen – einer endlosen Serie von Verschiebungen und Umwandlungen unterworfen, bis sich die Frau schließlich von der Polizei verhaften und ins Polizeispital führen lässt.

Die Manipulation des Stoffes ist zugleich ein erotischer wie eine topologischer Gestus, bei welchem die Oberfläche ergriffen und an einen anderen Ort verlagert wird; um durch diesen Akt Lust zu erzeugen, werden symbolische Funktionen kontinuierlich verschoben. Alle diese Bewegungen, welche schließlich Clérambault selbst ›einfalten‹, führen im Leben seiner Patientinnen – die, je nach seiner Diagnose, in eine Anstalt, ein Spital oder Gefängnis geschickt oder entlassen werden – zu topologischen Verwerfungen.

[30] Ebd., S. 10.

[31] Clérambault 1988 (wie Anm. 24), S. 11, Zitat übers. v. Patricia Kunstenaar.

Animierte Form

Greg Lynns *animierte Formspiele* »definieren die Form innerhalb eines aktiven Kraft- und Bewegungsraums«. [30] Für die leidenschaftliche Frau bedeutet Seide mehr als nur Oberfläche oder Material: Sie hat den Status einer animierten Form. Sie ist im wahrsten Sinne des Wortes animiert. Durch ihre Bewegung erzeugt die Seide eine Gemütsbewegung. Alle diese leidenschaftlichen Frauen beschrieben eine Lust an der Stimme, dem ›Schrei‹ der Seide.

Marie D.: »Ich habe geheiratet, um ein schönes Kleid aus schwarzer Seide zu haben, das aufrecht steht. Die Seide hat ein Rauschen, ein Zirpen, das mich kommen lässt«. [31] F.: »Der *Satin* zieht mich nicht an, der *Marzellin* ebenfalls nicht [...]. Das Berühren der Seide steht weit über dem Ansehen, aber das Zerknittern steht noch höher: Es erregt, macht feucht; kein sexueller Genuss kommt für mich diesem gleich«. [32]

Dieses Stoffstück (mit weiblicher Leidenschaftlichkeit bedient) stellt innerhalb Clérambaults Praxis durchwegs eine metonymische Kontinuität her und bedeutet zudem eine Anknüpfung an die von ihm postulierte topologische Beziehung zwischen der psychischen und der räumlichen Form. Clérambault versteht den Stoff als ein kontinuierliches Element, das heterogene Bereiche verbindet: Er ist zugleich Gegenstand weiblicher Leidenschaft, Material für das drapierte Gewand, er dient der Webkur und ist eine Metapher für das Verständnis der Halluzinationen und der Entstehung von Delirien.

Die Formgenerierung mit Software wie Mayacloth, Bryce, 3D Studio Max etc. basiert auf dem Bearbeiten von Oberflächen. Indem sie Leben mit Künstlichkeit koppelt, verbindet die *animierte Form* das biowissenschaftliche und das technologische Paradigma. Animation, wie Lynn sie definiert, »impliziert die Evolution einer Form und ihrer gestaltenden Kräfte, indem sie Animalismus, Animismus, Wachstum, Aktualisierung, Vitalität und Virtualität andeutet«. [33] Jahrzehntelang war in der modernen Architektur die Form der Funktion untergeordnet, und in der Postmoderne lag der Fokus mehr auf der symbolischen Sprache der Form als auf ihrem Herstellungsprozess. Der Dekonstruktivismus und die Entwicklung von visuellen und digitalen Technologien führten zu einem neuen Interesse an den Prozessen der Formgenerierung. In den späten 1990er Jahren wird die Software, die bis anhin für wissenschaftliche Simulation oder digitale Animation in der

[32] Ebd., S. 15, Zitat übers. v. Patricia Kunstenaar.

[33] Lynn 1999 (wie Anm. 27), S. 9, Zitat übers. v. Patricia Kunstenaar.

Filmindustrie eingesetzt wurde, für den Architekturentwurf adaptiert; die architektonische Form kann nunmehr wie eine Figur in einem Film betrachtet werden, die sich bewegt, entwickelt, wächst, sich verändert. Die für die Anwendung in der Architektur adaptierte Software lässt den doppelten Gestus des epistemologischen Diebstahls und des masturbatorischen Reibens anklingen. Die Fähigkeit, Oberflächen durch technisch ausgefeilte parametrische Kontrolle zu verformen, führt auch zu einer gewissen Erregung in der Formgenerierung. Die topologische Bearbeitung partizipiert demnach – wie die Handhabung des Stoffes in der weiblichen Leidenschaft – an einer Art von *jouissance*.

Die Sinnlichkeit der Formgestaltung

Lacan stellt seinem Seminar XX, *Encore*, in welchem es um Themen rund um die weibliche *jouissance* geht, die barocke Faltung der Heiligen Theresa voran. Deleuze bezeichnet die barocke Faltung als unendlich, sich unendlich fortsetzend, sich wiederholend, verwirrt; er vergleicht sie mit der »bourrage schizophrénique« (bourrage: Dichte, Stau, Anm. d. Übers.) des Stilllebens. Clérambaults Faltung ist nicht schizophren, sondern paranoid. Sie basiert auf organisch-mechanischen Konstruktionen und wird mittels Klassifizierungen und Koordinaten kontrolliert. Sie ist eine Faltung, die noch *lebt*. Die orgiastische Ekstase der barocken Faltung wird in der Theorie, der Kunst, der Architektur gewissermaßen ›offiziell‹, während Clérambaults Faltung nach wie vor die subversivere *jouissance* des Stehlens und Reibens anhaftet.

So wie die Stoffleidenschaft, die zu Beginn des Jahrhunderts als eine Art von psychischer Krankheit galt, bevor sie schließlich zur raffinierten Sexualpraktik erhoben wurde, könnte auch die ›leidenschaftliche‹ Behandlung von parametrischen Oberflächen als libidinös aufgeladen betrachtet werden. Wie macht man mit Form Liebe? Indem das fetischistische Paradigma wegfällt und durch ein ›leidenschaftliches‹ ersetzt wird: eine Produktionsweise, in welcher die Form nicht Ersatz für das *Objekt des Begehrens* ist, dessen symbolische Werte verdinglicht werden, indem sie die imaginäre Produktion unterstützen, sondern indem sie als Instrument dient, welches im Architekten – genau wie in der leidenschaftlichen Frau – ein Begehren auslöst, sich »an der Forschung um des Reibens willen zu reiben«.

Wie Clérambault feststellt, scheint »der Stoff aufgrund seiner inneren Qualitäten (Konsistenz, Glanz, Geruch, Geräusch) zu wirken, von denen die meisten gegenüber den taktilen Qualitäten sekundär sind. Diese taktilen Qualitäten sind gewiss mannigfaltig, kompliziert, subtil für eine raffinierte Epidermis; sie reichern sich gewiss mit weiteren ästhetischen Qualitäten an.« [34] Wenn sich demnach solche »ästhetischen Eigenschaften einer höheren Ordnung« in taktilen Eigenschaften widerspiegeln, so könnte bei der leidenschaftlichen Manipulation von Form die taktile Dimension in anderen Eigenschaften gefunden werden. In Analogie zur animierten Form, die zur Entwicklung einer »Sensibilität für mikro- und makrokontextuelle Beschaffenheit führt, könnte die leidenschaftliche Form die Entwicklung unserer Sinnlichkeit mit sich bringen.

Generative Topologie

Clérambault postuliert für die psychischen Prozesse ein biomechanisches Modell der Topologie, das dem mathematischen Modell Lacans entgegengesetzt ist. In der »organizistischen« Sichtweise der *Psyche* spielt die Topologie eine andere Rolle als in der »psychologistischen«. Lacan dient das logisch-mathematische topologische Modell als intuitive und »vorstellungsreiche« Unterstützung des strukturellen Modells der Psyche. Er korreliert die abstrakte Grundlage der Psyche mit der abstrakten mathematischen Grundlage der Topologie.

Während die topologischen Oberflächen Lacans durch ›la coupure‹ (Schnitt) strukturiert sind, zeichnen sich Clérambaults drapierte Gewänder gerade durch das Nichtvorhandensein eines solchen Schnittes aus. Sein drapiertes Gewand ist eine flexible Oberfläche, welche durch den Fluss und die Kräfte der Zeit umgeformt und umgewandelt wird.

Lacan zieht es vor, mit paradoxen topologischen Oberflächen zu arbeiten, wie beispielsweise dem Möbiusband, welchem als »Repräsentant des nicht Repräsentierbaren« die Eigenschaft innewohnt, das Prinzip des analytischen Aktes aufzunehmen, der als Sprachakt durch die Struktur funktioniert. Für Lacan besteht ›la coupure‹ im Akt der Interpretation durch Sprache, der, indem er vollzogen wird, den Raum des Begehrens im Subjekt sichtbar macht. Clérambault hingegen sieht den Prozess der Draperie selbst als Sprache. So gesehen ist der Unterschied

[36] D. Arnoux: ›Gaëtan Gatian de Clérambault: Une méthode, un schéma de construction‹. In: *La par de l'œuil* Nr. 13, Brüssel 1997, S. 225.

[37] Clérambault 1987 (wie Anm. 6), S. 343, Zitat übers. v. Patricia Kunstenaar.

zwischen Lacan und Clérambault ein Unterschied zwischen einer interpretativen und einer generativen Topologie.

Für Lynn kann die Form nicht aus dem Kontext ›geschnitten‹ werden: Sie muss als »Zusammenarbeit von Hülle und dem aktiven Kontext, in dem sie sich befindet, definiert werden. Während physische Form durch statische Koordinaten bestimmt werden kann, trägt die virtuelle Kraft der Umgebung, in welcher sie entworfen wird, zu ihrer Gestalt bei.« [35] Diese virtuelle Kraft wirkt wie eine Hand, welche die Form drapiert.

Die Produktion des Deliriums

Der französischen Psychoanalytikerin Danielle Arnoux zufolge lassen sich zwischen der drapierten Struktur und Clérambaults Modell des mentalen Automatismus räumliche Analogien herstellen. [36] Für Clérambault, dessen Interesse nicht der Heilung, sondern vielmehr den morpho-strukturellen Konstruktionen der Psyche galt, gibt es keine interpretative ›coupure‹ zwischen dem organischen Raum des psychotischen Subjekts und dessen Repräsentation durch die Sprache. Im ›Leidenschaftsdelirium‹ beschreibt das Subjekt genau, ohne Interpretation, was es fühlt. So wie das drapierte Gewand, dessen Struktur aus einer einzigen »Anlegestelle« besteht, so basiert auch das ›Leidenschaftsdelirium‹ auf einem ›Postulat‹, welches sowohl affektiver wie auch ideativer Natur ist. »Wenn wir die Anlegestelle entfernen, fällt *das Delirium weg, wie ein Schleier*.« [37]

Im Modell des mentalen Automatismus, den Clérambault als einen »Behälter für niedrige Denkabläufe« bezeichnet, wäre demnach das drapierte Gewand, welches einzig durch den Ablauf der Gesten konstruiert ist, eine Art von primitivem Behälter für das okzidentale Kostüm. Clérambault betont die Bedeutung der ›anfänglichen‹ und ›generierenden‹ Elemente in der Konstruktion des Überbaus des Deliriums in den Leidenschaftspsychosen. In seiner Klassifizierung des drapierten Gewandes geht er von demselben Prinzip der konstruktiven Kriterien aus und beginnt dabei mit der »Anlegestelle« und der »generierenden Bewegung«.

Die »Anlegestellen«, die sehr unterschiedlich sein können, ähneln den ›Ausgangspunkten‹ in der Konstruktion der animierten Form, welche, so Lynn, im Falle der kontinuierlichen Reihen einen »Anfang bedeuten, der nicht Ursprung

[38] Lynn 1999 (wie Anm. 27), S. 20, Zitat übers. v. Patricia Kunstenaar.
[39] »Der Kern dieser Psychosen ist der Automatismus. Die Ideation ist zweitrangig. In diesem Konzept wird die klas- sische Formel der Psychose umgedreht: Demnach stammt das Delirium des Verfolgungswahns nicht aus einem Verfolgungsgedanken, und der Verfolgungsgedanke schafft keine Halluzinationen; es sind die Halluzinationen selbst,

ist«.[38] In diesem Kontext ist denn auch Clérambaults originärer Beitrag zur Theorie des mentalen Automatismus und seine ›revolutionäre‹ Position in der Erforschung der paranoiden Psychosen Anfang des 20. Jahrhunderts zu sehen.

Driften (Drifting)

Der *Automatismus* als hauptsächlicher automatischer Generator der Psychose [39] basiert auf den Wirkmächten zwischen zufällig gewählten Ideen, abstrakten Formen äußerst trivialer Konzepte und systematischen verbalen Deformationen, welche zu einer topologischen Kontinuität in den absurden und/oder auch akzeptablen Vorstellungen innerhalb der *artifiziellen Ideation* führen. Die artifizielle Ideation funktioniert wie eine drapierte Sprache. Das ›Abweichen‹ (Driften) ist die topologische Vorgehensweise der artifiziellen Ideation in der Konstruktion des Deliriums. Das Driften organisiert die Form des psychischen Materials auf dieselbe Art und Weise wie die generierenden Bewegungen des Stoffes: »fallend«, »zirkulär«, »spiralig«. Das Driften beginnt auf einer niederen Ebene der Affektion und des Denkens und fährt fort, »zu entdecken, anzuregen und zu organisieren«.

    Driften ist Clérambaults epistemologisches Vorgehen beim Entdecken, Anregen und Organisieren der von der Gesellschaft Ausgeschlossenen (Frauen, Psychotikerinnen, die Bewohnerinnen von Kolonien, die drapierten Gewänder etc.). Im Delirium geschieht die Selektion der zweiten Persönlichkeit in umgekehrter Reihenfolge: Die Überreste der ersten Persönlichkeit werden wiederverwendet. Auch bei Clérambault handelt es sich gewissermaßen um eine Wiederverwertung von Überresten und Abfällen aus seiner psychiatrischen Forschung. Als er sich zum ersten Mal mit der Frage des mentalen Automatismus befasste, war dieses Thema in der Forschung der Ätiologie der Psychose bereits überholt, und die Psychiatrie selbst galt als altmodische Disziplin und Praxis, die den Institutionen des 18. Jahrhunderts verpflichtet war. Genauso verhielt es sich auch hinsichtlich der Draperie: Sie wurde als überholtes Thema der Beaux-Arts betrachtet, und das drapierte Gewand spielte in der Geschichte des okzidentalen Kostüms nur eine marginale Rolle.

    Man könnte sagen, dass der automatische Prozess der Formgenerierung die Realität des Deliriums widerspiegelt. Clérambault gemäß beschreibt die Delirie-

welche den Verfolgungsgedanken schaffen«. Gaëtan Gatian de Clérambault: *L'automatisme mentale*. Paris 1992, S. 60, Zitat übers. v. Patricia Kunstenaar.

[40] Lynn 1999 (wie Anm. 27), S. 14, Zitat übers. v. Patricia Kunstenaar.
[41] Ebd., S. 19, Anm. 14.

rende ihre Gefühle genau, ohne jegliche Interpretation, so wie auch der Computer nicht interpretiert, was er tut. Wie Lynn in seiner *Animierten Form* feststellt: »Die maschinelle Intelligenz ist eine Intelligenz der sinnlosen Verbindungen. Sie verbindet lediglich und denkt nicht kritisch darüber nach, was sie verbindet.« [40] Die Formgenerierung wird durch Parameter programmiert, unter Berücksichtigung der Tatsache, dass sie eine automatische, ›anideische‹ Produktion ist, die a posteriori strukturiert wird, wie im Prozess des Deliriums. Der Architekt / die Architektin spielt die Rolle des Klinikers / der Klinikerin, der / die das Delirium des Computers interpretieren muss – das unvorhersehbare Verhalten des Computers, welches auf den Prozess des Entwerfens einwirkt. Lynn erwähnt, wie er Tausende von Stunden vor einem Computerbildschirm verbrachte, um die Visualisierung von chaotischen Gleichungen zu beobachten; damit er sich darin üben konnte, gleiche Verhaltensarten intuitiv zu erkennen. [41] Er muss den Prozess diagnostizieren.

Clérambaults Ehrgeiz bestand darin, die ›anideische‹ Produktion von Faltungen der ganzen Menschheit zu sammeln, zu archivieren und zu interpretieren; ein Unterfangen, welches als solches schon delirierend ist. Clérambault sieht die Essenz der Psychose im Mechanismus und nicht im organischen Ursprung. »Der Mechanismus ist krank«, nicht das Organ.

Der Triumph des Accessoires über das Essenzielle

Das drapierte Gewand ist nicht ›Form als Essenz‹, sondern das Ergebnis einer Konstruktion, welche durch den Prozess des *Drapierens* selbst, und nicht durch die ›Draperie‹, gestaltet wird. Clérambault erforscht die Psychose nicht im Hinblick auf Heilung, ebenso wie die drapierten Gewänder nicht mit dem Ziel klassifiziert werden, Material für zukünftige kulturelle Forschungen zu organisieren; das Ziel liegt in der Konstruktion einer dynamischen Struktur.

Die synoptische Rahmung der drapierten Gewänder und die Fotografien aus Marokko bilden eine Art von ›Software‹, welche mithilfe einer Mustersammlung und eines Benutzerhandbuchs Form generieren. Ihre Klassifizierung führt eine ›konkrete Logik‹ ein, mit welcher die Vielfältigkeit der Faltungen gehandhabt werden kann. Das Delirium ist gleichsam der Manager der automatischen

[42] Clérambault 1992 (wie Anm. 37), S. 124, Zitat übers. v. Patricia Kunstenaar.
[43] Ebd., S. 67, Zitat übers. v. Patricia Kunstenaar.

[44] Gemäß Foucault basieren die Prinzipien der ›klinischen‹ Beobachtung auf der Entfaltung des Körpergewebes und der Deutung der ›Serie von Symptomen mit unendlichen Kombinationen‹. Foucault 1999 (wie Anm. 23), S. 104–136.

mentalen Produktion, und folglich ist auch die Formgenerierung in der Architektur nicht lediglich ein kreativer Prozess, sondern ebenso sehr ein Prozess des Datenmanagements. Die automatische Formgenerierung schafft ihre eigene Theorie, in welcher die ›anideische‹ Produktion nicht initiiert, sondern gemanagt wird.

Dieser Aufsatz ist ein Versuch, den von Clérambault so genannten Mechanismus des ›sekundären Denkens‹ zum Einsatz zu bringen: einen Mechanismus der zufälligen Assoziationen zwischen seiner *psychiatrisch-ethnologisch-künstlerischen* Konstruktion der Faltungen und den gegenwärtigen Themen der Form. »Das sekundäre Denken favorisiert, durch automatische und parasitäre Ideation, das Zufällige und Neugeformte.« [42] Aus einer solchen Logik, in welcher das Zufällige und das Neugeformte prioritär sind, entsteht eine *inexakte, aber rigorose Theorie*, und genauso führt die *animierte Form* zu einer »ungenauen, aber rigorosen Geometrie«. Eine solche Theorie verändert nicht nur die architektonische Tradition der Geometrie und der Formgenerierung, sondern auch das Wissen, auf welcher sie gründen. Die animierte Form weicht ab von der ›normalen‹ Art, Form zu schaffen: Sie ist eine Art von ›Pathologie‹. Wie Clérambault feststellt: »Der Unterschied zwischen dem Normalen und dem Pathologischen liegt im Triumph des Accessoires über das Essenzielle«. [43] Als Produkt automatischer Berechnungen und ›sekundärer‹ Gedanken verliert die Form ihre Essenz. Sie ist nicht Ausdruck einer Dominanz über Funktion, Programm oder Kontext, sondern des »Triumphs des Accessoires über das Essenzielle«.

Die endlosen Wiederholungen in der gegenwärtigen Produktion animierter Form könnten dazu führen, dass sie selbst ›verrückt‹ wird. Sie ist der Vorbote einer Ära, in welcher der Bau eines Gebäudes gleich viel masturbatorische Lust erzeugt wie die Draperie eines Gewandes, sowie einer Ära, in welcher ›déplier‹, entfalten – die erklärende Geste des operativen Denkens innerhalb des ›klinischen‹ Paradigmas – die Art und Weise ist, sie theoretisch zu erfassen. [44] Vielleicht ist das Falten und Entfalten von parametrischen Serien, genau wie die Untersuchung von »Serien von Symptomen mit unendlichen Kombinationen«, unsere neue ›verrückte Theorie‹ und Leidenschaft für die Form in der Architektur. Dass ich mich auf Clérambault stütze, um darauf aufmerksam zu machen, bedeutet ein *Driften* aus der Logik der Architekturtheorie und ist damit beispielhaft für den »Triumph des Accessoires über das Essenzielle«.

Marjetica Potrč
Werke

Orleans

Open

stretching the fabric of New Babylon

society

woven neighborhoods

Perez Amatonia's House with houses

Niemeyer's Alvorada is offshoot of palafita

beautiful in a shotgun Together!

Djindji: Architecture should be symmetrical like a man, people = columns

They make sense to us. They are local knowledge.

roots untangled

On the edge: without water there is no life and no hope.
knowledge spreads
Barefoot College, a rural world
Rainwater harvesting is good for cities: It's drinking water!
New Orleans, a wet world
Neighborhoods are villages! They practice the craft of living: They use cisterns.
wetlands survive

Balkanization: Unity breaks into pieces.

Western Balkans: A citizen is the smallest state.

cluster = a community

Citizens grow democracy.

Small-scale economy! Acre, Amazonia: Florestania is our citie...

not yet

New Orleans: Holy Cross

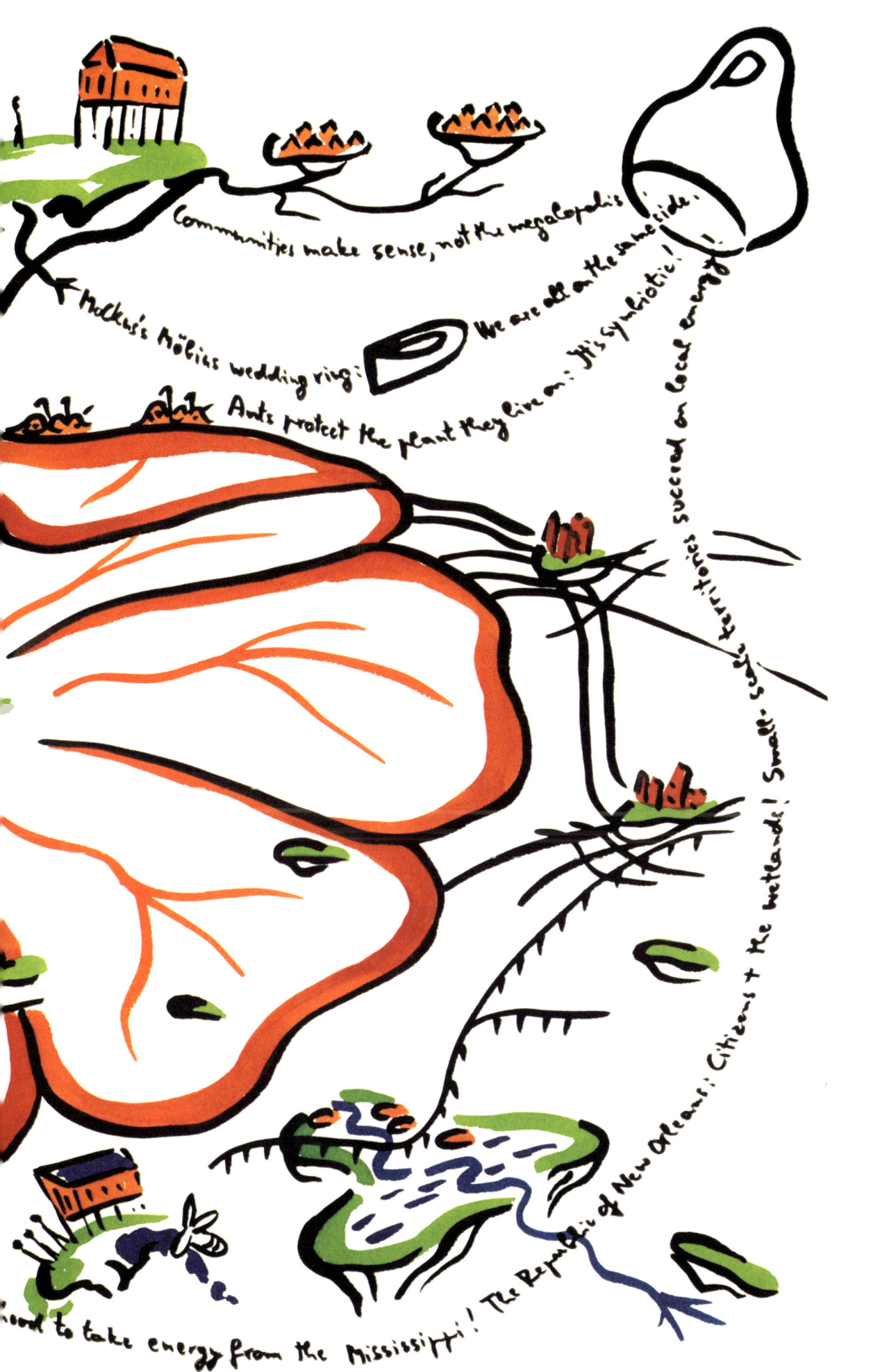

Marjetica Potrč:
New Orleans: Shotgun House with Rainwater-Harvesting Tank
2008
Baumaterialien, Wasserversorgungs-, Kommunikations- und
Energieausstattung
Ausstellung ›Heartland‹
Van Abbemuseum, Eindhoven, Niederlande
Fotografie von Peter Cox
Quellmaterial: Fotografie von Marjetica Potrč
Sammlung des Van Abbemuseum, Eindhoven, Niederlande

(Seite 178 / 179)

← ← ← (Seite 180 / 181)

Marjetica Potrč:
New Orleans: The Return to Archetypes
2007
Originalzeichnung (1/3): Tusche auf Papier
76.0 × 56.0 cm
Abdruck mit freundlicher Genehmigung der Künstlerin
und der Galerie Nordenhake, Berlin / Stockholm

Marjetica Potrč:
New Orleans: Rainwater Connections
2007
Originalzeichnung: Tusche auf Papier
76.0 × 56.0 cm
Abdruck mit freundlicher Genehmigung der Künstlerin
und der Galerie Nordenhake, Berlin / Stockholm

Marjetica Potrč:
New Orleans: Shotgun House with Rainwater-Harvesting Tank
2008
Baumaterialien, Wasserversorgungs-, Energie- und
Kommunikationsausstattung
Ausstellung ›Future Talk: The Great Republic of New Orleans‹
Max Protetch Gallery, New York, NY
Fotografie von Eli Ping Weinberg
Sammlung des Van Abbemuseum, Eindhoven, Niederlande

Seite 182 / 183)

Marjetica Potrč:
New Orleans: Modernism Outweighed
2007
Originalzeichnung: Tusche auf Papier
76.0 × 56.0 cm
Abdruck mit freundlicher Genehmigung der Künstlerin
und der Galerie Nordenhake, Berlin / Stockholm

← (Seite 184 / 185)

Marjetica Potrč:
New Orleans: Surviving in Pieces
2007
Originalzeichnung: Tusche auf Papier
76.0 × 56.0 cm
Abdruck mit freundlicher Genehmigung der Künstlerin
und der Galerie Nordenhake, Berlin / Stockholm

Hülle, Fülle, Leere
Insa Härtel

Innenarchitektur

Archäologie

Krypta

Stadt

Auftragsverhältnis

(Arbeit am) Widerstand

Umbau

Zitat

Faltungen

Konstruktion

Projektion

Gerüst

Dezentrierung

Zeichnung

Technik

Übergänge

Grenzen

räumen

Körper

Sichtbarkeit

Spuren

Stoff

Medien

Leere

Raum

Himmelfahrt

Phantasmaklimax

Todesatem

Cruising

Inzestuöser Wunsch

Psychoanalytisches Setting

Interpretation

Management

Phobisches Objekt

Identifikation

Wissen

Ontologische Katastrophe

Obsession

Mutter

Ich-Spaltung

Befriedigung

Blick

Woman

Subtext

Verrückt

Widerstand

Angst

Symbolische Ordnung

Trieb

Symbolisierung

Wünsche

Phantasma

Einverleibung

Subjekt

[1]   Michel Foucault: ›Andere Räume‹. In: *Aisthesis. Wahrnehmung heute oder Perspektiven einer anderen Ästhetik*. Hg. v. Karlheinz Barck, Peter Gente, Heidi Paris, Stefan Richter. Leipzig 1990, S. 34–46, hier S. 37 mit Bezug auf Bachelard.

[2]   In neuerer Übersetzung heißt es: »[...] sondern in einem Raum, der mit zahlreichen Qualitäten behaftet ist und möglicherweise auch voller Fantome steckt« (Michel Foucault: *Schriften in vier Bänden. Dits et Ecrits. Band IV*. 1980–1988. Frankfurt a. M. 2005, S. 934).

[3]   »[W]ir leben nicht in einer Leere, die wir mit Menschen und Dingen füllen könnten. Wir leben nicht in einer Leere, die verschiedene Farben annähme. Wir leben vielmehr innerhalb eine Menge von Relationen, die Orte definieren, welche sich nicht aufeinander reduzieren und einander absolut nicht überlagern lassen« (Foucault 2005 [wie Anm. 2], S. 934).

[4]   Irit Rogoff: ›Deep Space‹. In: *Projektionen. Rassismus und Sexismus in der Visuellen Kultur*. Hg. v. Annegret Friedrich, Birgit Haehnel, Viktoria Schmidt-Linsenhoff, Christina Threuter. Marburg 1997, S. 52–60, hier S. 53 f.

[5]   Ebd., S. 55 (mit Bezug auf Lefebvre).

[6]   Vgl. Rogoff 1997 (wie Anm. 4).

[7]   Henri Lefebvre: *The Production of Space* (zuerst 1974). Oxford / Massachusetts 1998, S. 28.

[8]   Rogoff 1997 (wie Anm. 4), S. 54. Auch im Sinne eines ›Nirgendwo‹ habe sie u. a. universalistische Annahmen gespeist (vgl. ebd.).

[9]   Vgl. Michel de Certeau: *Kunst des Handelns* (zuerst 1980). Berlin 1988, S. 180 ff.

[10] Vgl. ebd., S. 182 ff.

[11] Über die Foucault schließlich selbst hinaus geht ...

[12] De Certeau 1988 (wie Anm. 9), S. 186 f.

[13] Ebd., S. 182.

Wir leben »nicht in einem homogenen und leeren Raum [...], sondern in einem Raum, der mit Qualitäten aufgeladen ist, der vielleicht auch von Phantasmen bevölkert ist«. [1] Aufgeladen, behaftet, [2] bevölkert: *Wir leben nicht in einer Leere:* [3] Diese produktive Wendung Foucaults aus *Des espaces autres* (1967) taucht in verschiedenen Kontexten wieder auf. Rogoff etwa greift unter anterem diesen Text auf, um mit der »vorgeblichen Durchsichtigkeit des Raumes« oder der »gefährliche[n] Illusion einer räumlichen Transparenz« aufzuräumen. [4] Diese Illusion erzeuge Bilder vom Raum »als unschuldig und frei von Hindernissen oder Fallen«. [5] Sie verhindere so, ihn als ein in sich uneinheitliches, mehrfach belegtes Geflecht von Beziehungen zu denken. [6]

>»The illusion of transparency goes hand in hand with a view of space as innocent, as free of traps or secret places. Anything hidden or dissimulated – and hence dangerous – is antagonistic to transparency, under whose reign everything can be taken in by a single glance from that mental eye which illuminates whatever it contemplates. Comprehension is thus supposed, without meeting any insurmountable obstacles, to conduct what is perceived, i. e. its object, from the shadows into the light [...]«. [7]

Was zunächst vor allem eines deutlich macht: Der transparente Raum erscheint hier selbst als Phantasma. Die Leere gilt sodann als »Grundpfeiler« [8] westlich-modernistischer Wissensstrukturen. Ein göttlich überschauender Blick als Fiktion des Wissens erweist sich mit de Certeau auch als explizit visuelles Trugbild. Etwa bezogen auf den städtischen Raum gerinnt die Komplexität bzw. Beweglichkeit zu einem scheinbar lesbaren, transparenten Text; die undurchschaubaren Verflechtungen werden auf Abstand gehalten. [9] In de Certeaus prozesshaftem Entwurf werden dem Raum der durchaus ›panoptischen‹ [10] – offenbar totale Sichtbarkeit erzeugenden – Konstruktionen folglich alltäglich-vielgestaltige räumlich-performative Umgangs- und Vorgehensweisen gegenübergestellt: Als eine Art Gegenstück zu Foucaults einschlägigen Machtanalysen [11] entkommen diese »der Disziplin [...], ohne jedoch ihren Einflußbereich zu verlassen«; sie müssten »zu einer Theorie der Alltagspraktiken, des Erfahrungsraumes« und »der *unheimlichen Vertrautheit* mit der Stadt« führen. [12] In de Certeaus Gegenüberstellung involvieren sich die Körper der gewöhnlichen stadtbenutzenden *Fußgänger* in ›städtische Schriften‹, die sich der Lesbarkeit und imaginären Zusammenschau entziehen; sie spielen »mit unsichtbaren Räumen, in denen sie sich ebenso blind auskennen, wie sich die Körper von Liebenden verstehen«. [13] Die Lust des *Voyeurs*

[14] Ebd., S. 180.
[15] Vgl. dazu ebd., S. 179 f.
[16] Vgl. dazu Slavoj Žižek: *Lacan in Hollywood*. Wien 2000. S. 21.
[17] Das *eigentliche Phantasma*: »nicht die Szene selbst, die unsere Faszination anzieht, sondern der imaginierte / nichtexistente Blick, der sie betrachtet wie der unmögliche Blick von den die alten Azteken gigantische Figuren von Vögeln und Tieren auf den Boden zeichneten, oder der unmögliche Blick, für den Details der Skulpturen auf dem alten Aquädukt nach Rom gebildet wurden, obwohl sie vom Boden aus nicht beobachtbar waren. Kurz, die elementarste phantasmatische Szene ist nicht die einer faszinierenden Szene, die man zu betrachten hat, sondern folgende Idee: ›es gibt etwas da draußen, das uns betrachtet‹« (ebd., S. 19 ff.).

[18] Joan Copjec: *Lies mein Begehren. Lacan gegen die Historisten* (zuerst 1994). München 2004, S. 49 (Copjec argumentiert in diesem Zusammenhang gegen eine Art »›Foucaultisierung‹ der Lacanschen Theorie«; ebd., S. 33).
[19] Žižek 2000 (wie Anm. 16), S. 21 f. – Dank an Olaf Knellessen für den Hinweis.
[20] Sogar im panoptischen Modell ist nicht gewiss, ob die Beobachtung tatsächlich erfolgt. – Hier geht es dabei allerdings um das »automatische Funktionieren der Macht [...]. Die Wirkung der Überwachung ›ist permanent, auch wenn ihre Durchführung sporadisch ist‹ [...]« (Michel Foucault: *Überwachen und Strafen. Die Geburt des Gefängnisses* [zuerst 1975]. Frankfurt a. M. 1994, S. 258).
[21] Bei Žižek wiederum ist u.a. die Rede von einer »Intervention einer [...] traumatischen Stimme, die nicht direkt in der Realität angesiedelt werden kann [...]« (Žižek 2000 [wie Anm. 16], S. 22).

in gottähnlich erhabener Stellung hingegen – der gleichsam ein Auge auf die handelnden Subjekte hat – erweist sich als »Überschwang eines skopischen und gnostischen Triebes«.[14] Blickpunkt höchster Universumsleselust, Entzifferungsekstase.[15]

Der panoptisch-überwachende Blick gibt sich als durchdringend ›erfolgreiche‹ Herrschaft über das Überblickte. Aus anderer Perspektive wiederum wirkt der phantasmatische Blick des Anderen als eine Art unbeherrschbarer Seins-Garant. In Differenz und paradoxer Ergänzung zum verdächtigen Modell des omnipräsenten Blicks sorgt dann unbewusst die Aussicht, *nicht* einem Blick des *Anderen* ausgesetzt zu sein, eher für Angst.[16] Die alltäglich agierenden Körper inszenieren ihre Akte immer auch *für* einen solchen – folglich nicht nur gefürchteten, sondern implizit auch gesuchten – Blick, wenn dieser ihnen anscheinend die Existenz eines ›sozialen Bandes‹ garantiert und ein *Begehren* involviert. Das Bedrohlich-Beunruhigende dieses unmöglichen Blicks und dieses rätselhaften Begehrens wird durch das Phantasma[17] gewissermaßen ›domestiziert‹; der (nicht-existente) Blick ›von oben‹ und damit die eigene ›Sichtbarkeit‹ wird imaginiert. Dabei bleibt dieser Blick verhangen, die letzte Bestätigung von Seiten des Anderen eine Unmöglichkeit: »Wenn Sie [...] Ausschau halten nach einer Bestätigung der Wahrheit Ihres Seins [...]«, so wird der Blick des Anderen »Sie nicht sicher machen«.[18]

Für den Blick des Anderen werden die Akte inszeniert, und *wenn* er sich scheinbar realisiert, wird der Kollaps riskiert – wie folgendes, von Žižek geschildertes Schauspiel illustriert: Ein Freund sah nachts in einem hellerleuchteten Büro jenseits des Hofes einen ranghöheren Manager klassisch performativ mit seiner Sekretärin auf dem Tisch kopulieren. Ohne Sicht und Sichtschutz hatten sie in ihrer leidenschaftlichen Exhibition anscheinend völlig vergessen, wie sie zu sehen waren. Als der hellsichtige Freund daraufhin in diesem Büro anrief und ominös flüsterte: »Gott beobachtet dich!«, erlitt der fehlleistende Manager beinah einen Herzanfall.[19] Was mit der Sekretärin ist, wissen wir nicht. In diesem Szenario, das offenbar einmal mehr die Verflechtung großflächig-gläserner Chefetagen und göttlich-erkennender Blicke samt ihrer obszönen Lüste offenlegt, scheint sich paradox eine Angstlust (wunsch-)zu-erfüllen – und nahezu in sich zusammenzufallen. Der stets unbestimmte Blick[20] erhält gleichsam eine imaginäre Stimme, mit der er vernehmbar hervortritt und sich als eine – weiter de-platzierte, aber bei Gott verfolgende – ›wahnhafte‹ Gewissheit realisiert.[21]

[22] Melanie Klein, ›Zur Frühanalyse‹ (1923). In: *Gesammelte Schriften*. Bd. 1, Teil 1. Stuttgart-Bad Cannstatt 1995, S. 99–137, hier: S. 126. – Er bewerkstellige dies »durch Drücken am Gliede« (ebd.).
[23] Ebd.
[24] Vgl. Sigrid Weigel: *Topographien der Geschlechter. Kulturgeschichtliche Studien zur Literatur*. Reinbek bei Hamburg 1990, S. 142; vgl. dazu Insa Härtel: ›Orientie-

rungssinn und Forschungswege‹. In: *Landschaftlichkeit. Forschungsansätze zwischen Kunst, Architektur und Theorie*. Hg. v. Irene Nierhaus, Annette Urban, Josch Hoenes. Berlin 2010, 127–135.
[25] Vgl. Weigel 1990 (wie Anm. 24), S. 173 ff. Zu *Frau* und *Natur* vgl. auch Gillian Rose: *Feminism and Geography. The Limits of Geographical Knowledge*, Cambridge 1993.
[26] Klein 1923 (wie Anm. 22), S. 126 f.

Mit dieser Anekdote deutet sich bereits an: So einfach ist das Auseinanderdividieren von Transparenz, Unschuld und lockenden Fallen, von Durchsicht, Phantasma, Performanz gerade nicht. Im Folgenden geht es mir entsprechend weniger um Formen der Gegenüberstellung als um ein spezifisches *Zusammenspiel* von Leere und phantasmatischer Aufladung. Dabei möchte ich den Begriff der Leere aus ihrer bisher eingeführten Umklammerung durch machtvolle Transparenzillusion, Homogenitätsannahme und Wissensfiktion lösen und sie eher als *Leerstelle* begreifen, im Sinne einer anderen, ›innewohnenden‹ Abstandnahme von der bevölkernden Fülle der Phantasmen und Phantome. Mein Beitrag geht also von unheimlichen Raumaufladungen aus – um von dort aus die Notwendigkeit einer gewissen (und gerade für den performativen Fortgang entscheidenden) *Entleerung* zu konstatieren. Es geht mir um eine Form von Vakanz, die für die vielversprechende Aneignung von Räumen genau Voraussetzung sein kann: ein Moment der Entleerung als unumgänglicher Freiraum *in* den ausgebreiteten Phantasmen selbst. Die körperlichen Performanzen implizieren dann nicht nur potentiell selbst das Phantasma eines vermeintlichen ›Überblicks‹, sondern sind in ihrer aufgeladenen Hülle und Fülle auch durch eine *Ent*-Ladung charakterisiert: Eben dies möchte ich ausgehend von einem phantastischen Körper, genauer: von den sexuellaggressiv gefärbten Verwicklungen seiner Raumaneignung und -ausforschung, skizzieren.

In Hülle und Fülle

Der kleine Fritz erzählt Melanie Klein, »dass er beim Urinieren bremsen muß [...], weil sonst das ganze Haus einstürzen könnte«.[22] Hier ist es sozusagen ein haltloses Wasserlassen, das den Kollaps bewirkt. Klein erzählt uns, dass sich an diese, man könnte sagen: rauschende Einsturzgefahr »zahlreiche Phantasien« anschließen, die erkennen lassen, dass in Fritz »das Bild des Körperinnern der Mutter – zufolge Identifizierung mit ihr auch des eigenen Körpers – als einer von Bahnen durchquerten Stadt, häufig auch eines Landes, später der Welt, wirksam sei«.[23] Der Körper als Stadt, Land, Fluss: Das Ausgangsbild der Frau-Mutter als Stadt oder Landschaft kann kulturtheoretisch betrachtet kein Zufall sein – beides wird, wie unter anderem Weigel (1990) gezeigt hat, nicht selten analogisiert, der weib-

[27] Ebd. Die andere Bahn ist »die Kakibahn, die ein Kaki zum Führer hat« (ebd.).
[28] Ebd.
[29] Ebd.
[30] Ebd.
[31] Rogoff 1997 (wie Anm. 4), S. 53 mit Bezug auf Foucault.
[32] Klein 1923 (wie Anm. 22), S. 127.
[33] Ebd., S. 129, Fn. 36.
[34] Ebd.
[35] Der Pipigeneral führte demnach »die Soldaten, die Pipitropfen, durch Straßen […] in ein Dorf […], wo sie Quartier nahmen« (ebd.).
[36] Vgl. ebd., S. 120. Bei Klein ist die Rede von einem gelenkten *Brett auf Rädern* als »Schnelläufer« (ebd.).
[37] Vgl. ebd., S. 128.

liche Körper zum erschreckend-ersehnten, zu ›entdeckenden‹ Territorium stilisiert. *Frau* und *Natur*: ungebändigt, bergend oder eine *zu erobernde Fremde*,[24] wahlweise Körper einer (potentiell wild-wuchernden) *Stadt*.[25]

Der kleine Fritz spürt in diesem überlagerten Körper auch eine reichhaltige, durchaus technische Ausstattung auf – etwa in Form von »Telegrafen- und Telefonverbindungen, Bahnen verschiedener Art, Fahrstühle und Karussells, Reklameplakate usw.«[26] Diese Bahnen wiederum gestalten sich verschieden aus, als Ringbahn oder mit Endstationen bestückt. Auf den Schienen fährt zum Beispiel »die Pipibahn, die ein Pipitropfen führt«[27] – und dort, wo sie »einen seitlich schräg nach unten verlaufenden Schienenstrang« kreuzt, kommt es zu einer Zerstörung, da der die »Kakikinder« führende Zug überfahren wird.[28] Die erklärbar kranken Kinder werden dann zum »Wächterhäuschen«, sprich *Kakiloch*, geführt, das in den Phantasien aber auch als (Einsteige-)Station »gebracht wird«.[29] Auch beim Mund steigt man ein, was nach Klein eine »Befruchtung durch Essen« anzeigt; und beim Urinieren legt man an den »Haltestellen« wiederholt den entsprechenden Stopp ein.[30]

Diese Schilderungen machen es deutlich: Einem solchen psychoanalytischen Blick auf körperlich-räumliche Situationen lässt sich kaum eine Transparenzillusion nachsagen. Der ›städtische‹ Text ist hier in der Tat ein »Geflecht höchst lebhafter Auseinandersetzungen«,[31] voller undurchsichtiger Lüste, Gefahren und Fallen. Die foucaultsche *Aufladung* des Raums mit *Qualitäten* findet gesteigerte Resonanz in dem nach Klein »außerordentlich reichhaltige[n]« Bild aus *Stadt-*, *Bahnen-*, *Stationen-*, *Wege*-Phantasien,[32] durch die sich eine Fülle an Details einer, wie es an einer Stelle heißt: ›Geographie des Mutterleibes‹[33] ergibt. Fritz lässt Kleinstspielzeuge auf der mütterlichen Körperlandschaft gleiten,[34] phantasiert masturbierend vom genitalen *Pipigeneral*[35] und wendet und biegt sich schließlich selbst auf seinen realen (Tretroller-)Wegen so, wie er es von seinem Pipi-Penis imaginiert.[36] Die Phantasie übersetzt sich in die Bewegung und entwirft eine biegsame und deutlich andere als visuell-überschauende Raumaneignung. So bekommt auch das Eintauchen in die weniger sichtbaren Räume nach Art *liebender Körper* (s. o.) einen weiteren Sinn: In dem ausdifferenzierten indiskreten städtischen Szenario, in dem, wie Klein selbst schreibt, Einteilungen durchaus wechseln,[37] ist es – neben den fritzschen Bremsanstrengungen – letztlich die Analytikerin selbst, die die unübersichtliche Detailfülle (in ihrer bisweilen nahezu wunschmaschinell

[38] Vgl. Gilles Deleuze, Felix Guattari: *Anti-Ödipus. Kapitalismus und Schizophrenie I*. Frankfurt a. M. 1972.
[39] Vgl. Klein 1923 (wie Anm. 22), S. 128.
[40] Vgl. ebd., S. 103.
[41] Ebd., S. 121.
[42] Ebd., S. 121 f. Vgl. dazu Härtel 2010 (wie Anm. 24).
[43] Vgl. Klein 1923 (wie Anm. 22), S. 114.
[44] Sigmund Freud: ›Hemmung, Symptom und Angst‹ (1926 d). GW XIV, S. 111–205, hier S. 116.
[45] Ebd.
[46] Ebd.; vgl. dazu Insa Härtel: ›Die Mutter hinter sich lassen. Zur Produktion und Ersetzung des Mütterlichen im Raum‹. In: *Körper und Repräsentation*. Hg. v. Insa Härtel, Sigrid Schade. Opladen 2002, S. 137–143.
[47] In anderem Kontext Melanie Klein: ›Frühstadien des Ödipuskonfliktes‹ (1928). In: *Gesammelte Schriften*. Bd. 1,

Teil 1. Stuttgart-Bad Cannstatt 1995, S. 287–305, hier S. 294.
[48] Vgl. dazu Melanie Klein: ›Die Bedeutung der Symbolbildung für die Ich-Entwicklung‹ (1930). In: *Gesammelte Schriften*. Bd. 1, Teil I. Stuttgart-Bad Cannstatt 1995, S. 347–368, hier S. 351 f. – Nach Klein gehen hier die frühesten Phantasien des Kindes vom elterlichen Koitus »dahin, dass der väterliche Penis, resp. der ganze Vater der Mutter einverleibt wird«. In diesem Sinne richten sich die sadistischen Angriffe dann gegen beide Elternteile (ebd.).
[49] Vortrag von Paula Heimann und Susan Isaacs über »Regression«. In: *Die Freud / Klein-Kontroversen 1941–1945*. Zweiter Band. Hg. v. Pearl King, Riccardo Steiner. Stuttgart 2000, S. 138–164, hier S. 159 f. – »Wenn das Subjekt in seinen Phantasien auf dem Leib der Mutter zu stampfen meint, wird es Angst haben, sie zu zerstören, und ihre Ver-

anmutenden Qualität)[38] deutend komprimiert, ›sinnvoll‹ macht und den Sinn für Orientierung, den man auch beim Lesen rasch verliert, als spezifisch *inzestuösen* Wunsch etabliert. Die Bewegungen durch all die Stationen, Löcher und Wege … laufe auf das erwünschte Eindringen in die Mutter, die erfüllende Erforschung ihres Leibes, gerade ihrer Ein- und Ausgänge bzw. Funktionen[39] hinaus. Derart an das unzüchtige Begehren gebunden, wird die aktive Raumerforschung über Verbot und Kastrationsangst auch anfällig für Verdrängung und damit für Symptombildung oder *Hemmung*. Die Abwehr der lustvollen *Vorstellung* befällt in diesem Fall die erkundende *Tätigkeit* gleich mit[40] – was nicht nur das knabenhafte Urinierverhalten, sondern auch sein libidinös motiviertes, aber durchaus gebremstes räumliches Erkundungs- und Orientierungsinteresse betrifft: Es ist für Fritz die Rede von einer »starken Fixierung an den Weg und allen damit zusammenhängenden Interessen«;[41] der Junge irre sich zeitweilig zum Beispiel über neue Aufenthaltsorte bzw. zeige kein Interesse, solche genauer kennenzulernen, »und auch sonst weder Fähigkeit noch Sinn für Orientierung«.[42]

Wie Körper und Bewegung wird der Umgebungsraum libidinös ›besetzt‹. Werden bei Klein bewegungsintensiver Körper bzw. Teile wie Fuß oder Hand just dem Penis gleichgesetzt und Aktivitäten wie Gehen oder Sport[43] sexualsymbolisch gleichsam inzestuös gelöst, so wird nach Freud das Gehen entsprechend unterlassen, wenn es »zum symbolischen Ersatz des Stampfens auf dem Leib der Mutter Erde geworden ist«.[44] Der in der Vorstellung heftig vollzogene Verkehr verhindert quasi den hemmungslosen Fortgang: Es ist, »als ob man die verbotene sexuelle Handlung ausführen würde«.[45] Durch »überstarke[] Erotisierung« kommt es nach Freud zur sozusagen ›bremsenden‹ Hemmung – das Organ benimmt sich, »wenn man den einigermaßen skurrilen Vergleich wagen darf, wie eine Köchin, die nicht mehr am Herd arbeiten will, weil der Herr des Hauses Liebesbeziehungen zu ihr angeknüpft hat«.[46] Hat die verführerische Erde erst angebändelt, geht man dem Gehen besser nicht nach … Es funktioniert eben nicht, wenn es der Stoß in die Mutter ist. Oder: Die ungehemmte Aktivität des ›Pipigenerals‹ ist nichts für den Blick des quasi-göttlichen ›Über-Ich‹: Sie würde genau zum Einsturz führen.

Kleins späteres Konzept gehemmter Umgebungsausforschung (1931) führt dann denkbar weg von Sexualsymbolik bzw. klassisch ödipalem Szenario. Nun wird räumliche Aneignung an das »sadistische[] Sichbemächtigenwollen«[47] ge-

geltung fürchten. Es sind diese Ängste, welche zur Hemmung des Gehens führen« (ebd.). – Auch de Certeau greift
(jedoch in anderem Kontext) die freudsche Stampf-Stelle
auf (1988 [wie Anm. 9], S. 207 f.).
[50] Melanie Klein: ›Beitrag zur Theorie der intellektuellen
Hemmungen‹ (1931). In: *Gesammelte Schriften*. Bd. 1, Teil I.
Stuttgart-Bad Cannstatt 1995, S. 375–394, hier S. 387,
Fn. 4. – Auf die Problematik dieser Neukonzeption kann
ich hier nicht eingehen. Auch wäre das Ineinandergreifen
von Sexualität und Zerstörungskraft weiter zu pointieren. –
»Ist es nicht denkbar«, dass Freud (mit seiner Ansiedlung
der »Entstehung der Sexualität«) und Klein (mit der
Entdeckung des »Erscheinung des ›sadism at its peak‹‹‹) an
»derselben Stelle das sehen oder rekonstruieren, was man
den inneren Angriff des Triebes [...] nennen kann?« Jean
Laplanche: *Die allgemeine Verführungstheorie und andere*

Aufsätze, Tübingen 1988, S. 192; vgl. dazu Härtel 2010
(wie Anm. 24).
[51] »Ebenso wie übermäßige Angst wegen der im Mutter-
leib vorgenommenen Zerstörung die Fähigkeit hemmt, eine
klare Vorstellung von seinen Inhalten zu entwickeln, kann
auch die Angst vor den schrecklichen und gefährlichen
Dingen, die im Innern des eigenen Körpers geschehen, jeden Versuch, ihn zu erforschen, ersticken [...]« (ebd., S. 387).
[52] Vgl. Lilli Gast: ›Metamorphosen des Todestriebs bei
Melanie Klein – Überlegungen zum Verhältnis von Phantasie, Geschlecht und Leiblichkeit‹. In: *Aggression, Symbolisierung, Geschlecht*. Hg. v. Elfriede Löchel. Göttingen 2000,
S. 62–84, hier S. 70 f.
[53] Vgl. dazu ebd., S. 80.
[54] Hanna Segal: *Traum, Phantasie, Kunst*. Stuttgart 1996,
S. 62 (bezogen auf Segal 1957).

bunden, das ein *Zerstampfen* mindestens der Mutter [48] ebenso umfassen kann wie
zum Beispiel ein Überschwemmen oder eine Art Schießen in sozusagen exkremen-
tellen Entleerungsattacken – womit das Stampfen eine andere Konnotation erhält:
Heimann und Isaacs betonen in dem von Freud ins Spiel gebrachten Beispiel, in
dem »Gehen soviel heißt wie: auf dem Körper der Mutter ›stampfen‹«, entsprechend das »Moment von Gewalt«: »[W]ir wagen die Behauptung, dass es gerade
diese (aus der Beimengung von Destruktivität zu erklärende) phantasierte Gewalt
ist, die Angst und Schuldgefühl weckt und [...] zu einer Hemmung dieser Aktivität führt«. [49] Klein wiederum schreibt auch ihren eigenen früheren Beitrag um:
»[E]ingehendere Forschungen« hätten ihr gezeigt, dass die Hemmung der Orien-
tierungsfähigkeiten eben auf die durch sadistische Attacken geweckte »Angst
vor dem Körper der Mutter zurückgeht«. [50] Raumerkundung und Hemmung
rühren demnach nicht mehr von untersagten Wünschen nach inzestuösen Objekten her; vielmehr droht die phantasierte ›geografisch-körperliche Landschaft‹
selbst – die rachsüchtige Frau-Mutter als imaginär gewaltige Macht. Es ist dann
nicht zuletzt die durch die eigenen aggressiven Angriffs-, Besetzungs- oder Zer-
gliederungs-Wünsche aufgerufene Angst, die etwa körperlich-räumliche Erforschungsversuche potentiell ›erstickt‹. [51]

Entleerung

Was im Falle eines Erstickens in jedem Fall fehlt, ist Luft. Dies wird denkbar als
fehlender Freiraum in den atemberaubend bedrängenden Bildern selbst; es fehlt
eine Leere, ein Abstand *im Umgang mit der Phantasie*. Deutet sich dies bereits im
obigen Bild von jener das Gehen verunmöglichenden ›überstarken‹ Erotisierung
an, so erst recht in den vorgestellten Vergeltungsaktionen: Bei den unbewusst-
phantasmatischen Räumen, den die vornehmlich imaginär bösen Objekte hier
(angst-)getrieben bevölkern, lassen sich zwar erste Symbolisierungsbewegungen
erahnen, [52] doch wird diese Symbolisierung zugleich noch verkannt, insofern die
Differenz des Symbols gerade verschwimmt. Was insgesamt auch ein Blick auf die
segalsche Unterscheidung zwischen *symbolischer Gleichsetzung* und symbolischer
Repräsentation erhellen kann: Wird im Fall der Gleichsetzung »der Symbol-Ersatz
so erlebt, als *sei* er das ursprüngliche Objekt« [54] – das Gehen *ist* dann das stamp-

[55] Vgl. Elfriede Löchel: ›Symbolisierung und Verneinung‹. In: *Aggression, Symbolisierung, Geschlecht.* Hg. v. Elfriede Löchel. Göttingen 2000, S. 85–109, hier S. 102.
[56] Vgl. Segal (wie Anm. 54), S. 62.
[57] Vgl. Siegfried Bernfeld n. Reinhart Meyer-Kalkus: *Stimme und Sprechkünste im 20. Jahrhundert.* Berlin 2001, S. 389.
[58] Deleuze / Guattari 1976 zit. n. Mladen Dolar: *His Master's Voice. Eine Theorie der Stimme* (zuerst 2003). Frankfurt a. M. 2007, S. 246.
[59] Vgl. Abraham / Torok n. Jacques Derrida: ›Fors‹. In: Nicolas Abraham und Maria Torok: *Kryptonymie. Das*

Verbarium des Wolfsmanns. Frankfurt a. M., Berlin, Wien 1979, S. 5–59, hier S. 43 sowie Dolar 2007 (wie Anm. 58), S. 246.
[60] Judith Butler: *Das Unbehagen der Geschlechter.* Frankfurt a. M. 1991, S. 107 f.
[61] Vgl. Abraham / Torok n. Derrida 1979 (wie Anm. 59), S. 43.
[62] Siegfried Gerlich: *Sinn, Unsinn, Sein. Philosophische Studien über Psychoanalyse, Dekonstruktion und Genealogie.* Wien 1992, S. 35, vgl. S. 31.

fende Eindringen in die Mutter –, so setzt die *Repräsentation* eine Differenz oder Lücke bzw. ein Abwesenheitskonzept voraus;[55] wodurch das Symbol in den ihm eigenen Eigenschaften (an)erkannt werden kann.[56]

Um dies zu verdeutlichen, möchte ich zum Schluss mit Fritz in den Mund einsteigen. Dieser ist mit Klein gedacht Loch bzw. Eingang, austauschbare Essens-beförderung- und Befruchtungsstation, sadistisches Instrument. Doch hat er be-kanntlich noch eine weitere Funktion, die sich der Symbolisierung anschließt. Es lässt sich sagen, dass die aktivierte Sprache *Kauen, Beißen, Spucken …* einerseits zwar organisiert perpetuiert,[57] andererseits aber doch einen deutlichen Bruch in der oralen Anbindung markiert. »Sprechen [...] ist Hungern«, heißt es in einem sprachlichen Bild.[58] Kann heißen: Der vom ›mütterlichen‹ Objekt ›erfüllte‹ Mund wird im fiktiv erfolgreich-absorbierenden Fall partiell entleert, durch Signifi-kanten ergriffen[59] und in Beschlag genommen: Durch den Introjektionsprozess des ewig ›verlorenen‹ Objekts errichtet sich gleichsam der leere Raum, aus dem Wörter »hervorgehen« – und »der literal durch den leeren Mund als der Bedingung des Sprechens und der Bedeutung dargestellt wird«.[60] Die mündliche Leere be-ginnt, *Schreien, Seufzern,* Rufen Raum zu geben, sich quasi lautlich zu füllen, schließlich die Anwesenheit des Objekts in seiner Abwesenheit zu figurieren (und so die Abwesenheit immer auch zu substituieren):[61] Verschobene *Bezeichnung* des teils ausgeräumten Objekts, symbolische Repräsentation.

Eine gleichsam andere Form einer Entleerungsattacke also, die herkömm-lich an eine Art Verwerfung des mütterlichen Körpers geknüpft ist: an die Frau-Mutter als »Einschreibematerie für den phallischen Signifikanten« im Sinne einer symbolischen Gesetzesfunktion.[62] Gerade die mit dem mütterlichen Körper verkoppelte Phantasmatik tritt in der *Pathologie* hervor, die in ihrer Konflikt-haftigkeit somit einem – frei nach Rudolf Heinz – *Unbewusstheitsverschluss* durch-aus entgegen*steht*. An dieser Stelle also zurück zum Gehen mit den Füßen (und Schritte werden von de Certau nicht zufällig als Sprechakte konzipiert):[63] Im magischen Stehenbleiben wie im Verstummen werden die immer auch kulturell gleichsetzenden Aufladungen konserviert, fixiert, gleichwohl markant dokumen-tiert, in ihrem reibungslosen Funktionieren symptomatisch verunmöglicht und irregeführt. Erst wenn die Erde beim begehrenden oder sadistischen Treten *nicht* mehr die Mutter, sprich: nicht mehr luftabschneidend mit dieser gleichgesetzt ist, kann die Wegerkundung ungehemmt beginnen. Auch bei einem fraglosen Gehen-

[63] Vgl. de Certeau 1988 (wie Anm. 9), S. 188 ff. – Vgl. auch dessen Ausführungen zum »Diskurs, der etwas glauben macht« und eine *Leere* schafft, für diese Platz macht (ebd., S. 201).
[64] Vgl. dazu etwa Klein 1923 (wie Anm. 22).
[65] … und Abwehrformen. – Dank an Olaf Knellessen für Diskussionen.
[66] Bei Gast tauchen Phantasien gleichsam als »Proto-symbole« auf (2000 [wie Anm. 52], S. 80).
[67] Zu dieser Formulierung Andreas Cremonini: ›Die verdeckte Ökonomie der Norm. Überlegungen zum

Verhältnis von Symbolischem und Realem beim späten Lacan.‹ In: *Verschränkungen von Symbolischem und Realem. Zur Aktualität von Lacans Denken in den Kulturwissenschaften.* Hg. v. Jochen Bonz, Gisela Febel, Insa Härtel. Berlin 2008, S. 130–150, hier S. 149.
[68] Vgl. Suzanne Barnard: ›Tongues of Angels: Feminine Structure and Other Jouissance‹. In: *Reading Seminar XX. Lacan's Major Work on Love, Knowledge, and Feminine Sexuality.* Hg. v. Suzanne Barnard und Bruce Fink. Albany, New York 2002, S. 171–185, hier S. 179.

können bleibt das mütterliche Phantasma, das der symptomatische Fall so nachdrücklich verdeutlicht (*wenn eben nichts mehr geht …*) unzweifelhaft wirksam. Allerdings tritt hier – vielleicht im Sinne einer ›geglückteren Verdrängung‹[64] – eine ent-hemmende Abwesenheit als Drittes hinzu; die Symbolisierung macht Platz für einen leeren Raum, etabliert eine Lücke.

Für symbolisierende Akte wie Welterkundungen wäre also eine gewisse ›architektonische‹ Entleerung Möglichkeitsbedingung, ein *Leben in der Leere*. Gerade in der phantasmengesättigten und quasi bildbombardierenden Sprache Melanie Kleins wiederum manifestiert sich jedoch auch, was dabei stets nicht auf-gehen kann. Denn so wie die Wege der vollen ›Phantasmatisierung‹ als erste *konstitutive* Trieb-Verschiebungen[65] und ›Proto-Symbole‹[66] das Potential der Leere (wenn auch in verkannter Form) bereits in sich tragen, so ist die metaphorisierende Entleerung eben immer auch begleitet und getragen von objektalen Wiedergängern, die für Spuk und Genießen sorgen. Und damit ist ein Kreis fast geschlossen, die Performanz vorerst fixiert. Wie es wünschend weitergeht? Mit einer gerade nicht unbedingt an einschlägig ›väterlich-phallische‹ Muster gebundenen Weise, »das Symbolische zu bewohnen«[67] – welche sich in eben ihrer Anfälligkeit für die beirrenden Wirkungen des *Realen*[68] manifestiert.

Raum schaffen:
Woman und die künftige Stadt
Juliet Flower MacCannell

Innenarchitektur

Archäologie

Krypta

Stadt

Auftragsverhältnis

(Arbeit am) Widerstand

Umbau

Zitat

Faltungen

Konstruktion

Projektion

Gerüst

Dezentrierung

Zeichnung

Technik

Übergänge

Grenzen

räumen

Körper

Sichtbarkeit

Spuren

Stoff

Medien

Leere

Raum

Himmelfahrt   Phantasmaklimax   Todesatem

                                                    Cruising

                    Inzestuöser Wunsch

                                                          Psychoanalytisches Setting

Interpretation   Management

        Phobisches Objekt

                                                    Identifikation

Wissen   Ontologische Katastrophe

            Obsession

                                                          Mutter

                                        Ich-Spaltung

                    Befriedigung

Blick

                                                    Woman

        Subtext

                            Verrückt

Widerstand

                                              Angst

            Symbolische Ordnung

        Trieb

                                          Symbolisierung

                Wünsche

                                    Phantasma

    Einverleibung

                        Subjekt

[1] Der Stadtplaner Charles Abrams von New York City beschreibt die »zusammengesetzte« Gesellschaft als eine, die »es Menschen aller Glaubensbekenntnisse, Klassen, Arten und sozialen Positionen ermöglicht hat, Bessergestellten nachzueifern, in denselben Kaffeehäusern, Theatern und Kinos mit ihnen zusammen zu sein, wenn sie es sich leisten könnten, und, falls sie es wünschen, in denselben Bibliotheken, Foren, Parks und Schulen; einander zu heiraten, wenn sie zusammentreffen und sich mögen (›Human Relations in City Planning‹, *Human Relations In Chicago.* Chicago Conference on Civic Unity 1949, S. 37–41).

[2] *Urban Theory* argumentiert, dass große Städte nur als Knotenpunkte internationalen Finanzkapitals überlebensfähig sind; gleichzeitig aber für periodische Besuche von Vorortsbewohner/inne/n zugänglich:

»Jetzt, da die meisten Leute in den hochentwickelten Ländern in Vororten und kleinen Ortschaften wohnen, ist die Großstadt zu einem Exotikum geworden. Im modernen Tourismus geht es nicht mehr v. a. um das historische Baudenkmal, den Konzertsaal oder das Museum, sondern um [...] irgendeine Version der für den Tourismus geeigneten urbanen Szene« (Saskia Sassen und Frank Roost ›The City – Strategic Site for the Global Entertainment Industry‹. In Susan S. Fainstein u. Dennis R. Judd [Hg.]: *The Tourist City.* New Haven 1999, S. 143).

[3] Judd und Susan Fainstein (1999) sprechen sich durchweg dafür aus, in den Städten *Blasen* um die Menschen herum zu errichten.

[4] Sogar in den neuesten fortschrittlichen Entwürfen, wie jenem für Saudi-Arabiens König Abdullah Economic City, steht das *camp* Modell. Nicolai Ouroussoff schreibt:

»Architektonisch betrachtet sind sie äußerst trostlos und konventionell – aufgeblähte Glastürme, umgeben von malerischen Stadthäusern und Vorortsvillen in pseudo-historischen Stilen. Ihr riesiges Ausmaß und ihr Tabula-rasa-Ansatz erinnern an modernistische Planungsbestrebungen im alten Stil, wie die Erschaffung von Brasilia in den 1950er Jahren oder die überdimensionalen sowjetischen urbanen Experimente der 1930er Jahre; sie sind jedoch von Zukunftsangst getrieben, nicht von utopischem Idealis-

Seit den 1990er Jahren beginnen mittelständische Amerikaner/innen, ihre Städte wieder zu bewohnen (oder zu *gentrifizieren*), nach Jahrzehnten der Stadtflucht angesichts der nuklearen Bedrohung, die schließlich mit dem Ende des Kalten Krieges zurückging. Aber der Schrecken, der mit dieser Wiederkunft der Stadt einhergeht, verleiht ihren von neuem bewohnten Räumen eine Aura der Unwirklichkeit. Expert/innen sind sich heute einig, dass die Städte ihre originäre Funktion, die Möglichkeit einer *unmöglichen* menschlichen Koexistenz zu symbolisieren, überdauert haben. Die alte Stadt, ja sogar die Industriestadt, hat uneingeschränkte Weltoffenheit verheißen. [1] [Abb. 1]

Wie aber Stadtplaner/innen einwenden, dienen heutige Städte ganz unverhohlen artifiziellen Zielen. [2] In der nun neuen Stadt werden Personengruppen daran gehindert, sich frei zu treffen und untereinander Kontakt zu pflegen; stattdessen werden sie subtil oder auch offenkundig kontrolliert, gemäß der lange Zeit idealisierten *peacekeeping*-Strategie, potentielle Todfeinde voneinander zu trennen. Klassen-, Religions- und *Rassen*unruhen werden durch Prozesse stillschweigender Segregation und Containerisierung unterdrückt. [3] Die erneuerte Stadt betont die Unterschiede *zu* und nicht *unter* den Nachbarn; während der Interdependenz, der Koexistenz und den kosmopolitischen Werten weit weniger Bedeutung zugemessen wird.

Wir scheinen besessen, die auf banalste Weise altbekannten (und klischeehaft phallischen) urbanen Formen, Stile und Symbole für diese fetischisierte Stadt zu reproduzieren; diese Neugestaltung dient offenbar dem Zweck, menschliche Interaktion auf ein Minimum zu reduzieren und die Menschen voneinander zu trennen. [4] Zugleich sind wir mit der Globalisierung in eine beispiellose Nähe mit Fremden gerückt. [5]

Warum tun sich zumindest die amerikanischen Stadtplaner/innen so schwer damit, eine Umgestaltung unserer kommunalen Räume vorzustellen, welche dieser neuen Realität unseres Gemeinschaftslebens gerecht wird, statt deren Anerkennung zu verhindern? Weil die neue Stadt im Grunde noch immer auf *Angst* baut: Angst vor der Vergangenheit, der Zukunft, Angst vor dem Fremden. [6]

mus [...]. Trotz der gelegentlichen Verzierungen im islamischen Stil – eine Villa mit Torbogen, eine Veranda mit Gitterwerk – erinnern diese Entwicklungen an die Camps, die hier von Aramco, dem amerikanischen Ölkonzern, in den 1950er und 1960er Jahren für ihre Führungskräfte und Arbeiter erbaut wurden.« (›Saudi Urban Projects Are a Window to Modernity‹, *The New York Times*, 12.12. 2010). (*http://www.nytimes.com/2010/12/13/arts/design/ desert.html.?-r=1*)

KAEC (King Abdullah Economic City, Anm. d. Übers.) ist ein Finanzdistrikt, der für Besucher/innen aber zugänglich ist:

»In der Mitte des Bauplans ist die ›Financial Plaza‹, ein steriler Platz aus Kalkstein, gerahmt durch eine Börse und mehrere Bankentürme. (Einer der höchsten wird World Trade Center genannt.) Diese werden von weiteren Firmenhochhäusern umgeben sein, fast 50 im Ganzen, welche in unregelmäßigen Winkeln zueinander stehen und aus einer – durch Skywalks verbundenen – zweistöckigen Basis aus Kleinunternehmen hinausragen werden. Eine

Magnetbahn soll sich durch das Gelände winden, mit Haltestellen bei einem geplanten Kindermuseum, einem *Science*-Ausstellungscenter und dem ersten Aquarium des Landes« (ebd.).

[5] Vgl. meinen Essay ›On the inexplicable Persistence of Strangers‹, *Transmission Annual* I, 2010, S. 106 – 115.
[6] Der Masterplan von KAEC »weist die Vorteile eines ›Inselgeländes‹ auf, das es den Behörden ermöglicht, das Kommen und Gehen einzuschränken, sowie im Falle eines Alarms den ganzen Bezirk abzusperren. (Ein ähnlicher Plan wird zurzeit für Ground Zero in Manhattan entworfen.)« (Ouroussoff 2010 [wie Anm. 4]).

Die Saudis sind nicht allein: »Die Stadt ist eine mittelöstliche Version der *special economic zones*, die in Ländern wie China zurzeit florieren« (ebd.).
[7] Vgl. meinen Essay, ›The Non-Accidental Tourist‹, *Design Book Review* 43 (Fall) 2000, S. 62 – 71. (Es handelt sich um eine Anspielung auf das Buch *The Accidental Tourist* von Anne Tyler. Anm. d. Übers.).

Wahrzeichen solcher subtil abgeriegelter Städte sind sogenannte *Blasen*: Reibungslose Korridore, durch welche Besucher/innen ein- und ausströmen und die es keinem, weder den Pendler/innen noch den Stadtbewohner/innen, erlauben, auf der Stadtoberfläche auch nur einen Fußabdruck zu hinterlassen. Die Städte werden zu *Vergnügungszonen* (einschließlich Einkaufszonen) umdefiniert und für den kurzweiligen Besuch derer gepflegt, die *zählen*: für Menschen mit einem Überfluss an Geld, das sie ausgeben, oder mit Kapital, das sie investieren; für die Belegschaft transnationaler Firmen und für betuchte Vorortsbewohner/innen. Die fetischisierte Stadt ist ein Versuch, das unbewusste Wissen zu verleugnen, dass das *Fremde* – vom nuklearen Fallout bis zum Shampoo, von Terroristen bis zu Lebensmitteln – unsere Grenzen ungehindert überschreiten kann. So will es der neue urbane Imperativ: Die Menschen in den Städten sollen nie tatsächlich zusammentreffen, und sie müssen sich hindurchbewegen, ohne Angst vor und dabei auch ohne Hoffnung auf Zufallsbegegnungen, die das Leben verändern könnten. [7]

Derart sterile Städte – regarder – ne pas toucher! – sind echte Phantasien im psychoanalytischen Sinn: Psychische Neuinszenierungen gegenwärtiger Geschichte, die unbewusst reklamieren, dass keine historische Katastrophe für unsere Zivilisation, kein Trauma für unsere Städte je stattgefunden hat: keine Weltkriege, keine Hiroshimas. Es sind Phantasien im Dienste der Verdrängung unserer kollektiven Erinnerung an den entsetzlichen Zusammenbruch auch unserer symbolischen Ordnung in den Jahren vor, während und nach dem Zweiten Weltkrieg.

Aus dieser gebrochenen *Zeit* ist eine radikale Verlagerung des *Raums* entstanden. Paul Virilio zufolge haben die Luftangriffe im Ersten Weltkrieg den Himmel neu konfiguriert, indem sie ihn in den Horizont inkorporiert und dabei in die Landschaft integriert haben. Gilles Deleuze bemerkte, dass der Zweite Weltkrieg eine noch radikalere Krise des Raums bewirkte: Europa verlor auf einen Schlag seine räumlichen Illusionen, so dass die traditionellen Repräsentationen und Narrative es nicht mehr vermochten, den Menschen ein Raumgefühl zu vermitteln – ein Gefühl für ihren *Raum* in der Welt. Gemäß Deleuze vermag einzig der Film einen Eindruck des Scheiterns unserer Zivilisation umfassend zu projizieren; er

Abb. 1 Andreas Feininger:
Chicago Street Scene, 1941

Abb. 2 *La Grande Arche de la Défense*, Paris 1997
Beachten Sie den großen Abstand zwischen den Menschen.
Foto: Dean MacCannell

[8] »[W]eil jeder Einzelne virtuell ein Feind der Kultur ist, die doch ein allgemein menschliches Interesse sein soll« (*Sigmund Freud: Die Zukunft einer Illusion* [1927 c], *Gesammelte Werke* Bd. XIV, S. 326).

[9] Vgl. Jacques Lacan, *Seminar VII: The Ethics of Psychoanalysis,* übers. v. D. Porter, New York und London 1992 (dt.: *Die Ethik der Psychoanalyse*, übers. v. N. Haas. Weinheim, Berlin 1996), und *Seminar XVII: The Other Side of Psychoanalysis*, übers. v. R. Grigg, New York 2007.

[10] Lacan, *Seminar XI: Four Fundamental Concepts of Psychoanalysis,* übers. v. A. Sheridan, New York 1981, S. 67–122 (dt. *Die vier Grundbegriffe der Psychoanalyse*, übers. v. N. Haas. Weinheim, Berlin 1987, 3. Aufl.).

[11] Lacan 1992 (wie Anm. 9), S. 60.

[12] Sogar die Grünflächenplanung des Entwurfs für eine energieeffiziente Stadt ist ähnlich problematisch: Die neuen *smart cities* der Saudis hinterlassen ihre alten Städte als Slums:

»Jidda [...] hat bereits einen Hafen, welcher dringend nachgerüstet werden muss. Sein historisches Zentrum ist ein mittelalterlicher, von ausländischen Arbeitern bewohnter Slum. Die Stadt hat keine Kanalisation, nur Klärbehälter, die sich regelmäßig in die Straßen entleeren« (Ouroussoff 2010, [wie Anm. 4]).

Ausländische Arbeiter/innen, welche die neue Stadt Masdar in Abu Dhabi (UAE) (Norman Foster and partners) bauen, werden das Gebiet nach Beendigung des Projektes verlassen, und die für sie für die Dauer des Projekts errichteten Wohnsiedlungen werden niedergewalzt, um für eine geschlossene Wohnanlage Platz zu schaffen.

betrachtet Rossellinis *Deutschland im Jahre Null* und *Stromboli* als Sinnbild für die Niederlage des urbanen Raums – unfähig, dem sozialen Leben Rechnung zu tragen oder es aufrechtzuerhalten. Das Nachkriegskino war die wichtigste räumliche Eintragung der Zerstörung der eigenen symbolischen Ordnung durch das mittlere 20. Jahrhundert. Was verstehe ich unter symbolischer Ordnung? Für Lacan verweist das *Symbolische* auf jene *glaubhaften Fiktionen, welche das gemeinsame Leben* stützen: räumliche, zeitliche und verbale Fiktionen. Lacan betrachtet das Symbolische (Freuds *Kultur*) als eine notwendige Bedingung menschlicher Koexistenz; es gründet demnach auf der väterlichen Metapher, im Mangel und in den symbolischen Übereinkünften, die wir alle eingehen müssen (mit denen aber jeder zwangsläufig unbewusst ein Unbehagen hegt). [8] Allerdings wusste Lacan, dass Figuren, Formen und Architektonik des traditionell Symbolischen laufend an Glaubwürdigkeit verlieren und dass etwas anderes – Perversion, Phantasie – sich umgehend einfinden würden, deren Verlust in unserer sozialen Ordnung ›aufzufüllen‹. [9]

Lacan glaubte, dass von Menschenhand geschaffene Räume die symbolische Art und Weise der Psyche seien, mit dem Todestrieb umzugehen. [10] Im *Seminar* VII bezieht er sich spezifisch auf die *Architektur*, die er erstaunlicherweise »aktualisierten Schmerz« nennt. [11] Der Raum, den wir schaffen, so Lacan, sei nichts anderes als die *Illusion*, unserem Schmerz, unserem Unbehagen in der Kultur, entrinnen zu können – eine Illusion, die demnach immer wieder neu erschaffen werden muss, damit wir fähig bleiben, zusammen zu leben.

In Zeiten erschütternden sozialen Umbruchs, bei Revolution, bei kriegsbedingter Zerstörung oder – gegenwärtig – bei der Globalisierung einer vorher nur lokal gedachten Gesellschaft, ist die Erneuerung menschlichen Raums unumgänglich. Die für unsere heutige Zeit geplanten sterilen Städte versuchen aber nicht ernsthaft, dem dringenden Bedürfnis nach einer Neugestaltung des Raums zu begegnen. [12] Solche Städte sind Phantasieprodukte, in welchen die tiefen Spuren der Zerstörung der Kriegsjahre – auch das nukleare Zerstörungspotential – verleugnet werden. Bisher fehlte uns die Einsicht, dass jene Gräuel zu einer nachhaltigen Veränderung der Zivilisation geführt haben, und auch, dass uns gegenwärtig eine beispiellose menschliche Situation (die Globalisierung) bevorsteht. Sei sie nun naiv oder unehrlich, was ihre eigenen Eigenschaften oder Möglichkeiten betrifft; die globalisierende Gesellschaft hat es bisher vermieden, ihrer Pflicht nachzukommen, den Raum neu zu schaffen und die notwendige Illusion des Schutzes vor dem

[13] Gegenwärtig sind aufsehenerregende Projekte im Mittleren Osten in Gang, viele Museen, durch Jean Nouvel, Norman Foster, Zaha Hadid und Frank Gehry.
[14] Vorbereitet durch Disneys Stadt Celebration, Florida. Berühmte Architekten haben eine neo-traditionelle Stadt geschaffen, die entworfen wurde, um die Probleme des Zusammenlebens zu bewältigen. Eine Zeitlang schien dies zu funktionieren; jetzt hat Kriminalität (sogar Mord) Einzug gehalten. (*http://www.guardian.co.uk/world/2010/dec/13/celebration-death-of-a-dream*)
[15] Fethi Benslama: ›Politiques des lieux‹, in *La démocratie à venir* 2004 (erscheint auf Englisch in: *Umbr[a]: the Journal of the Unconscious*).

[16] Ebd.
[17] Benslama erzählt seine Geschichte:
»Der Berg Moriah [...] ist die Stätte der ersten Errichtung des zentralen Heiligtums des Judentums um das zehnte Jahrhundert v. Chr. Es wurde durch die Babylonier zerstört und im sechsten Jahrhundert v. Chr. wieder aufgebaut. Im Jahre 70 wird es wiederum durch die Römer zerstört werden. [...] Die Zerstörung des Tempels wird das theologische Denken und die Praxis des Judentums in allen Aspekten beeinflussen, vor allem durch den zentralen Trauerort und die Hoffnung eines Wiederaufbaus des Tempels.
Die islamische Geschichtsschreibung situiert die Eroberung von Jerusalem kurz nach dem Tode des Propheten im

ultimativen Grauen wieder herzustellen. Sie hat sich gegen die dringende ethische Verantwortung gesträubt, den Raum neu zu konfigurieren und eine Gemeinschaft zurückzufordern, die symbolisch viabel und nicht-ausschließend ist.

Die postmoderne Oberflächlichkeit, die Stadt-als-Entertainment nutzt die phantasmatische Verdrängung der realen geschichtlichen Gräuel strategisch und verhindert so ein freies Nachdenken darüber, wie unser Raum für die heutige Zeit wieder zu gestalten sei. Unsere Planer/innen untergraben raffiniert die symbolischen Fiktionen der alten Stadt – und erfinden dabei gar nichts. In dem geschäftigen Konstruieren, Rekonstruieren und Restaurieren des globalen Kapitalismus über die letzten Jahrzehnte sind die ›Stararchitekten‹ mit ihren radikalen Innovationen, aus denen außergewöhnliche neue Formen entstehen, noch ein Hoffnungsschimmer. Es bleibt aber bei isolierten, größtenteils vereinzelten Unternehmungen (erinnern wir uns an die im wahrsten Sinne des Wortes phantastischen Projekte im ganzen Mittleren Osten, die häufig die »neuen Pyramiden« genannt werden). [13]

Wenig Vielversprechendes existiert, was neue Formen für jene Orte betrifft, in welchen ganz gewöhnliche Menschen wohnen und arbeiten: (Phallische) Bürotürme werden recycelt oder aufwendige ›Business Parks‹ gebaut (wie La Défence, die den Triumph der Business-Kultur feiert und mit ihrem Grande-Arche-Turm den Arc de Triomphe imitiert, der von der gegenüberliegenden Seite von Paris zu sehen ist). [Abb. 2]

Unternehmen wie Merrill Lynch liebäugeln mit *Campussen* im universitären Stil, und die Vertreter/innen des »*New Urbanism*« möchten in den Städten Neo-*Dörfer* bauen (McLuhans Traum als Alptraum). Es sind dies genau genommen Kopien traditioneller Formen, [14] die nie und nimmer unserem dringenden Bedürfnis genügen können, ein unserer Zeit angemessenes Symbolisches wieder einzusetzen und zu reinszenieren. Man könnte sogar behaupten, dass sie auf einen großen *Widerstand* hinweisen, die Städte den Gegebenheiten der Globalisierung anzupassen – in allen ihren Dimensionen, nicht nur der wirtschaftlichen –, die menschlichen Begegnungen eingeschlossen. Die fetischisierte Stadt ist demnach nichts anderes als eine Fassade, die das entscheidende Erfordernis maskiert, den durch unsere Städte symbolisierten Raum unserer Kultur den gegenwärtigen Bedingungen anzupassen.

Wenn wir endlich in der Lage sind, das Problem aus dieser Perspektive zu sehen, so finden wir vielleicht alternative Modelle; die heutige Situation aber stimmt

Jahre 632. Sie berichtet, dass die Stadt in der Folge des Sieges von Kalif Omar über Heraklit gefallen sei, und beschreibt eine Szene, in welcher der Nachfolger von Mohammed sich in Begleitung des Patriarchen Sophrone zu den Ruinen des jüdischen Tempels bringen lässt. Als er sieht, wie die Ruinen zu einer Schutthalde verkommen sind, macht er sich selbst mit seiner Entourage daran, aufzuräumen [...]. An dieser Stelle lässt Kalif Abd al-Malik im Jahre 687 die Große Moschee errichten, den ›Felsendom‹, dessen vergoldete Kuppel heute noch sichtbar ist. Südlich der Großen Moschee, an das einstige Königliche Tor zur Zeit Herodes' angelehnt,

wurde die Al-Aksa-Moschee (›the Far away‹) errichtet« (Benslama 2004 [wie Anm. 15], S. 5).
[18] Charles Enderlin, *Le rêve brisé, Histoire de l'échec du processus de paix au Proche-Orient 1995 – 2002.* Paris 2002.
[19] »Die Gesamtheit der Bauwerke befindet sich auf der Esplanade *al-Haram al-Charif*, wörtlich ›das Heiligste der Heiligen‹, eine Heiligkeit, welche jene von Jerusalem selbst verdoppelt, dessen arabischer Name das Heilige *(al-Qods)* ist« (Benslama 2004 [wie Anm. 15], S. 6).

äußerst pessimistisch. Was unsere *alten* Städte betrifft, scheinen die Schwierigkeiten Jerusalems besonders besorgniserregend; man könnte vielleicht sagen, dass gegenwärtig weltweit keine Stadt so problematisch ist wie Jerusalem. Der französische Psychoanalytiker Fethi Benslama nennt Jerusalem »einen der aufs höchste erschütterten Orte der heutigen Zeit [...] ein Ort, der – aus den tiefsten Quellen der Erinnerung – mit einer Form des Schicksals der Zivilisation, mit der Politik und mit der sogenannten ›Spiritualität‹ verbunden ist«.[15] Und dennoch ist Jerusalem, so sagt er, »die katastrophale *Stätte* der [...] Unlösbarkeit« des israelisch-palästinensischen Konflikts. Alle Bewohner/innen von Jerusalem beanspruchen einen Teil dieser Stadt, es besteht aber keine Einigkeit darüber, woraus dieser besteht.

Dass die Stadt, die für den Ursprung unserer Zivilisation steht, heute an ihrem Tiefpunkt angelangt ist, gibt zu denken. Denn Jerusalem ist nicht eine Stadt unter anderen; es ist, wie Benslama sagt, »der Ort, auf dem die Orte gründen«. Ihr scheinbarer Todeskampf ist der Todeskampf der *symbolischen* Stadt, wie wir sie einst begriffen haben: das greifbare Bild des minimalen Levels friedlicher Koexistenz bzw. des Bemühens, sie zu bewahren.

I. JERUSALEM I

> »Die gegenwärtige Situation wäre nicht unlösbar, wenn dieser Ort nicht zu *dem* Ort für den anderen geworden wäre – ein anderer Ort, und dennoch derselbe [...], oder, um mit Mallarmé zu sprechen: ›Nichts hat statt-gefunden außer dem Ort‹«.[16]

Jerusalems Problem ist wohlbekannt: Keine Seite ist gewillt, die Stadt zu den Bedingungen der anderen aufzuteilen oder mit ihnen zu teilen, weil sich in ihr ein gemeinsamer heiliger Raum befindet: *der Tempelberg/al-Haram-al-Charif.*[17] Hier, so heißt es, sind unsere Ahnen jenem *ganz Anderen* begegnet, welches in keiner der beiden Religionen, die an diesem Ort ihren Ursprung fanden, Judentum und Islam, *genannt* werden darf: *G'tt, Allah, Yahweh.* Benslama schildert im Detail die Geschichte der Verhandlungen[18] über den Berg Moriah, auf dem sich oben die Esplanade der Moscheen und darunter (so wird angenommen) der zerstörte Tempel befinden.[19] Er erklärt, wie dieser Berg aus dreierlei Gründen umkämpft wird, und jeder einzelne bedeutet ein unüberwindbares Hindernis für die Versöhnung der

[20] Benslama 2004 (wie Anm. 15), S. 11.
[21] Ebd., S. 13.
[22] Ebd.

[23] Ebd.
[24] Ebd., S. 11.

Israeli und der Palästinenser. Der erste Grund ist die Sprache: der Name des Geländes (Arabisch oder Hebräisch?); der zweite ist die räumliche Aufteilung (wie soll sie vermessen werden?); und der dritte ist der Sozialvertrag für die politische Hoheitsgewalt.

Dem »Ort, auf dem die Orte gründen«, in einer bestimmten Sprache einen Namen zu geben, impliziert gleichzeitig den Anspruch auf seinen exklusiven Besitz: »Von dem Moment an, in dem ein Ort in einem *Idiom* oder einer *bestimmten Sprache* benannt wird [...], erhält seine mystische Basis als radikal fremdes Sein (die Stätte des gänzlich Anderen) eine Adresse, eine Wohnstätte, eine Unterkunft. Er wird zum *Unheimlichen*.« [20]

Raum teilen. Wie tief ist tief? Vorschläge für eine vertikale Teilung scheinen nirgends hinzuführen. Ehud Barak spricht von einer »Unterteilung der Befehlsgewalt über den Tempelberg [...] – palästinensische Staatshoheit zur Erhaltung der Moscheen, israelische Staatshoheit unter der Erde.« [21] Jacques Chirac fragt Arafat: »Was meinen Sie zu einer Formel, gemäß deren jeder von Ihnen die Staatshoheit über die Esplanade bis zu einer gewissen unterirdischen Tiefe innehätte? Die Staatshoheit der Israeli begänne bei der mutmaßlichen Tiefe der Tempelruinen!« [22] Arafat ist entschieden: »Wir lehnen die horizontale Aufteilung der Staatshoheit über *al-Haram* ab, weil uns dieser geweihte Ort heilig ist und jegliche Spur des Tempels unter der Esplanade der Moscheen fehlt.« [23] Benslama: »Co-Souveränität gemäß einer vertikalen Aufteilung hoch/tief« [24] wird umgehend zurückgewiesen; die Palästinenser fürchten, dass die Israeli buchstäblich und figurativ die Moscheen unterminieren würden. Keine Partei ist gewillt, auch nur einen Bruchteil an Souveränität aufzugeben. Ein Schnitt durch den physischen Raum scheint emotional so beunruhigend zu sein wie der psychische *Schnitt* der Kastration.

Ist dies ein symbolischer Sozialvertrag oder nur ein phallischer? Benslama zufolge sind beide Seiten unbewusst allem verpflichtet, was einst ›aufgerichtet‹ war – oder es heute noch ist: Das ist wesentlich phallisch, sowohl in seiner Form wie in seiner affektiven Kraft. Beide sprechen auch von der Stätte als der *Wiege* ihres Volkes. Dadurch wird sie zu einer Urszene, welche durch »den mütterlichen Geist« heimgesucht wird: die Szene des mütterlichen Bettes oder des eigenen Gebärens.

»Dem Raum Souveränität zuzuweisen, beruht darauf, Subjekte in der mütterlichen, wenn nicht sogar ›matrixbezogenen‹ *(matricial)* [25] Macht des Ortes als Geburts

[25] »Matricial« ist ein Neologismus bzw. ein neu geprägtes Wort durch Fethi Benslama. Es spielt mit der Vorstellung von der Mutter-als-Matrix (die Gebärmutter) und somit vom Unbewussten.

[26] Ebd., S. 11.
[27] Ebd., S. 13.

bett einzuhüllen. Dass die Mutter des Ortes zerstört ist, fällt nicht ins Gewicht; sie fährt fort, dieselbe Brut zu erzeugen und auch nach ihrer Zerstörung darüber zu wachen.« [26]

Hier haben wir es mit einem unlösbaren *psychologischen* Paradoxon zu tun:

> »Wenn das Nationale ›die Wiege‹, aus der es entstanden sein soll, in seine Souveräni- tät einbettet, dann erwirkt es ein hochgradiges Orts-Begehren, erobert seinen eigenen Ursprung wieder und behändigt diesen.« [27]

Das Phallische, das sein eigenes »Geburtsbett« einrichtet, ist gleichzeitig davon umfasst. Die Stätte als beispielhaft für die *Geburt* unserer Zivilisation(en) aufzu- fassen, bedeutet demnach, sie psychologisch gegen Veränderung durch Vernunft, Gesetz oder nur durch politische Souveränität zu immunisieren.

Angesichts der unauflösbaren Psychopathologie um Jerusalem herum scheint es unmöglich, »eine gangbare, lebbare Verbindung oder einen Bund zu finden, welcher zugleich weder das eine noch das andere noch das andere noch das eine« sei, so Benslama, und es, anders gesagt, innerhalb einer wahrhaft symbo- lischen und nicht lediglich phallischen Ordnung zu verorten. Denn sollte sich Benslamas Behauptung bestätigen, dass Jerusalems Unlösbarkeit aus einem un- vermeidlich unbewussten ödipal-phallischen *Mama, Papa, Ich*-Muster einer sym- bolischen Ordnung hervorgeht, dann sind die Tage dieses Paradigmas offensicht- lich endgültig gezählt.

Hieraus ergibt sich die Frage, ob es möglich wäre, die symbolische Ordnung und damit auch ihre Kultur und deren Städte (eingeschlossen diese Stadt der Städte) aus einer post-ödipalen, aber nicht anti-ödipalen (sadistischen) Per- spektive neu zu konzipieren. Falls ein unbewusster Konflikt um das mütterliche Bett die Unterseite der phallischen Ordnung bildet, dann ist jene Ordnung nicht mehr mit dem *Symbolischen* identisch (falls sie es überhaupt je wirklich gewesen ist). Vorzugeben, das Phallische und das Symbolische seien dasselbe, bedeutet, uns zu der Künstlichkeit und den falschen Beschwichtigungen der heutigen post- modernen ironischen Stadt zu verdammen, indem wir uns durch die Wieder- holung ihrer leblosen Formen auf eine unbewegliche phallische Ordnung beziehen – um uns vor *Jerusalem* zu retten. Der Fall von Jerusalem ist, psychologisch ausge- drückt, völlig einzigartig, aber gerade sein extremer Fall verdeutlicht, wie zwin- gend das phallisch gewordene Symbolische zu neuen Herausforderungen bereit sein muss.

[28] Benslama 2004 (wie Anm. 15), S. 13.
[29] 1994 besuchte Calle das Gebiet der ehemaligen Berliner Mauer, um die Reaktionen der Menschen auf den Verlust einer greifbaren Repräsentation ihres Symbolischen zu dokumentieren:

»Ich besuchte Orte, aus welchen Symbole des ehemaligen Ostdeutschlands gleichsam ausgelöscht worden waren. Ich bat Passant/inn/en, die Objekte zu beschreiben, welche diese leeren Plätze einst ausgefüllt hatten. Ich photographierte die Abwesenheit und ersetzte die fehlenden Erinnerungsmale durch ihre Erinnerungen. Zu jeder Photo-

Eine Person hat diese Herausforderung nicht gescheut und uns *ein anderes* Jerusalem geschenkt: einen Ort, der tatsächlich ein *lebendiges* Symbolisches ist, wenngleich nicht nach phallischen Maximen der Trennung, Hierarchie und Macht organisiert. Diese Person heißt Sophie Calle.

II. JERUSALEM II: SOPHIE CALLE

1999 schuf die französische Künstlerin Sophie Calle für die jüdischen Museen in Paris, New York und Tel-Aviv ein Werk mit dem Titel *Der Eruv von Jerusalem*:

»Die Anregung [...] zu dieser Installation aus Fotografien und Texten stammt von dem Konzept des *Eruv*, eines rabbinischen Verbots, am Sabbat Dinge aus dem eigenen Haus herauszutragen. Gläubige Juden errichten einen *Eruv*, eine Grenze aus Wänden, Drähten oder neutralen Barrieren, und schaffen damit einen kollektiven Besitz, der den öffentlichen in einen privaten Raum umwandelt, in dem man sich wie im eigenen Zuhause bewegen kann.«

Im rabbinischen *Eruv* wird nichts abgerissen, nichts Neues gebaut, nichts wieder aufgebaut. Für die Mitglieder einer Religionsgemeinschaft werden Jerusalems öffentliche Räume durch einfachen Draht in private verwandelt.

Calle benötigt für ihren *Eruv* keine Drähte, keine materiellen Markierungen, um – diesmal für *beide* der Hauptreligionen in der Stadt – denselben Effekt zu erzielen.

»Calle hat 14 Bewohner/innen Jerusalems – Israeli und Palästinenser – gebeten, sie jeweils an einen öffentlichen Ort zu führen, der für sie privat geworden ist. Sie fotografierte die Orte und transkribierte Interviews mit den betreffenden Personen, welche ihr Geschichten über gewöhnliche öffentliche Orte in Jerusalem anvertrauten, die für sie zu ganz besonderen privaten Plätzen – und somit gedanklich von gewöhnlichen Orten zu einem symbolischen oder heiligen Raum geworden waren.« [28]

In einer früheren Arbeit, *Die Entfernung*, befasst sich Calle mit der Präsenz und Macht des *Unsichtbaren*, mit dem, was nicht sicht-, aber dennoch erfahrbar wird [29]: Der *Eruv* setzt diese Arbeit fort:

»Einige Geschichten sind politisch aufgeladen: eine Wand, welche die Trennung zwischen den Menschen symbolisiert; eine Bank, auf der ein Verehrer Wache hielt. Andere Erzählungen wiederum haben eine höchst persönliche Bedeutung für die

graphie gehört ein Buch, in dem das Erinnerungsmal erklärt wird und in dem die Erinnerungen darüber, was einmal dort war – ob sie zutreffend sind oder nicht –, aufgezeichnet werden« (vgl.: »Die Entfernung / The Detachment«: *http:// www.bundestag.de/htdocs_e/artandhistory/art/artists/calle/ index.html*).

Der kollektive Traum Deutschlands ist es, sich um die Fragmente eines zerrütteten Symbols herum zu vereinen; Calle hält den Moment fest, bevor wieder ein neues Symbolisches gewoben wird.
[30] The Jewish Museum, New York.

Teilnehmer/innen: das Hotel Casanova in der Altstadt, in dem sich zwei Liebende ein Stelldichein gaben; ein Fels in einem Feld (das später zum Gelände um die Präsidentenresidenz wurde), in dem jemand als Kind gespielt hat. Während die Lokalitäten an und für sich keine bestimmte objektive Signifikanz haben – ein Lichtkegel oder eine Straße –, so gewinnen sie durch die persönliche Erfahrung eine besondere Bedeutung.« [30]

Calle deckt ein geheimes Gemeinsames auf, das versteckt unter der heiligen Stadt liegt – unter den traditionell heiligen Stätten, welche die Menschen offiziell voneinander trennen – und das den Streit um Jerusalems geweihte Stätten in ein anderes Licht rückt. Seine wahrhaft – den Menschen zuinnerst – heiligen Stätten sind die *gemeinsamen Räume*, wo allein *die Träume des einen die Wünsche des anderen nicht behindern oder ersetzen*. Calle entdeckt, dass Palästinenser wie Israeli in diese umkämpfte Stadt gehören – dass sie beiden *gehört*.

Mit ihrem *Eruv* verdeutlicht Calle ihren allgemeineren Standpunkt. Die Arbeit handelt offensichtlich von der unzureichenden Art, Jerusalem zu begreifen, aber auch von einem entscheidenden Mangel jedes Symbols: Kein Symbol *kann in der Tat je völlig die menschlichen Zusammenhänge repräsentieren, welche es beleben*. Calles Werk erhellt eindrücklich die Vielfalt der uneingestandenen Wünsche in Jerusalem und zeigt auf, dass deren Koexistenz nur dort möglich ist, wo ein wahrhaft *symbolischer Raum existiert* – in diesem Fall der Raum ihres Kunstwerkes *Eruv*, in welchem das Paradox des Symbols hervortritt und nicht vorsätzlich ignoriert wird. Unsere Räume müssen dem undefinierbaren, inkompatiblen Begehren des anderen (das andere Geschlecht eingeschlossen) Platz bieten – ohne es schonungslos zu exponieren, zu stereotypisieren oder seine erstarrte *Identität* in Grenzen zu zwingen.

Dies bedeutet, dass unsere Räume, sollen sie wahrhaft symbolisch sein, die Anerkennung des *nicht wahrnehmbaren andern* erlauben müssen, des Subjekts jenseits der sichtbar durch Geschlecht, ›Rasse‹ oder Ethnie kategorisierten Person, der wir gegenüberstehen, des Subjekts der Überwachung und Herrschaft. Auf charmante, bisweilen schrullige, unerwartete Weise dokumentiert Calles Arbeit unerschrocken die Blindheit der offiziellen phallisch-symbolischen Ordnung gegenüber den neuen Subjekten, die ein wahrhaft Symbolisches einbeziehen sollte – Subjekte wie *Woman*. Und – noch wichtiger: Calle lehrt uns, wie wir diese Unsichtbarkeit zu *ihren* Gunsten wenden und unsere städtischen Räume für uns und für *sie* umwandeln können.

[31] Calle hat einmal Blinde gefragt, was sie als schön erachteten, und hat das Beschriebene fotografiert.
[32] ~~Die Frau~~ *insistiert*, so Lacan, sie *ex-sistiert* nicht, sie ist nicht *Das Ding* (*Seminar XX, Encore,* Paris 1975, dt. *Encore*, übers. v. N. Haas, V. Haas, H.-J. Metzger.

Weinheim, Berlin 1991, 2. Aufl.). ~~Die Frau~~ ist ebenso sehr ein bloßer Effekt des Signifikanten als radikales Nicht-Sein, die Abwesenheit des eigenen Wesens, das der phallische Mann ist. Es fegt alle Ansprüche auf *Sein* (besonders männliche) hinweg.

Auch wenn dies schwer vorstellbar scheint, möchte ich ins Spiel bringen, dass es *sie* ist, *Woman*, die einer Welt, die plötzlich *Platz schaffen* muss, am besten begegnen und dafür Verantwortung übernehmen kann – ohne zu wissen, wie, warum oder wozu genau –: für ein Symbolisches, das vom Weg abgekommen und blind geworden ist für das, was es im wörtlichen Sinn konstituiert: Menschen und deren Begegnung.

III. *WOMAN* UND DIE STADT

Geformt durch eine schale und abgestandene phallische Logik war unser Symbolisches lange Zeit blind für die wirkliche Schönheit von *Woman* – ja für alle Arten von Schönheiten [31] – für ihre Stärke und ihre Ressourcen, für ihre bloße Existenz jenseits eines Mütterlichen oder einer weiblichen Maskerade. In öffentlichen Räumen der Stadt hat sich *Woman* bestenfalls eines kontrollierten öffentlichen Daseins erfreut. Die dunkelsten Gassen von Rossellinis Stadtlandschaften der Nachkriegsjahre waren ihr nie fremd, sind keine ungewohnte Bedrohung für sie. In der alten Stadt, die jedem vorbeigehenden Mann offen stand, dem verehrenden Dichter-Liebhaber (Dante, Petrarch, Baudelaire), dem berechnenden Verführer (Kierkegaard) oder dem potentiellen Angreifer (Jack the Ripper), war sie immer verletzlich, moralisch wie körperlich. Wie könnte *Woman* danach streben, den öffentlichen Raum den Anforderungen unserer Situation entsprechend umzuformen? Sie kann es nicht, wenn sie *die Frau* von früher bleibt, wie die von Ingrid Bergman verkörperte Figur in *Stromboli*: eine klassische, gefährdete Frau. Stattdessen muss sie *Woman* sein, die Frau, die nicht existiert. [32]

Mein Modell dieser *Frau, die nicht existiert*, ist die Sophie Calle der *Suite Vénitienne*. Calle lädt uns ein, sie auf eine ungewöhnliche fotografische Odyssee zu begleiten, auf der sie sich in einem einzigartigen städtischen Raum beistimmend verliert: im Venedig der sonnendurchfluteten Piazze und dunklen Nebenstraßen. Calle nach Venedig zu folgen, heißt, *Woman* in ein Jenseits unserer kulturellen phallifizierten Ordnung zu folgen. Dort wird sie dem Todestrieb begegnen und ihm mutig *entgegentreten*. Sie wird uns zu Orten und Arten einer Re-Symbolisierung unserer Kultur und ihrer Städte führen und uns aufzeigen, wie deren Räume von Grund auf neu konzipiert werden können.

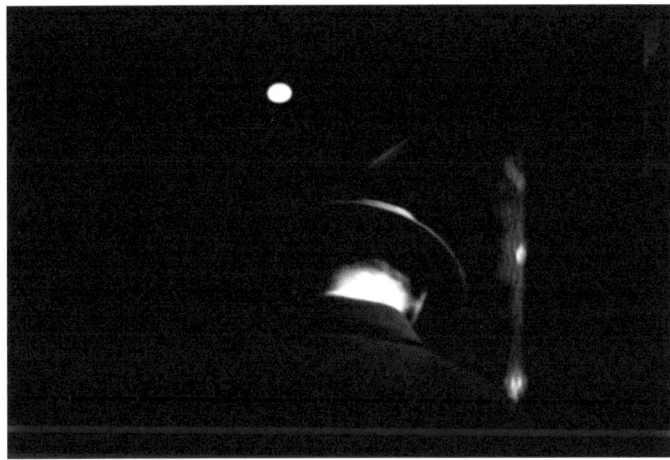

Abb. 3 Sophie Calle: *In Paris (ver)folgen.*
Suite Vénitienne, 1983

Abb. 4 Sophie Calle: *Fremden in Venedig folgen.*
Suite Vénitienne, 1983

[33] Sophie Calle, *Suite Vénitienne* mit Jean Baudrillards
›Please Follow Me‹, übers. v. D. Barash and D. Hartfield.
Seattle 1988 (Original Paris 1983).

[34] Ebd., S. 2.
[35] Ebd., S. 4.

IV. VENEDIG: CALLES *SUITE VENETIENNE* [33]

Wir müssen uns der ethischen Herausforderung stellen, unsere Räume für die Ko-existenz neu zu gestalten und erneut in das Symbolische zu investieren. Ein solcher Einsatz muss räumlich erfinderisch und nicht mehr einzig durch das irreduzibel Phallische ausgestaltet sein. *Die Frau, die nicht existiert,* ist hierfür die beste Figur. Worauf sonst kann Calles Phantasievermögen zurückgreifen, das ihr ermöglicht, Jerusalem oder Berlin auf so unverwechselbare Weise wahrzunehmen, wenn nicht auf ihre *Nicht-Existenz?* Wir folgen ihr von Paris nach Venedig:

> *»Monatelang folgte ich Fremden auf der Straße. Aus Lust, ihnen zu folgen; nicht weil sie mich besonders interessierten. Ich photographierte sie ohne ihr Wissen, beobachtete ihre Bewegungen, verlor sie schließlich aus den Augen und vergaß sie. Ende Januar 1980 folgte ich in den Straßen von Paris einem Mann, der Minuten später in der Menge verschwand. Zufälligerweise wurde er mir am selben Abend bei einer Vernissage vorgestellt. Im Laufe unseres Gesprächs erzählte er mir, dass er plante, bald nach Venedig zu reisen.«* [34] [Abb. 3]

In ihrem kurzen Gespräch erfährt Sophie den Namen des Mannes, Henri B., sowie, dass auch er Fotograf ist. Aber das macht ihn nicht zu einem ungewöhnlicheren Ziel als die anderen anonymen Pariser, die sie heimlich fotografiert. Die Frage *warum er?* wird noch geheimnisvoller, wenn wir bemerken, dass sie außerordentlich bemüht ist, nichts über diesen Mann herauszufinden (weder absichtlich noch zufällig), was sich nicht spezifisch *öffentlich* zeigt, das heißt, kein Merkmal seiner sozialen *Persona* ist.

Calle beschließt, B. heimlich nach Venedig zu folgen und ihn weiterhin ohne sein Wissen zu fotografieren. Sie hat nicht die Absicht, Näheres von ihm kennenzulernen; sie sucht nicht, ihn bei irgendeiner obszönen, peinlichen oder albernen Handlung zu erwischen. Ihr *Wissensdurst* hat nichts mit Enthüllung, Geständnis, Ego oder narzisstischen Selbstbildern zu tun. (Sie fotografiert Rücken, Beine, Füße.) Calles Wahl zeugt von einem seltsam unpersönlichen *Begehren zu wissen*, und allmählich werden beide, sie selbst und Henri, zum Gegenstand dieses Begehrens. [Abb. 4]

Weil sie Henri bereits persönlich kennengelernt hat, muss sie Vorsichtsmaßnahmen treffen.

> »In meinem Koffer: ein Schminkkasten, um mich zu tarnen; eine blonde Pagenkopf-Perücke; Hüte; Schleier; Handschuhe; Sonnenbrillen; eine Leica und ein Squintar

[36] Ebd., S. 9.
[37] Ebd., S. 18.

[38] Ebd., S. 24.

(Spiegellinsen, die mir erlauben, jemanden zu photographieren, ohne das Objektiv auf ihn richten zu müssen). Ich photographiere die anderen Personen im Liegewagen und schlafe dann ein. *Morgen werde ich zum ersten Mal Venedig sehen.*« [35]

Sophies Entdeckungsreise löst ungeahnte Gefühle in ihr aus, die sie in Tagebucheinträgen notiert und die vor verblüffenden *non-sequiturs* bzw. seltsam unpassenden Sätzen nur so strotzen:

> »*Große Angst ergreift mich. Er erkennt mich, er folgt mir, er weiß*«. [36] »*Wenn er mich sehen sollte* ...« [37]

> »*Und wieder erfasst mich Angst, während ich Henri B.s Gewohnheiten genau beschreibe. Ich habe Angst, mit ihm zusammenzutreffen*«. [38]

Die kursiv gesetzten Sätze wollen so gar nicht zum nüchternen Antiqua-Stil des Textes passen – genauso wenig wie zu ihrem gewöhnlich kontrollierten Auftreten. Es sind Interjektionen von überraschend dramatischer Wucht, die Calles Nachforschungen einen Touch versteckter psychologischer Bedeutung verleihen, eine Intensität, die völlig aus dem Rahmen der organisierten Verspieltheit ihres ansonsten kühl berechneten Verhaltens fällt. Obwohl für Calle durch ihre seltsame Verfolgungsjagd überhaupt nichts auf dem Spiel steht – keine persönliche Beziehung, nichts, wofür sie sich verantworten müsste –, zeigen ihre kursiv geschriebenen Nebenbemerkungen, dass ihr Handeln voller Panik, Angst und Furcht ist. *Sie* überwacht ihn, und dennoch ist *sie*, die Privatdetektivin, die jede seiner Bewegungen panoptisch im Blick hat, in Panik.

Es ist verständlich, dass *sie*, Calle, nicht von *ihm* gesehen werden will – das würde ihr Projekt stören. Da die »genaue Beschreibung der Gewohnheiten von Henri B.« sie am meisten ängstigt, stellt sich die Frage, *was* sie zu sehen fürchtet, wenn sie ihm zu nahe käme, ihn zu genau beobachten würde. Ihre Furcht ist seltsam verortet, das heißt weder in der Betrachterin noch im Betrachteten; der Ort ist dispergiert, generalisiert und übermittelt ein verstärktes, durchdringendes Gefühl für die Verletzbarkeit des Sichtbaren, die moralische Nacktheit, die einfach dadurch entsteht, dass man in den Straßen allein unterwegs ist.

Mit ihrem Grundsatz, nicht nach Henri B.s *Wahrheit* zu suchen, scheint Calle also eine schützende Geste zu vollziehen. *Wovor* sie schützen will, ist nicht klar, aber ich wage die Vermutung, dass sie ihn vor dem *Blick* beschützen will, wie Lacan ihn versteht. Wenn die Fiktion schwindet, dass die symbolische Ordnung das Begehren des anderen aufnimmt, und nicht mehr glaubhaft ist, dann zeichnet

[39] *Streetwalker* hat auch die Bedeutung Straßenprosti-
tuierte (Anm. d. Ü.).

[40] Ebd., S. 9.

[41] Ebd., S. 14.

sich über unserem öffentlichen Raum genau das Nichts ab. Oder um präzise zu
sein: *das Ding* in seiner ganzen Unerbittlichkeit: *das Ding*, dessen Blick allsehend
und dennoch blind ist. Vor ihm sind Sophie und Henri B. gleichermaßen unge-
schützt. Dass Sophie Henri B. folgt, bedeutet, so meine ich, dass sie ihn deckt, mit
ihm gemeinsame Sache gegen dieses Ding macht.

Zu diesem Zeitpunkt weiß er diese Geste natürlich noch nicht zu würdigen.
Bei ihrem Anblick würde er sie – in Erinnerung an die kürzlich stattgefundene
Begegnung – im Sinne des (überholten) symbolischen Rasters verorten. Ohne zu
überlegen, würde er ihr ihren Platz zuweisen und sie nebenbei aus seinem weiteren
moralischen, sozialen und künstlerischen Rahmen tilgen, einfach deshalb, weil er
ein Mann und sie eine Frau ist. Denn *er* ist schließlich derjenige von beiden, der
ordnungsgemäß auf die Straße gehört. Sophie will also nicht, dass Henri B. sie
sieht, weil er sie in diesem Moment im Grunde nicht wirklich *sehen* könnte. Er ist
a priori unfähig, gleichsam von vornherein blind für sie, nicht in der Lage, sie so zu
sehen, wie sie gesehen werden möchte: als jemand, der rechtmäßig dort, in den
Straßen ist, *mit* ihm. Der Einsatz für ihre Nicht-Beziehung zu Henri B. mag zwar
viel zu hoch erscheinen, metaphorisch gesehen ist er aber plausibel. Wenn sie ihm
zu nahe kommt, wird sie die Reichweite des statthaften ›Straßengängers‹,[39] der er
bereits ist und zu dem auch sie werden will, nie in Erfahrung bringen.

Andere: Die Suche nach Henri B. in Venedig ist voll von jenen Hindernissen, mit denen der Weg zu der Begegnung mit dem anderen Geschlecht gewöhnlich übersät ist (wie Freud wusste). Sophie hatte erwartet, Henri B. ohne große
Schwierigkeiten zu finden: Er hatte in Paris den Namen seiner venezianischen
Pensione erwähnt. Aber es stellt sich heraus, dass der Name, den sie erinnert, nicht
existiert – und das macht ihr einen Strich durch die Rechnung. Diese Fehlleistung
führt zu einer Art von Besessenheit: »*Ich werde ein Hotel nach dem anderen in
Venedig anrufen, ohne Ausnahme*«,[40] und sie macht eine Liste von allen 181 Etablisse-
ments der Stadt.[41] Aufgrund ihres Irrtums muss Calle die Menschen von Venedig
bitten, ihr bei ihrer Suche behilflich zu sein, und sie braucht Informationen (wie
zum Beispiel der Zweck von Henri B.s Besuch), welche »Amtspersonen […] nicht
preisgeben können«. Die gewöhnlichen Einwohner/innen von Venedig (hauptsächlich Männer) helfen ihr: »*Ihre Liebenswürdigkeit berührt mich.*« Um Henri B. zu *sehen*
(ihn verpassend oder nur erspähend und außerhalb seines Blickfeldes), mobilisiert
sie Fremde, für sie Augen und Ohren offen zu halten. Sie sagt ihrem Hauswirt:

[42] Ebd., S. 23.
[43] Ebd., S. 38.

»Ich suche einen Mann. Ich möchte wissen, was er in Venedig tut, und er soll nicht wissen, dass ich in der Stadt bin. Sein Name ist Henri B., und er wohnt in der Casa de Stefani. Könnten Sie mir helfen?« [42]

Dieser wittert eine Kabale, und es gelingt ihm zu erfahren, dass Henri B. mit seiner Frau in Venedig ist, um genau die *Pensione* zu fotografieren, in der sie wohnen.

Calle spielt ihre Rolle des ›Fräulein in Nöten‹ nicht ganz einwandfrei. Um Hilfe zu erhalten, benutzt sie falsche Namen und Lügengeschichten. Sie behandelt die hilfsbereiten Männer von Venedig ganz anders als Henri B.; sie erregt regelrecht deren galant sexuelle, volle visuelle Aufmerksamkeit und genießt ihre eigene Maskerade als weibliches Sexualobjekt. Sie liebt es, »zum ersten Mal in meinem Leben« zu hören, dass »ich eine schöne Blondine bin« und à la Blanche Dubois auf die Liebenswürdigkeit von Fremden angewiesen zu sein.

Ein Mann, der ihr zuvor in einem Café einen einladenden Blick zugeworfen hat, findet sie vor Kälte zitternd in einer dunklen Gasse kauernd, während sie darauf wartet, bis Henri B. und seine Frau aus einem Antiquitätenladen herauskommen:

»20.10 Uhr. Der Mann, der mich lange Zeit angestarrt hat, verlässt La Colomba. Er bleibt stehen und spricht mich an, überrascht, mich bei dieser Kälte noch am selben Ort zu finden. Er will wissen, ob er mir irgendwie helfen kann. Ich erzähle ihm, dass ich einen Mann liebe – *nur Liebe scheint statthaft* – und dass dieser Mann seit 18.15 Uhr in Begleitung einer Frau in Luigis Antiquitätenladen sei. Ich bitte ihn, sich ihnen allein zuzugesellen und mir dann zu sagen, was er gesehen hat. Er erklärt sich dazu bereit.« [43]

Nur Liebe scheint statthaft. Es sind Fremde, welche ihre Fixiertheit unterstützen, weil sie so außerordentlich in Anspruch genommen und von der leidenschaftlichen Besessenheit der *Liebenden* erfüllt zu sein scheint. Sophies seltsames Verhalten kann nur im Diskurs der Liebenden verstanden werden; und dass sie »einen Mann liebt«, enthält *eine gewisse* Wahrheit. Lacan hat uns gelehrt, dass die unheimliche Aufwallung von Liebe von einem *Wechsel der Diskurse* (die grundlegenden Formen des sozialen Bandes) zeugt; dass Liebe auf eine radikale Veränderung in der sozio-symbolischen oder diskursiven Ordnung hindeutet. Obwohl sie einem Mann folgt, dem sie nicht gefühlsmäßig verbunden ist, ist Calles emotionaler Zustand der einer Liebenden: Sie taucht ein in die Atmosphäre von Furcht, Hochgefühl und

[44] Der Tonfall von Calles Text erinnert entschieden an Stendhal, sein italienischer Schauplatz ist einer, den dieser einmal das letzte viable Gelände für leidenschaftliche Liebe in Europa genannt hat, das langsam am Narzissmus und Neid erstickt.

[45] Calle (wie Anm. 33), S. 20.
[46] Ebd., S. 6.
[47] Ebd., S. 20.

Hoffnung, welche die Liebe umgibt; und genau jene *Form* der Gefühle verstrickt sie in eine Stendhal'sche *amour*. (Ist Henri B. also doch Henri Beyle?) **[44]**

> *»Ich darf nicht vergessen, dass ich keine Liebesgefühle für Henri B. hege. Die Ungeduld, mit der ich sein Erscheinen erwarte, die Angst vor dieser Begegnung, diese Symptome gehören nicht wirklich zu mir.«* **[45]**

Ihre »Symptome« »gehören nicht zu ihr«, und zu Recht fürchtet sie sich vor solch einer Liebe. Warum? Weil es nicht die vorgeschriebene Liebe zum Nächsten ist, sondern die verpönte Liebe zum Fremden: Dies wäre einer der radikalsten Wechsel des Diskurses, ddie man heutzutage erleben könnte.

V. TODESTRIEB IN VENEDIG

Warum ist es gerade die Stadt Venedig, die aus Calle eine nach innen gekehrte, leidenschaftliche, leidende und freudige Person macht, so ganz anders als die gelangweilte, oberflächliche *Frau mit einer Kamera* (Sophie-als-Vertov) und der etwas ratlose *Mann in der Menge* (Sophie-als-Poe) in Paris?

> *»Ich sehe mich am Tor zum Labyrinth, bereit, mich in dieser Stadt und dieser Geschichte zu verlieren, willfährig.«* **[46]**

> *»Ich weigere mich, darüber nachzudenken, dass ich an diesem Ort bin. Ich darf darüber nicht nachdenken. Ich muss aufhören, darüber nachzugrübeln, wie alles ausgehen könnte, mich zu fragen, wohin mich diese Geschichte führen wird. Ich werde ihr bis zum Ende folgen.«* **[47]**

Dass Sophie es zulässt, Venedig unterworfen zu sein, hat mit *der Stadt selbst* zu tun. Wenn Sophie hier eintaucht, tut sie es nicht – ungeachtet Baudrillard –, um ihre ›weibliche Eigenart‹ in Henri B.s akzeptierteren Männlichkeit aufzulösen: Sie handelt nicht, um *ihr Sein* mit *seinem* zu irgendeiner größeren, geschlechtslosen, spirituellen Einheit zu verschmelzen. **[48]** Calles Unterwerfung unter diese Stadt ist nicht mit einer Billigung der patriarchalen Ordnung gleichzusetzen: Das bloße Begehren, *sich zu verlieren*, steht im Widerspruch zum Schicksal, welches ihr die phallische Kultur zuweist. Venedig war immer schon viel mehr das Sinnbild der abweichenden, fatalen Liebe als einer christlichen Willfährigkeit: Venedig ist schließlich nicht Rom. Schon darum spielt Calle in ihrer *Suite* ein gefährlicheres Spiel als in Paris, und sei dies nur, weil Venedigs älteste Symbole der Überwachung durch

[48] Baudrillard lässt sich durch Calle heillos verwirren. In ›Please Follow Me‹ schließt er, dass Calle »die Regie« über Henri B.s »Sein« »übernimmt«, um sich von der Last ihres eigenen (Seins) »zu befreien«, indem sie ihre verschiedenen individuellen Identitäten in einer größeren, subjektlosen, geschlechtslosen Einheit auflöst (ebd., S. 82).

phallische Autorität gleichsam untergegangen sind – sie werden regelmäßig überflutet (die Kathedrale, die Piazza San Marco, der Dogenpalast). Das Venedig der autokratischen Herrschaft (mit ihrer harschen, blinden Justiz) ist verschwunden. Im venezianischen Dialekt bedeutet *calle* Straße; im Französischen verwenden die ›Zigeuner‹ dieses Wort, um auf ihr Nomadentum zu verweisen. Calles verschobener Ort liegt hier, in Venedig. Wenn sie sich findet, indem sie sich in dieser besonderen Stadt ohne Straßen *verliert*, im wörtlichen oder im übertragenen Sinn, beschreitet sie neue konzeptuelle Wege, was *den Raum, in dem sie sich finden könnte*, betrifft.

Venedig ist *die* Stadt *aller* Städte, welche die üblichen phallischen Symbole zur Kanalisierung des Begehrens am umfassendsten aufhebt (Lacans *la grand'route*, *être père*): Während gerasterte städtische Straßen leicht die Illusion unterstützen, dass die Kultur unsere Triebe unter Kontrolle hat, signalisieren die Wasserwege Venedigs ein offensichtliches Fehlen strenger phallischer Beherrschung: Die gewohnten Zeichen des ödipalen Narrativs fehlen für Frauen stets, aber umso mehr gilt dies in einem Venedig ohne Stoppsignale, Busspuren, Tramlinien, Fahrradwege, Eisenbahngleise – all jene metonymischen Gleise, von denen Lacan sich vorstellte, dass sie einen geradewegs zum Ziel bewegen (das andere Geschlecht). In Venedig geht man zu Fuß, passt sich dem langsamen Tempo des Wassertransports an, verzichtet auf die Drehkraft und Beschleunigung der Autos. In Venedig wird das Begehren so gemächlich wie der menschliche Gang, mit dem man Schritt für Schritt fortschreitet. Umso gewaltiger ist aber das Herausströmen des Triebs, der dieses Begehren nährt. In der Kultur scheint die unbewusste Beschleunigungskraft des Triebs gebändigt, weil wir ihn auf abgetretene ödipale Pfade lotsen. In Venedig aber sind die ödipal verbotenen Wege nicht markiert. Die venezianischen Kanäle repräsentieren weder die Kanalisierung des Begehrens noch die Triebkontrolle: In Venedig wird man – mit Thomas Mann und anderen gesprochen – einzig und allein *davongetragen*.

Venedig beraubt Sophie erbarmungslos der Illusion, dass sie und (analog dazu) die Kultur alles unter Kontrolle haben. – In den sonnigen Piazze dieser Wasserstadt, welche einst den äußersten Rand westlicher Zivilisation markierte, spürt sie unvermittelt das Drängen des Triebs. Während Sophie Henri B. folgt, macht sich der Todestrieb mit aller Wucht bemerkbar.

>»16.00 Uhr. Ich setze mich auf meine Bank auf der Piazza San Marco. Venedig bereitet sich auf den Karneval vor. Einige Kinder sind bereits kostümiert. Ich beobachte

[49] Calle (wie Anm. 33), S. 20.
[50] Obzwar sie selbst dies mit Sicherheit bestreiten würden, entspricht der Rückzug von Männern aus öffentlichen Beziehungen durchaus der gleichen Verfehlung in ihren privaten Beziehungen (siehe Calles Film *Double Blind*).

minuziös einen kleinen Knaben mit einem Federhaarschmuck, der unermüdlich mit einem Messer Tauben nachjagt. *Ich würde gerne sehen, wie er eine tötet.*« [49]

In *Kursivschrift* sehen wir Sophies gewohnte Triebkontrolle erschüttert. Der klassische Diskurs, der auf dem phallischen Signifikanten beruht (nennen wir ihn Zivilgesellschaft), vermochte weder mit *ihrem* Trieb umzugehen, noch *ihre* Geschichte voranzutreiben. Venedig verdeutlicht dies. Calle sieht sich gezwungen, für ihren Trieb neue Kanäle zu erfinden, ohne die Unterstützung der Logik, des Diskurses oder sogar der Gadgets, die Männer zur Ablenkung der drängenden Kraft ihrer Triebe verwenden. Sie lässt sogar ihre Maske fallen, die phallische Maske, welche Frauen einsetzen, um ihre Triebenergie zu mäßigen (die Maskerade der Weiblichkeit), so dass sie sich dieser für die *Frau* beispiellosen Situation stellen kann. [Abb. 5, 6]

Der phallische Diskurs schützt die sozialen Beziehungen vor jenem schwer in den Griff zu bekommenden Triebüberschuss, der häufig auch als *jouissance féminine* bezeichnet wird. Er entschärft ihn, zerstreut ihn oder nennt ihn ein heilbares Leiden: *Sie* ist im sozialen Diskurs immer störend oder abwesend. Zwar gelingt es Sophie, ihren Trieb zu kontrollieren, aber nur, indem sie einen *neuen* Pfad für ihn erfindet, mit den neuen symbolischen Grenzen eines einzigartig *weiblichen* Raum-*Narrativs*, das nicht mehr phallisch, aber trotzdem vollauf symbolisch ist. Calle gestaltet den ihr immer schon zugewiesenen sozialen *Ort*; doch was sie für sich selbst auf symbolischer Ebene erreicht, erreicht sie damit auch für Henri B.

Wie erreicht sie dies? *Suite Vénitienne* enthält eine große Herausforderung für Männer, die in vollkommenem Rückzug aus der öffentlichen Sphäre begriffen zu sein scheinen. Calle ist auf der Suche nach nichts weniger als jenem verschwundenen, betrauerten *öffentlichen Mann*, der allem Anschein nach einige Zeit nach dem achtzehnten Jahrhundert von der Bildfläche verschwunden ist. [50] Zu beachten ist, dass Calle Henri B. nur *in der Öffentlichkeit* sieht, und von seiner am wenigsten intimen Seite: seinem Rücken. Sie weist seine obszöne Wahrheit – die uns von der modernen Ethik, Ästhetik und Politik offerierte transgressive Wahrheit – zurück. Dass Calle darauf bestanden hat, ihren Mann nur insoweit zu verfolgen, als er *nicht* erkennbar oder *keine* identifizierbare Person ist, liegt daran, dass sie implizit diesen angenommenen Niedergang des *public man* zurückweist. Als unumschränktes *Geheimnis* für sie ist Henri B. für sie nichts anderes als ein *öffentlicher*

Abb. 5 Sophie Calle als sie selbst,
Double Blind, 1992

Abb. 6 Sophie Calle als *schöne Blondine*
[Bardot], *Double Game*, 1999

[51] Calle (wie Anm. 33), S. 50.
[52] Ebd.

[53] Ebd.
[54] Calle versucht nicht, wie Julia Kristeva, die Frauen

Mann, einer, der vielleicht nie wirklich existiert hat, den aber ihre Kamera unbeirrt in Erscheinung treten lässt.

Zudem erlaubt ihr ihre unpersönliche Liebe und absolute *Nicht-Beziehung* zu ihm, *mit ihm gemeinsame Sache zu machen*, ohne Anspruch darauf, (er) zu Sein, ohne die Identifikation des Spiegelstadiums. Vor Sophies Kamera ist Henri B. nicht der Herr der Straßen – das wäre eine Lüge. Stattdessen enthüllt sie ihm, dass er ein *Subjekt* ist, genau wie sie selbst, ein Subjekt, das jemanden *braucht*, der ihm folgt, so wie ein Signifikant einen anderen Signifikanten braucht, der ihm folgt und ihm Bedeutung verleiht. Angesichts ihrer Verwegenheit wird Henri B. vorübergehend seine Maske der *Meisterung* abstreifen; aber würde er jemals die Wahrheit über seine Position anerkennen, die ihm Sophie über sich – oder über uns – eröffnet, die Wahrheit darüber, dass niemand, nicht einmal *der Mann*, heute Herr der Stadt sei?

»Ich sollte Distanz wahren, und doch bleibe ich nahe. Vielleicht bin ich es müde, dies alleine umzusetzen.« [51] Sie weiß, dass er weiß, dass er verfolgt wird. Er erkennt sie trotz ihrer Maskerade: »Ihre Augen, ich erkenne Ihre Augen« (sie hat soeben ihre Augen geschlossen, also wirken seine Worte etwas komisch):

> *»Ich bin erleichtert, dass er nicht sagt: ›Wenn ich Sie wäre ...‹ oder ›Sie hätten ... sollen‹. Mir gefällt die ungeschickte Art, seine Überraschung zu verstecken, sein Begehren, Herr der Situation zu sein.«* [52]

> *»Er kommt zurück, um mich zu photographieren. Er schlägt vor: ›Sollen wir zusammen gehen?‹ Ich signalisiere, dass ich das möchte ... er fragt mich, was ich von Venedig gesehen habe. Mir fällt keine Antwort ein ... Ich stehe zu seiner Verfügung.«* [53]

Die *weibliche* Sophie *unterwirft* sich dem Phallus (»Ich stehe zu seiner Verfügung«), aber sie hat bereits erreicht, was sie wirklich wollte: dass er *ihre patriarchale Maskerade* der Weiblichkeit (blonde Perücke, Sonnenbrille) *durchschaue*. Sie hat *Anerkennung* erlangt. Schließlich geht es in *Suite* um das wechselseitige Verlangen – ihres *und* jenes von Henri B., anzuerkennen, dass beide gleichermaßen *Subjekte des Gesetzes des Sozialen* sind. *Aber dieses Gesetz ist jetzt durch eine* Weiblichkeit *neu gestaltet*, die dessen ausschließlich phallischen Rahmen verändert. Sowohl seine wie auch ihre Subjektivität werden durch ein solches neues Gesetz umgewandelt.

Der singuläre Ort, den Calle für sich einrichtet, ist aus den Ruinen einer einst selbstverständlichen weiblichen Ergebenheit und Unterlegenheit unter die phallische Ordnung geformt: Der älteste Ort der Frau liegt im *Folgen* – hinter einem Mann. Sie transformiert die symbolische *Bedeutung*, hinter ihrem Mann zu sein, mit der *symbolischen-als-etablierte-phallische-Ordnung* zu versöhnen, und bemüht sich auch nicht – wie Luce Irigaray – die sprachlichen Prinzipien der phallogozentrischen Organisation umzugestalten.

indem sie sich weigert, die automatische Entwertung anzunehmen, die für eine Frau mit dem Begriff *in den Fußstapfen eines Mannes folgen* konnotiert ist. [54] Sie schafft einen *feminisierten öffentlichen Raum*, der sogar für die progressivsten *Männer* beunruhigend ist, weil sie das Symbolische dazu anhält, *das zu tun, was es tun soll:* die widersprüchlichsten und konflikthaftesten Träume und Begehren zu erfassen und aufrechtzuerhalten.

Keine radikalere Forderung ist denkbar. Genau weil es eine *Frau* ist, die diesen als nicht-verhandelbaren Anspruch in Umlauf setzt, verdient Sophie Calle unsere Aufmerksamkeit. Eine Neugestaltung des öffentlichen sozialen und inter-subjektiven Raums verlangt nichts weniger als *ihre* Intervention.

VI. UND JERUSALEM?

Calles *Eruv* und *Suite* weisen darauf hin, dass Jerusalem die Hauptstadt sowohl für Israel wie Palästina werden muss. Die beiden Nationen müssen ihre sichtbaren und *unsichtbaren* Räume teilen. Der Tempelberg/*al-Haram-al-Charif* muss zu dem *Eruv* werden, der er *de facto* bereits ist: zu einem gemeinsamen öffentlichen Raum, der durch die vertrauensvolle Beziehung jedes Subjektes zu ihm zum privaten wird. Eine dual israelisch-palästinensische Staatshoheit soll sichtbar in genau dem-selben Verwaltungsgebäude untergebracht sein, Regierungsbeamte beider Staaten sollen dieselben Lifts oder Toiletten benutzen und dieselben Sicherungseinrich-tungen in Anspruch nehmen. Die Architektur der Verwaltungsgebäude beider Nationen darf nicht feststellbar different sein (ausgenommen die Fahnen), und ihre Ausstattung frei von (phallischen) kulturellen Symbolen.

Ich danke Sophie Calle für die Erlaubnis, ihre Fotografien zu verwenden, und dem Künstler Victor Mario Zaballe und Prof. Nellie Furman für den Scharfsinn bezüglich der Bedeutung des Wortes calle. *Die verstorbene Ann Chamberlain, eine Künstlerin von außerordentlicher Tief-gründigkeit und Schönheit, hat mich zu diesem Projekt ermutigt; ihr gebührt mein liebendes Andenken. Ein Teil meines Essays ist in* (a): the Journal of culture and the Unconscious *(2001) erschienen.*

Zitate, die nicht bereits in deutscher Übersetzung vorlagen, wurden übersetzt. Überset-zung aus dem Amerikanischen: Patricia Kunstenaar, Redaktion: Insa Härtel.

BridA ist eine Künstlergruppe, die in Šempas, Slowenien, lebt und arbeitet. Sie besteht aus *Sendi Mango*, *Tom Kerševan* und *Jurij Pavlica* und wurde 1996 gegründet, als die drei Slowenen noch an der Accademia di Belle Arti in Venedig studierten.

VALIE EXPORT, Prof. Dr. h.c., Medienkünstlerin, Performancekünstlerin, Filmemacherin. Geb. in Linz, lebt und arbeitet in Wien. Ihre künstlerische Arbeit umfasst unter anderem Video Environments, digitale Fotografie, Installationen, Body Performances, Spielfilme, Experimental-filme, Dokumentarfilme, Expanded Cinema, konzeptuelle Fotografie, Körper-Material-Interaktionen, Persona Performances, Laser-Installationen, Objekte, Skulpturen, Texte zur zeitgenössischen Kunstgeschichte und Feminismus. VALIE EXPORT gilt als eine der wichtigsten internationalen Pionierinnen konzeptueller Medien-, Performance- und Filmkunst.

Insa Härtel, PD Dr. phil., Dipl.-Psych. und Kulturwissenschaftlerin. Zurzeit DFG-Projekt an der Universität Bremen zum Thema: *»Übergriffe« und »Objekte«: Bilder und Diskurse kindlich-jugendlicher Sexualität.* Forschungsschwerpunkte in den Bereichen Konzeptionen kultureller Produktion, Raum / Phantasmen, psychoanalytische Kunst- und Kulturtheorie, Geschlechter- und Sexualitätsforschung.

Rudolf Heinz, Universitätsprofessor i. R. für Philosophie an der Heinrich-Heine-Universität Düsseldorf; psychoanalytische Ausbildung, kontinuierliche klinische Tätigkeit mit Schwerpunkt auf Supervision. Zurzeit freier externer Mitarbeiter in den »Klinischen Einrichtungen für Psychosomatische Medizin und Psychotherapie der Heinrich-Heine-Universität Düsseldorf / LVR-Klinikum«. Publikatorisch spezialisiert auf das Wechselverhältnis zwischen Philosophie und Psychopathologie (Psychoanalyse).

Christian Kerez, Professor für Architektur und Entwurf an der ETH Zürich, eröffnete 1993 nach zahlreichen Publikationen als Architekturfotograf sein eigenes Architekturbüro in Zürich. Zu seinen gebauten Werken gehören unter anderem das Wohnhaus an der Forsterstraße, das Haus mit einer Wand und das Schulhaus Leutschenbach. Zurzeit arbeitet er am MoMA in Warschau, an sozialen Wohnbauten in São Paulo und an einem Hochhaus in China.

Olaf Knellessen, Dr. phil., Psychoanalytiker in eigener Praxis in Zürich, Teilnehmer des Psychoanalytischen Seminars Zürich.

Eva Laquièze-Waniek, Dr. phil., Studium der Philosophie, Psychologie und deutschen Philologie in Wien, Graz, Berkeley; Lehrbeauftragte für Philosophie und Geschlechterforschung an den Universitäten Wien und Klagenfurt, Schwerpunkt »Subjektkonstitution«. Mitglied der Wiener Forschungsgruppe Psychoanalyse »Stuzzicadenti«; WWTF-Forschungsprojekt »Übertragungen: Psychoanalyse – Kunst – Gesellschaft«, 2009–11. Weitere Informationen unter: *http://waniek.philo.at*

Juliet Flower MacCannell, Prof. em. für Vergleichende Literaturwissenschaft an der *University of California*, Irvine sowie Honorary Fellow an der *School of Advanced Study*, Institut für Germanistik und Romanistik, Universität London. Derzeitige Schwerpunkte zum Beispiel in den Bereichen psychoanalytischer Theorie und Politik, »räumlicher« Psychoanalyse, Krieg und Kapitalismus. Ausgewählte Publikationen: *The Hysteric's Guide to the Future Female Subject* (2000), *The Regime of the Brother* (1991), *Figuring Lacan: Criticism and The Cultural Un-conscious* (1986), und, gemeinsam mit Dean MacCannell, *The Time of the Sign* (1982).

Helge Mooshammer, Dr., Architekt und Theo-
retiker, forscht zu neuen Formen von urbaner
Sozialität, Prozessen der Transnationalisierung
und sich verändernden Regierungsweisen.
Er lehrt an der TU Wien sowie am Goldsmiths
College, London. Jüngste Buchveröffentli-
chungen: *OCCUPY: Räume des Protests* (2012),
*Space (Re)solutions – Intervention and Research
in Visual Culture* (2011) und *Netzwerk Kultur:
Die Kunst der Verbindung in einer globalisierten
Welt* (2010).

Karl-Josef Pazzini, Professor für Bildende
Kunst und Erziehungswissenschaft (Universität
Hamburg), Psychoanalytiker in eigener Praxis,
Mitbegründer (unter anderem): Assoziation für
die Freudsche Psychoanalyse, Psychoanalyti-
sches Kolleg, Psychoanalytische Bibliothek
Berlin. Arbeit an: Psychoanalyse und Lehren,
psychoanalytisches Setting, unschuldige Kinder,
Übertragung und Grenze von Individuum und
Gesellung. Siehe auch *http://mms.uni-ham-
burg.de/blogs/pazzini*

Doina Petrescu, ist Professorin für Architecture
and Design Activism an der School of Architecture, University of Sheffield und Mitbe-
gründerin von atelier d'architecture autogérée
(aaa), einer vielfach ausgezeichneten kollektiven Praxis in Paris. Zahlreiche Buchherausga-
gaben, unter anderem: *Trans – Local – Act:
Cultural Practices Within and Across* (2010),
Agency: Working with Uncertain Architectures
(2009), *Altering Practices: Feminist Politics
& Poetics of Space* (2007) und *Urban Act:
A Handbook for Alternative Practice* (2007).

Marjetica Potrč, Künstlerin und Architektin,
lebt und arbeitet in Ljubljana und Berlin.
Ihre Arbeiten wurden unter anderem bei der
São Paulo Biennale in Brasilien (1996 und
2006) und der Venedig Biennale (1993,
2003 und 2009) gezeigt; Einzelausstellungen
in der Galerie Nordenhake, Berlin (2011), der
Barbican Art Gallery, London (2007), der
Kunsthalle Fridericianum, Kassel (2004) und
dem Guggenheim Museum, New York (2001).
Derzeit Professorin an der Hochschule für
Bildende Künste in Hamburg.

Jane Rendell, Autorin und Architekturhistorikerin, -theoretikerin und -entwerferin.
Ihre Arbeiten beschäftigen sich mit interdisziplinären Überschneidungen zwischen Architektur, Kunst, Feminismus und Psychoanalyse.
Professorin für Architektur und Kunst an der
Bartlett School of Architecture, University College London. Zu ihren Monografien zählen
Site-Writing (2010), *Art and Architecture*
(2006) und *The Pursuit of Pleasure* (2002).
http://www.janerendell.co.uk/

Impressum

Herausgeber:
Insa Härtel, Olaf Knellessen, Helge Mooshammer

Visuelle Konzeption:
Walter Pamminger, Wien

Grafische Gestaltung:
Wolfgang Homola, Walter Pamminger, Wien

Übersetzung:
Patricia Kunstenaar, Zürich

Lektorat:
Marco Morgenthaler, Zürich

Korrektorat:
Albert Kuhn, Zürich

Druck:
REMAprint, Wien

© 2012 Park Books, Zürich
© 2012 für die Texte: die Autorinnen und Autoren

Für alle Werke von Sophie Calle, Peter Cox und Valie Export:
© 2012 ProLitteris, Zürich

Fotografien S. 165 und 167: Constantin Petcou und
Doina Petrescu, aus der Serie *In/Out the Fold,* 1998

Park Books
Niederdorfstrasse 54
CH-8001 Zürich
Schweiz

www.park-books.com

ISBN 978-3-906027-07-4

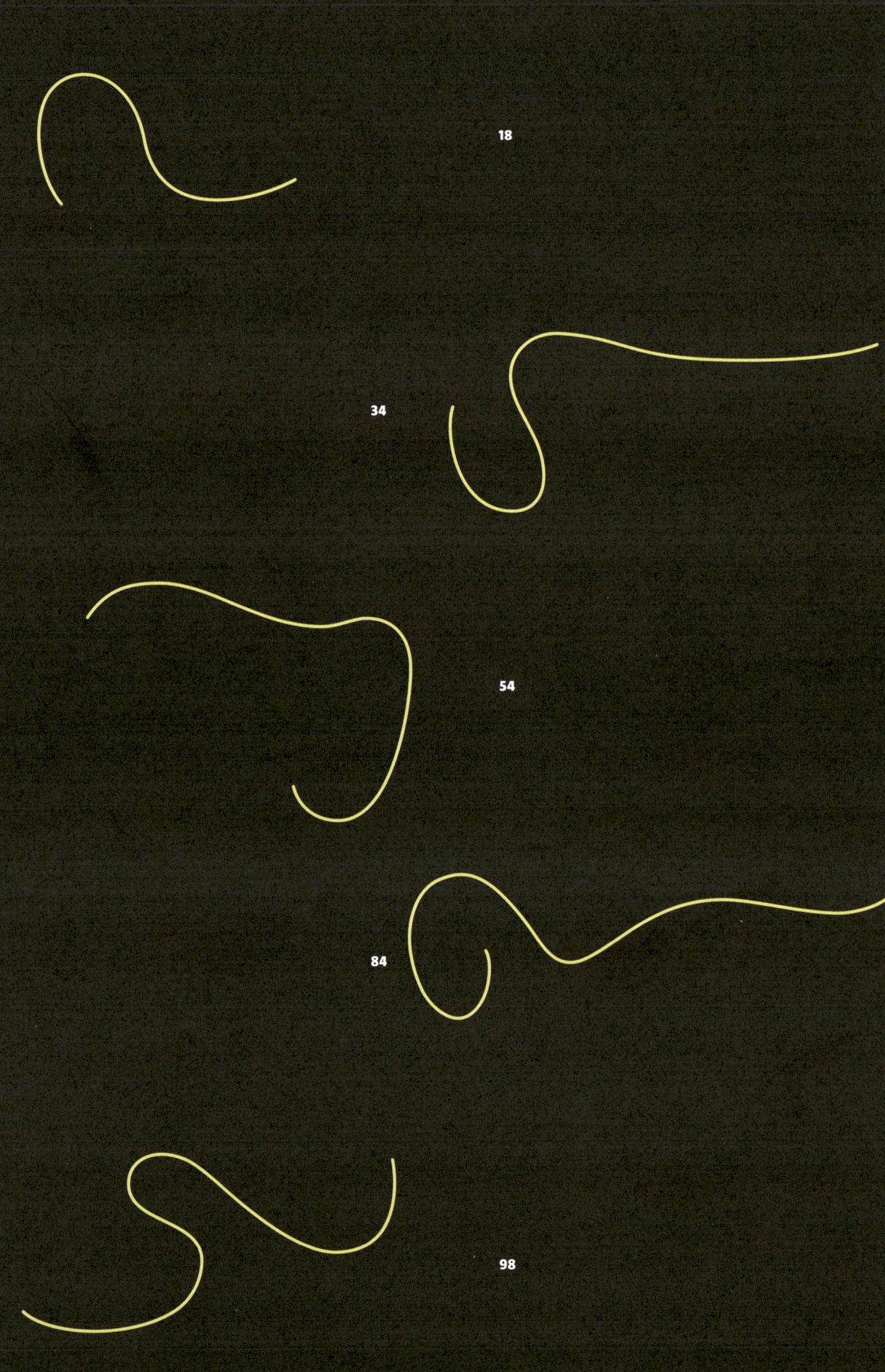